RONALD SIEGEL

Das Glück, so sein zu dürfen, wie ich bin

Wie wir aus der Selbstbewertungsfalle aussteigen und im Hier und Jetzt unser Lebensglück finden

Aus dem amerikanischen Englisch übersetzt von Mike Schäfer

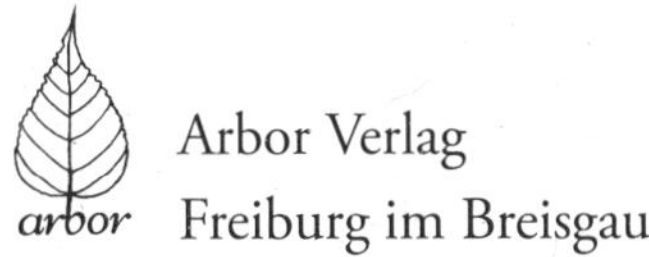

Arbor Verlag
Freiburg im Breisgau

1. Auflage 2023
Die Originalausgabe erschien 2022 unter dem Titel:
The Extraordinary Gift of Being Ordinary: Finding Happiness Right Where You Are

Umschlaggestaltung und Satz: mediengenossen.de
Illustration: wildpixel/istockphoto.com
Druck und Bindung: Memminger MedienCentrum Druckerei und Verlags-AG

Dieses Buch wurde auf 100 % Altpapier gedruckt und ist alterungsbeständig.
Weitere Informationen über unser Umweltengagement finden Sie unter
www.arbor-verlag.de/umwelt

www.arbor-verlag.de

ISBN 978-3-86781-398-3

RONALD SIEGEL

Das Glück, so sein zu dürfen, wie ich bin

Inhalt

Vorbemerkung des Autors 7
Vorwort 9

TEIL I DIE SELBSTBEWERTUNGS-FALLE 13
1 Sind wir verloren? 15
2 Darwin ist schuld! 41

TEIL II DIE GRUNDAUSRÜSTUNG 55
3 Die befreiende Kraft der Achtsamkeit 57
4 Entdecken, wer wir wirklich sind 73

TEIL III AUF FRISCHER TAT ERTAPPT 97
5 Am Erfolg gescheitert! 99
6 Schluss mit dem »Selfie-Wertgefühl« 125
7 Statussymbole und anderer Konsum-Terror 145
8 Die Sucht nach Bestätigung therapieren 169

TEIL IV AUFBRUCH INS FREIE 191
9 Kontakt aufnehmen, nicht Eindruck schinden 193
10 Die Kraft des Mitgefühls 223

11 Heilen heißt Fühlen 249
12 Täter und Tat trennen 277
13 Sie sind nichts Besonderes –
und weitere gute Nachrichten 301
14 Jenseits von »ich«, »mir«, »mein« 323

Danksagung 353
Über den Autor 357
Verzeichnis der Audio-Aufnahmen 359
Quellenangaben 361

Vorbemerkung des Autors

Um die Privatsphäre der Beteiligten zu schützen, schildern die Falldarstellungen und Beispiele dieses Buches fiktive Personen, in die mehrere reale Personen eingeflossen sind.

Vorwort

Ein Buch über normale Menschen liest niemand!
Alle wollen doch etwas Besonderes sein!
(WARNUNG EINES FREUNDES)

Ich hatte das Privileg, fast vierzig Jahre lang als klinischer Psychologe zu arbeiten und dabei Kindern und Erwachsenen aus allen Lebensbereichen zu begegnen, die mit verschiedensten Problemen, von Rückenschmerzen bis zur Ehekrise, in die Therapie kamen. Trotz dieser Vielfalt, so stellte ich eines Tages fest, kämpften fast alle den gleichen, quälenden Kampf: das unablässige Ringen danach, sich selber gut zu finden.

Manche strebten jeden Tag danach, durch gute Noten, attraktives Aussehen oder einen Haufen Geld beliebt zu sein und als etwas Besonderes zu gelten, während andere schon damit zufrieden waren, nicht ausgeschlossen zu sein oder als Versager dazustehen. Fast alle versuchten, mit nur teilweisem Erfolg, einem Idealbild von sich selbst gerecht zu werden – durch den Versuch, brav zu sein, stark, clever, oder durch Leistung. Dies ganze Ringen machte sie alle fertig und unzufrieden, denn jeder Erfolg war nur von kurzer Dauer. Gleichzeitig schnitt es sie von möglichen Quellen der Befriedigung ab, die ihnen viel zuverlässiger Sinnerfüllung und Befriedigung gebracht hätten, wären sie nicht ständig damit beschäftigt gewesen, sich selber zu bewerten oder sich sorgenvoll mit anderen zu vergleichen.

Auch ich steckte da drin. Seit der Pubertät hatte ich meditiert und östliche und westliche Psychologie studiert, hatte Karriere gemacht, hatte eine liebevolle Familie und war nun Mitte sechzig. Aber wie ich mich selber einschätzte, schwankte ständig – oft mehrmals am Tag. Man hätte ja meinen können, dass jahrelange psychotherapeutische Ausbildung und Praxis, zusammen mit jahrelanger, ernsthafter Auseinandersetzung mit kontemplativen Ansätzen, deren Ziel es ist, den Würgegriff der Selbstbezogenheit zu lockern, für eine stabile und sichere Identität gesorgt hätten – aber dem war nicht so.

Das Leid, das ich bei meinen Patienten sah und auch persönlich erlebte, war so schmerzhaft und allgegenwärtig, dass ich mir vornahm, nach Abhilfe zu suchen – zum Wohle von uns allen. Also fing ich an, für dieses Buch zu recherchieren. Meine Suche führte mich auf eine faszinierende – und ernüchternde – Entdeckungsreise zum Thema, wie es evolutionär gekommen ist, dass wir Menschen so auf Selbstwert-Probleme fixiert sind, warum wir dieses Spiel nicht gewinnen können und was jeder von uns dagegen tun könnte.

Die Annahme, dass wir dauerhaftes Glück finden könnten, indem wir erfolgreicher werden, liebenswerter, attraktiver, intelligenter, sportlicher oder moralisch untadelig – sie ist so in unsere Biologie und Kultur verwoben, dass nur wenige bemerken, dass sie nicht stimmt. Klar, es fühlt sich gut an, wenn man/frau Erfolg hat oder eine gute Meinung von sich selbst, nur dauert es eben nicht lange, bis wir den nächsten Dämpfer bekommen, das gute Gefühl weg ist und wir uns wieder nach dem nächsten Kick sehnen. Wenn wir aber unsere Gedanken, Gefühle und Verhaltensweisen genau anschauen, können wir die psychologischen und kulturellen Einflüsse durchschauen, die ständig unsere Streben befeuern, uns großartig zu finden, und können auf viel verlässlicheren Wegen zu Wohlbefinden gelangen.

Es gibt sehr nützliche Erkenntnisse und praktische Gegenmittel für das Leid um uns herum – wir müssen nur an den richtigen Orten suchen. Sie lassen sich im Bereich der Evolutionspsychologie, der Sozialpsychologie und der klinischen Psychologie finden, in der Neurobiologie, aber auch in alten und neuen Weisheitstraditionen.

Je mehr ich mit diesen Erkenntnissen und praktischen Methoden persönlich arbeitete, mit Patienten, aber auch Studenten in Kursen und Seminaren, desto klarer zeichneten sich die befreienden Wege ab. Befreiend von dem Stress, nach dem Gefühl streben zu müssen, gut genug zu sein, und befreiend von der Qual des Gefühls, eben nicht gut genug zu sein. Natürlich sind diese Wege für jede(n) anders, weil es so viele Möglichkeiten gibt, sich zu messen und gegen ein vermeintliches Versagen zu kämpfen. Und da es starke biologische und soziale Kräfte gibt, die sich verschworen haben, uns im endlosen Kreislauf der Selbst-Bewertung gefangen zu halten, brauchen die meisten von uns ein wenig Anleitung, ein paar Hinweise und eine kontinuierliche praktische Arbeit, um sich zu befreien.

Das ist der Grund, warum ein Buch über das Gewöhnlich-Sein vielleicht lesenswert ist. Wie sich noch zeigen wird, ist es bei Weitem befriedigender, die eigene Gewöhnlichkeit anzunehmen, als sich ständig zu sorgen, ob man besser oder schlechter ist; anderen überlegen oder unterlegen ist oder dem inneren Ideal-Selbstbild gerecht wird. Wenn wir Alternativen zur Selbst-Bewertung einüben, können wir die Freuden entdecken, die darin liegen, den gegenwärtigen Moment zu genießen, tiefer auf andere Menschen einzugehen, Dankbarkeit für das eigene Leben zu empfinden und die wunderbare Freiheit zu kosten, dass wir endlich nicht mehr im Mittelpunkt stehen müssen. Dann hängt unsere Zufriedenheit nicht mehr von Lob oder Tadel ab und auch nicht davon, ob wir uns stolz fühlen, kompetent oder moralisch hochstehend.

Sich aus der eigenen Selbstbezogenheit zu befreien ist normalerweise ein schrittweiser Prozess. Manchmal fürchte ich immer noch, dass es einfach an mir liegt – dass meine immer wiederkehrenden Selbstzweifel daher rühren, dass ich in der Schule gehänselt wurde oder dass ich tatsächlich schwach und inkompetent bin. Aber mehr und mehr sehe ich, zusammen mit meinen Patienten und Studenten, die Absurdität und die Universalität der Selbstbewertungs-Achterbahn – und steige aus, um mich stattdessen am außergewöhnlichen Geschenk des Gewöhnlichseins zu erfreuen.

TEIL I

Die Selbstbewertungs-Falle

1 Sind wir verloren?

Manchmal liege ich nachts wach und frage mich:
»Was habe ich falsch gemacht?« Und eine Stimme sagt:
»Um das rauszufinden, reicht eine Nacht nicht.«
CHARLIE BROWN VON DEN PEANUTS (CHARLES M. SCHULZ)[1]

Wenn Sie ein Mensch sind, der konstant das Gefühl genießt, in allem, was er (oder sie) tut, hervorragend zu sein, ein guter Mensch zu sein, von allen gemocht zu werden und glücklich und zufrieden in der Gegenwart zu leben – dann ist dieses Buch nichts für Sie.

Dieses Buch ist für all die anderen, die Tage haben, wo sie sich richtig gut fühlen in ihrer Haut, Selbstvertrauen haben, vielleicht sogar ein wenig stolz sind auf sich, aber über kurz oder lang wieder gegen eine Wand laufen oder scheitern. Es ist für diejenigen, die gerne der Star im eigenen Film sind und ständig die Kommentare aus dem Off hören: »Super gemacht!« – »Was hast du dir denn DABEI gedacht?« – »Du siehst fantastisch aus!« – »Das war echt bescheuert.« – »Du bist ein guter Freund.« – »Du musst härter arbeiten.« – »Ich kann einfach nicht glauben, dass du das gesagt hast … gemacht hast … angehabt hast.« Sicher gelingt es manchen von uns, länger mit sich zufrieden zu sein als andere, aber dieses Buch ist für alle die, die öfter, als ihnen lieb ist, das Gefühl haben, *nicht gut genug* zu sein.

Unbeeindruckt von den regelmäßigen Fehlschlägen versuchen wir, uns an positiven Gefühlen festzuhalten und das schmerzhafte Gefühl, dem Leben nicht gewachsen zu sein, zu vermeiden. Das kann sogar zum Vollzeit-Job werden. Viele von uns bringen ihre Tage in ängstlicher Selbstbefragung zu: »Hat sich das blöd angehört, was ich gesagt habe?« – »Hätte ich früher zurückschreiben sollen?« – »Bin ich zu egoistisch?« – »Bin ich nicht entschieden genug aufgetreten?« Wir lesen Bücher und Blogs darüber, wie man einen guten Eindruck hinterlässt, Erfolg hat im Beruf und eine(n) tolle(n) Partner(in) gewinnt oder an sich bindet. Wir hungern uns schlank, kaufen neue Kleider und machen Sport, um besser auszusehen. Manche arbeiten sich sogar zu Tode, um Karriere zu machen, mehr Geld zu bekommen, bessere Noten, soziale Anerkennung – nur für das Gefühl, gut genug zu sein.

Dieses ganze selbstbezogene Bewerten und Bemühen ist nicht nur stressig und ermüdend, sondern lässt uns als einsame, verwirrte und von Selbstkritik geplagte Menschen zurück. Wir spüren vielleicht, dass in unserem Leben etwas fehlt und dass unsere Anstrengungen – sogar wenn sie erfolgreich sind – keine wirkliche Erfüllung bringen. Und wenn wir versagen, uns abgelehnt fühlen oder Erwartungen nicht gerecht werden, beschleicht uns das schreckliche Gefühl, ins Bodenlose zu fallen; wir schämen uns, wollen nur noch den Schwanz einziehen und uns in ein Mauseloch verkriechen. Der Stress des ständigen Bestrebens, sich gut zu fühlen, kann sich körperlich verheerend auswirken, mit Kopfschmerzen, Rückenschmerzen, Magenschmerzen. Er hält uns nachts wach und lässt uns grübeln, warum wir nicht glücklicher sind, erfolgreicher, uns mehr geliebt fühlen. Er kann uns daran hindern, neue Herausforderungen anzunehmen. Und er kann uns von Freunden, von Kollegen und von der Familie entfremden – von den Beziehungen, die uns helfen könnten, aus der Selbstbezogenheit auszubrechen.

Viele von uns denken, gesunde, selbstsichere, wahrhaft erfolgreiche Menschen hätten mit diesen Dingen nicht zu kämpfen – unsere Höhen und Tiefen seien ein Zeichen unserer Unsicherheit und Unfähigkeit. Wir denken, sie hätten ein positives, stabiles Selbstbild und würden sich nicht ständig an anderen oder an strengen inneren Maßstäben messen. Aber es stellt sich heraus: Fast alle nehmen dieses Selbst-Bewerten todernst und fahren mit auf dieser Achterbahn.

Warum? Weil (es tut mir leid, das sagen zu müssen) das Ziel der menschlichen Evolution nie das Glück gewesen ist. Die Neigung, sich selbst zu bewerten und mit anderen zu vergleichen, die einst fürs Überleben nützlich war, ist de facto fest im menschlichen Gehirn verdrahtet. Sie fängt uns fast alle im Netz eines sinnlosen, selbstbezogenen Leidens, während sie uns gleichzeitig von genau den Dingen abschneidet, die uns tatsächlich glücklicher und gesünder machen würden.

Sind wir also alle verloren? Glücklicherweise nicht ganz. Es gibt zuverlässige Wege aus der Selbstbewertungs-Falle. Die Herausforderung ist aber: Um freizukommen, brauchen wir einen Weckruf, denn sowohl unsere Neurobiologie wie auch die sozialen Normen verstärken unser ständiges Bestreben, uns selber großartig finden zu müssen. Wir brauchen einen Weg, die Gedanken, Gefühle und Verhaltensweisen zu erkennen, die uns gefangen halten, und wir müssen neue Wege ausprobieren. Das ist absolut machbar – aber es ist gut, die richtigen Werkzeuge und einen Berater zu haben. Dafür ist dieses Buch gedacht.

Warum es schlecht ist, einem guten Selbstwertgefühl nachzujagen

Hunderte von Schulungsprogrammen und zahllose Bücher erzählen uns, wie wir unser Selbstwertgefühl verbessern können – ein nachhaltiges Gefühl erzeugen können, dass wir gut sind, wertvoll, wichtig oder erfolgreich. Sie vermitteln den Eindruck, wenn wir es nur schaffen würden, bei uns selber höchstes Ansehen zu genießen, dann würde alles besser laufen. Das Problem ist nur: *Es funktioniert nicht.* Das liegt daran, dass es per se genau dieses unablässige Streben nach einem guten Selbstgefühl ist, was uns die Probleme bereitet. Explizit oder implizit vergleichen wir uns entweder mit anderen Menschen oder mit einem inneren Idealbild, wer wir sein sollten, tagein, tagaus. Wie sollen wir denn sonst auch wissen, ob wir intelligent, sportlich, freundlich, ehrlich oder erfolgreich sind, wenn wir uns nicht mit anderen (realen oder vorgestellten) Personen vergleichen? Die einen konkurrieren vielleicht mehr um äußerliche Dinge, den anderen liegt mehr an eigenen inneren Maßstäben, aber fast alle beurteilen sich unablässig.

Der Glaube, wir könnten glücklich sein, wenn wir bei diesen Vergleichen gut abschneiden, ist so komplett in unser Gehirn verwoben, in unsere Beziehungen und unsere Kultur, dass wir womöglich nicht einmal merken, dass es ein Glaube ist. Wir sehen wahrscheinlich auch nicht, welchen Preis wir dafür zahlen, obwohl die religiösen und philosophischen Traditionen der Welt uns seit Jahrtausenden klarzumachen versuchen, dass Selbstbezogenheit und soziale Konkurrenz eine Quelle enormen Leidens sind.

Besonders weitverbreitet ist zum Beispiel der Preis, den es hat, ständig unter dem Druck des Beurteilt-Werdens zu stehen. Weil das Gefühl, nicht zu genügen, so schmerzhaft ist, klammern wir uns verzweifelt an alles, was unser Selbstbild aufpeppt, in der Furcht, wir könnten etwas verpassen, etwas verpatzen oder den Anschluss verlieren, wenn wir in unseren Anstrengungen auch nur einen Moment nachlassen. Oft fängt das schon beim Aufwachen an: »Mist – wieder nicht genug geschlafen. Hoffentlich merkt man es mir bei der Arbeit nicht an.« – »Warum muss ich auch immer so endlos lange aufbleiben und Serien gucken?« Dann checken wir unser Handy: »Meine Chefin hat sich noch nicht gemeldet. Womöglich gefallen ihr meine Vorschläge nicht.« Das Beurteilen zieht sich über den ganzen Tag hin: »Gut, dass ich Müsli gegessen habe. Es geht mir besser, wenn ich auf meine Ernährung achte.« – »Ich sollte trotzdem mehr Sport machen.« – »Jedenfalls steht mir das neue Hemd ausgezeichnet.«

Und wenn wir dann in Echtzeit mit anderen interagieren, geht es erst richtig los: »Warum habe ich denn das gesagt?« – »Was sie wohl von mir hält?« – »Was ich im Meeting gesagt habe, kam gut rüber!« – »War ich zu sehr mit mir selber beschäftigt?« – »Wenn ich nur mehr Selbstvertrauen hätte.« – »Wirke ich überfordert?« Ständig bringen wir Leistung und genießen kaum je einmal einen Moment, in dem wir wirklich zufrieden und ruhig sind.

Warum sind wir so unsicher? Warum müssen wir uns andauernd selber beweisen? Warum können wir nicht einfach unsere Ziele erreichen und mit uns zufrieden sein, so wie es (glauben wir) die anderen doch auch können? Dafür gibt es zwei Hauptgründe.

Der eine ist, dass alles sich andauernd verändert, und deswegen folgt auf jedes Hoch ein Tief. Können Sie sich an das letzte Mal erinnern, wo Sie etwas richtig gut gemacht haben, positive Rückmeldungen bekamen oder sich richtig toll fühlten in Ihrer Haut? Erinnern Sie sich an das Gefühl? Wie lange hat es angehalten? Was kam dann? Wie hat sich *das* dann angefühlt? Der Goldmedaillengewinner bleibt nicht ewig an der Spitze, der erfolgreiche Unternehmer wird früher oder später von Konkurrenten überholt, der jugendfrische Körper altert, und sogar Heilige sündigen manchmal.

Der zweite Grund, warum wir den Kampf nicht gewinnen können: Wir ändern ständig unsere Maßstäbe. Erinnern Sie sich, wie Sie sich fühlten, als Sie Ihren ersten Job ergatterten? Wie lange hat es gedauert, bis Sie meinten, da müsse noch ein bisschen mehr kommen? Erinnern Sie sich an das Gefühl in der ersten eigenen Wohnung? Wie lange dauerte es, bis Sie etwas Schöneres wollten?

Weil alles sich verändert, auch unsere Maßstäbe für Erfolg und Kompetenz, ist es unmöglich, kontinuierlich mit sich zufrieden zu sein. Schlimmer noch: Das ständige Sich-Bewerten hält uns auf uns selber fokussiert – und das macht uns einsam, zerstreut und ängstlich und verhindert, dass wir die Gegenwart voll und ganz genießen.

Die gute Nachricht

Was ist der Ausweg? Die bewährten Wege zum Wohlbefinden zu entdecken, die mit Selbst-Bewertung nichts zu tun haben. Den besagten Kampf zu gewinnen ist nämlich nicht nur unmöglich, sondern laugt uns aus, zerstört unsere Beziehungen und hindert uns daran, Wagnisse einzugehen. Die Alternativen helfen uns, unsere Gewöhnlichkeit anzunehmen, uns mit unseren Schwächen anzufreunden und auf andere Menschenwesen zuzugehen, die ebenfalls Fehler haben. Dann können wir mehr Liebe und Dankbarkeit spüren, brauchen uns weniger Sorgen zu machen, wie gut wir dastehen, uns tatsächlich entspannen und das Leben genießen.

Weil unsere Gewohnheiten, uns selber zu bewerten, so hartnäckig sind, müssen die meisten von uns auf mehreren Ebenen vorgehen. Wir brauchen so was wie einen »KHL«-Ansatz, um mit *Köpfchen, Herz* und *Lebensstil* zu arbeiten: um eingefleischte Denkweisen auf den Prüfstand zu stellen; um ein kreatives Umgehen mit dem Schmerz des Scheiterns, des Versagens, der Scham zu lernen; und mit neuen Verhaltensweisen zu experimentieren, die verlässlichere und befriedigendere Quellen des Wohlbefindens fördern.

Dieser Weg wird für jede(n) anders sein, weil man auf so viele Arten in die Selbst-Bewertung verstrickt sein kann. Manche werden süchtig nach dem Selbstwert-High, dem Gefühl, schlauer, netter, attraktiver oder beliebter zu sein als Lieschen Müller. Andere wiederum sind selten mit sich zufrieden oder kämpfen mit Schamgefühlen. Und wie wir bald sehen werden, beurteilen sich alle nach unterschiedlichen Kriterien!

Wir sind aber in unserem Element, wie ein Fisch im Wasser, und bemerken gar nicht, wie wir und die anderen um uns herum geradezu besessen sind vom Selbst-Bewerten. Und deshalb ist es ein guter erster Schritt, den Kopf einmal lange genug über den Wasserspiegel zu heben, um die Allgegenwart unseres Selbst-Beurteilens und seine (oft versteckten) Folgekosten zu sehen. Das zu sehen, kann ziemlich aufwühlend sein, aber es lohnt sich, weil es befreiend ist.

Angst und Schrecken

Unsere Anstrengungen, mulmige und ungute Gefühle zu vermeiden, behindern uns tausendfach. Haben Sie nicht auch schon einmal Angst gehabt, einen attraktiven Menschen anzusprechen, sich um eine begehrte Stelle zu bewerben oder auch nur bei einem geselligen Anlass ein Gespräch zu beginnen – aus Angst, eine Ablehnung würde zu sehr wehtun? Haben Sie es nicht auch schon vermieden, gegen einen besseren Gegner zu spielen, einen anspruchsvollen Kurs zu belegen oder aus Angst, man könnte Ihre Unsicherheit bemerken, vor einer Gruppe zu sprechen? Haben Sie sich nicht auch schon fremd und isoliert gefühlt und Ihre wahren Gefühle für sich behalten, weil Sie sich schämten oder verletzlich fühlten?

Und dann sind da noch die vielen Beispiele, wo unsere Versagensangst das Versagen erst recht bewirkt. William Masters und Virginia Johnson, die berühmten Sexualforscher, haben einst beschrieben, wie der »innere Zuschauer« die Sexualfunktionen stört.[2] Dieser Zuschauer beobachtet ja nicht nur, sondern er beurteilt unsere Leistung und vergleicht sie damit, was passieren »sollte« (von anderen Tieren ist dieses Problem nicht bekannt). Das Gleiche passiert, wenn es uns bei einer öffentlichen Rede die Sprache verschlägt, wenn wir uns vor lauter Prüfungsangst nicht mehr konzentrieren können oder uns schlaflos im Bett herumwälzen, weil wir Angst haben, am nächsten Tag unausgeschlafen, zerzaust und nicht in Form zu sein.

Oder zum Beispiel Aggression. Wie viele Konflikte könnten wir vermeiden, wenn uns unser Selbstbild egal wäre? Ein paar Wissenschaftler in Großbritannien haben einmal untersucht, welche Interaktionen den Raufereien von Schülern auf dem Schulhof vorausgingen.[3] Überraschung: Meistens ging der Streit darum, *wer bestimmen darf* oder *wer recht hat.* Aber natürlich läuft das nicht nur bei Kindern so: »Ich war das nicht mit dem schmutzigen Geschirr!« – »Du hast angefangen. Du bist zuerst laut geworden.«

Konflikte am Arbeitsplatz? Sie rühren meist daher, dass jemand sich zurückgesetzt, entwertet oder nicht anerkannt fühlt: »Aber das war doch *meine* Idee!« Zu Hause? Ich möchte gar nicht zu zählen anfangen, wie oft ich ein sub-optimaler Ehepartner war, weil ich mit mir unzufrieden war (oft auch deshalb, weil ich kurz vorher ein sub-optimaler Partner gewesen war). Und in intimen Beziehungen können die Reaktionen auf das Gefühl, sich entwertet oder nicht respektiert zu fühlen, schnell eskalieren. Der Paartherapeut Terry Real berichtet, er halte seit 20 Jahren Vorträge über den »alltäglichen Hass in der Ehe«, und noch nie habe jemand gesagt: »Was meinen Sie damit?«

Ein Problem, viele Symptome

Eines der großen Privilegien des Psychologenberufs ist, dass ich von vielen Menschen Berichte über ihre seelischen Probleme zu hören bekomme und so die Gemeinsamkeiten in unserem selbstverursachten Leiden erkennen kann. Und auffallend viel von dem, was alle beunruhigt, dreht sich um den Wunsch, mit sich selbst zufrieden zu sein.

Ich habe einmal mit einem Herzchirurgen namens Arjun gearbeitet. Er war ein erfahrener Professor an einer medizinischen Elite-Universität und stand kurz vor der Pensionierung. Statt sich darauf zu freuen, bekam er jedes Mal, wenn er daran dachte, seine Stelle aufgeben zu müssen, Herzrasen und feuchte Hände. Er hatte die Universitätslaufbahn eingeschlagen, weil er nicht »irgendein Chirurg« sein wollte, der Patienten operiert – er beneidete die Ärzte, die neue Wege erschlossen.

Nun wurde es für Arjun eine Horrorvision, in Vergessenheit zu geraten – trotz seiner Lebensleistung hatte er Angst, von der nachrückenden Generation von Ärzten einfach ersetzt zu werden. Zu erleben, wie ein junger Arzt bei einer Konferenz etwas Interessantes präsentierte, deprimierte ihn. Sollte das der Lohn für ein Leben voller harter Arbeit gewesen sein?

Ich habe auch mit Henry gearbeitet, einem talentierten Verwaltungs-Assistenten der Fakultät für Chemie an einer örtlichen Universität. Obwohl er regelmäßig gute Beurteilungen bekam, wurde er in seiner ganzen beruflichen Laufbahn ein mulmiges Gefühl nicht los. Er fühlte sich immer unsicher, was er sagen sollte, und dachte, die Professoren würden auf ihn herunterschauen. »Für die bin ich ja bloß ein doofer Sekretär.« Egal, wie viel positive Rückmeldung er bekam, er fühlte sich bei der Arbeit nie wohl.

Oder nehmen wir Beth, die, eine attraktive Frau in den Fünfzigern, trotzdem ihren Körper zu hassen begann. Sie begann Spiegel zu meiden, weil sie dachte, sie sei hässlich; es wurde ihr tatsächlich übel, wenn sie ihr Spiegelbild sah. Ihre Meinung über ihr Aussehen änderte sich auch nicht, als sie auf Dating-Apps Aufmerksamkeit bekam.

Die Geschichten von Arjun, Henry und Beth zeigen: Obwohl andere uns vielleicht positiv sehen, vielleicht sogar neidisch sind, ist es trotzdem ganz einfach, sich minderwertig vorzukommen.

Über die Jahre hinweg habe ich sehr erfolgreiche Leistungsträger erlebt, die immer mehr leisten mussten, um Versagensängste und Minderwertigkeitsgefühle in Schach zu halten; Leistungsverweigerer, die aus Angst, zu versagen, jeder Herausforderung aus dem Weg gingen; und fähige Leute, die sich wie Hochstapler vorkamen, obwohl sie in ihrem Beruf keine Probleme hatten. Und dann waren da noch all die Leute, die in zerstörerischen Gewohnheiten feststeckten – Alkohol, exzessives Konsumverhalten, Essstörungen –, mit denen sie den Schmerz, sich als nicht gut genug zu empfinden, zeitweilig zu zerstreuen oder zu lindern versuchten (wofür sie sich dann aber auch wieder schämten).

Glücklicherweise habe ich aber auch erlebt, wie Menschen in allen Bereichen des Lebens Wege zum Wohlbefinden gefunden haben, die viel tragfähiger sind als die Versuche, das eigene Selbstbild zur Festung auszubauen. Arjuns Ängste, unwichtig zu werden, verblassten, als er mit seinem sechs Jahre alten Enkel Ballwerfen spielte. Eines Tages traf ihn der Ball am Kopf (zum Glück nicht so hart), und sein Enkel rannte zu ihm, um ihm zu helfen. »Das hat mich zur Vernunft gebracht. Ich merkte, dass es ein schönes Gefühl ist, einfach als Opa geliebt zu werden.« Henry fand Befriedigung dabei, in einer Suppenküche mitzuarbeiten. »Ich fühle mich besser, seit ich Menschen helfen kann, die nicht mehr weiterwissen. Die anderen Ehrenamtlichen sind toll, ich muss nicht mehr drüber nachdenken, was die Professoren denken, und die Suppe ist nicht schlecht.« Beth fand Anschluss und wohlwollende Aufnahme in einem Singkreis. »Alle stehen auf die Musik und freuen sich, einander zu sehen. Jetzt ist meine einzige Sorge, dass ich mir die Texte merke, und das kriege ich noch hin, bevor die Demenz kommt.«

Wir alle können Gegenmittel gegen die Sorge um unser Selbstbild finden – wenn wir nach ihnen Ausschau halten. Wir können lernen, die Gegenwart zu genießen, und sehen, wie töricht es ist, ständig über Erfolg, Misserfolg oder Selbstwert zu urteilen. Wir können die Wunden vergangener Enttäuschungen und Verletzungen heilen und anfangen, unsere ganz gewöhnliche Menschlichkeit zu genießen. Wir können den Mut entwickeln, Risiken einzugehen, unsere Gemeinsamkeiten miteinander zu teilen, Dankbarkeit zu erleben und tiefere, liebevollere Beziehungen zu anderen Menschen zu entwickeln.

Klingt gut, oder? Ist es auch. Aber um uns von der Folter der Selbst-Bewertung zu befreien, dürfen wir nicht nur auf ihren Preis schauen, sondern müssen uns auch sorgfältig die Bausteine anschauen, mit denen wir versucht haben, ein gutes Selbstwertgefühl aufrechtzuerhalten. Triggerwarnung: Das könnte jetzt mal kurz peinlich werden.

Was ist Ihre Lieblingsdroge?

Über die Jahre, in denen ich den Geschichten von Triumph und Niederlage, von Höhen und Tiefen des Selbstwertgefühls gelauscht habe, hat sich eine Erkenntnis herausgeschält: Jeder von uns hat andere Kriterien, um Kompetenz, Wert oder Erfolg zu messen. Was für eine(n) mega-wichtig ist, ist für eine(n) andere(n) irrelevant, und umgekehrt. Diese Tatsache am konkreten Fall zu beobachten kann uns helfen, die eigenen Höhen und Tiefen ein bisschen weniger ernst zu nehmen.

Nehmen wir zum Beispiel Don. Obwohl er ein Unternehmertyp war, der schon mit dreißig sein erstes Online-Unternehmen startete, hatte er sein ganzes Leben immer mit dem Gefühl zu kämpfen, nicht gut genug zu sein. Kein Erfolgserlebnis konnte dieses Gefühl der Unzulänglichkeit für länger beseitigen. Er hatte tolle Freundinnen, fürchtete aber immer, sie würden seine Fehler entdecken und ihn verlassen. Er wurde ein versierter Künstler, aber litt darunter, dass er nicht kontinuierlich auf Topniveau bleiben konnte.

Don hatte viele Bücher über den Weg zum Erfolg gelesen. Meistens empfahlen sie, sich Ziele zu stecken, also legte er ein Journal an, das er zu einer unserer ersten Sitzungen mitbrachte. Mir wurde flau, als ich Bilder von einem Luxusauto und einer Traumvilla in der Vorstadt sah. Ich saß da und dachte: »Diese Therapie dürfte ein Weilchen dauern.«

Also beschloss ich, ein kleines Risiko einzugehen. Da er mir zu vertrauen schien, dachte ich: Wenn er hört, was mich heute besonders beunruhigt – ich hatte so ein Gefühl, dass er es albern finden würde –, dann hilft ihm das vielleicht, den willkürlichen Charakter seiner Selbstwert-Probleme zu durchschauen.

Zu der Zeit funktionierte plötzlich mein zehn Jahre alter Flachbild-Fernseher nicht mehr. Da ich ein sparsamer Mensch bin und mich in dem Glauben wiege, ein intelligenter Problemlöser zu sein, googelte ich das Problem und kam zu dem Schluss, das Netzteil müsse kaputt sein. Ich fand ein YouTube-Video, kaufte auf Ebay für 9.95 Dollar (einschließlich Versand) die Ersatz-Kondensatoren und war fest entschlossen, mir und der ganzen Welt zu beweisen, was für ein kluges Kerlchen ich war. Ich nahm alles auseinander (wobei ich jeden Schritt fotografierte), entfernte die schadhaften Teile, aber beim Versuch, die neuen Kondensatoren einzubauen, schmolz das Lötzinn nicht richtig, und ich ruinierte die Hauptplatine. Einen Moment später entdeckte ich eine lose Schraube an meiner Lötpistole und musste erkennen: Weil ich nicht daran gedacht hatte, sie vorher zu prüfen, war nun mein Fernseher (und mein Selbstwertgefühl) im Eimer. Ich kam mir vor wie ein Versager, als ich die Kiste auf den Müll brachte, und hatte keine Lust, mir eine neue zu kaufen. Meine Frau musste meine Stinklaune länger erdulden, als ich hier zugeben kann.

Da ich annahm, Don hätte keine Sekunde überlegt und sich einfach einen neuen Fernseher gekauft, dachte ich, es könnte ihm helfen zu sehen, dass man *alles* als Symbol für den eigenen Wert, Erfolg oder Kompetenz hernehmen kann – sogar kluge Sparsamkeit. Ich erzählte ihm die Geschichte. »Sie verarschen mich doch!« sagte er. »Warum haben Sie Ihre Zeit verschwendet? Die neuen Geräte sind doch viel besser, und billiger sind sie auch.«

Es half. Als seine Bedenken ausgeräumt waren, sein Therapeut könnte übergeschnappt sein, wurde Don neugierig, warum Symbole für finanziellen Erfolg ihm so wichtig waren (und warum für mich kluge Sparsamkeit so wichtig war). Er begann sich sogar zu fragen: »Was ist wirklich wichtig?« Die Frage brachte ihn irgendwann dazu, mehr Energie in seine Ehe und seine Freundschaften zu stecken und sich nicht mehr so bedingungslos, in der Hoffnung auf den Hauptgewinn und die Villa in der Vorstadt, in die Arbeit zu stürzen.

Was macht Sie aus?

Kommen wir nun zum peinlichen Teil. Ich möchte Sie zu einer Übung einladen, mit der Sie die Kriterien klären können, die *Sie* anwenden, um mit sich zufrieden – oder unzufrieden – zu sein. Aber keine Angst – Sie müssen niemandem erzählen, was dabei herauskommt. Sie werden jedoch sicher feststellen, dass es Ihre persönlichen »wunden Punkte« im Selbstbild erhellen hilft.

Übung: Was ist mir wichtig?*

Es folgt nun eine Liste von Kriterien, anhand derer Menschen sich häufig selbst beurteilen. Versuchen Sie, sie langsam zu lesen, nach jedem Punkt eine Pause zu machen, sich Zeit zum Nachspüren zu geben. Überlegen Sie: Sind Sie aufgrund irgendeinem dieser heiklen Punkte schon einmal emotional Achterbahn gefahren? Haben sich mit anderen verglichen oder an eigenen inneren Maßstäben gemessen? Sich für großartig oder schrecklich gehalten? (Nicht vergessen: Langsam lesen, sodass Sie jeden Punkt reflektieren können!)

FÄHIGKEITEN UND TALENTE

Wer ist der/die Klügste? Bin ich klug genug?

Wer ist der/die Gebildetste? Bin ich gebildet genug?

Bin ich kreativ genug?

Talentiert genug?

Habe ich einen guten Geschmack?

Bin ich sportlich genug? Wer ist besser als ich?

LEISTUNG

Wer verdient am meisten Geld? Verdiene ich genug?

Respektiert man mich genug? Werden andere mehr respektiert?

Wer hat die hübschesten, manierlichsten, erfolgreichsten Kinder? Können meine Kinder mit den anderen mithalten?

* Sie finden diese Übung auf *www.arbor-online-center.de/begleitmaterial/* Verwenden Sie den Code *nd5o7k*, um sie kostenlos herunterzuladen oder zu streamen.

Wer hat den hübschesten, manierlichsten oder erfolgreichsten Partner? Ist mein Partner gut genug?

Bin ich bei der Arbeit erfolgreich genug?

GRUPPENZUGEHÖRIGKEIT

Komme ich aus einer respektierten Familie?

Habe ich eine renommierte Uni besucht?

Wer hat die meisten Freunde, ist am beliebtesten?
Bin ich beliebt genug?

Gehöre ich zu einer tonangebenden Gruppe?

Wer bekommt die meiste Aufmerksamkeit? Bekomme ich genug Aufmerksamkeit?

Wie geht es mir mit meiner nationalen oder ethnischen Zugehörigkeit, meinem Geschlecht, meiner sexuellen Orientierung? Bin ich stolz darauf? Schäme ich mich?

BEZIEHUNGEN

Bin ich als Freund/Freundin gut genug?

Bin ich als Vater oder Mutter gut genug?

Bin ich als Kind gut genug?

Bin ich als Bruder oder Schwester gut genug?

Bin ich ein guter Kollege, eine gute Kollegin?

WERTE

Wer ist der/die Netteste? Bin ich nett genug?

Ehrlich genug?

So großzügig, wie ich sein sollte?

So fürsorglich, wie ich sein sollte?

So nachsichtig, wie ich sein sollte?

Habe ich genug soziales Einfühlungsvermögen? Sind andere sozial einfühlsamer als ich?

KÖRPERLICHE EIGENSCHAFTEN

Bin ich attraktiv genug?

Wer ist der/die Schlankste? Bin ich schlank genug?

Wer ist am größten? Bin ich groß genug?

Bin ich sexy genug?

Wirke ich jung genug?

Wer ist am stärksten oder am besten in Form? Bin ich fit genug?

Und bei denen von uns, die auf ihre spirituelle oder seelische Entwicklung Wert legen, gibt es auf dieser Liste noch absurdere Punkte:

Wer ist der/die Erleuchtetste?

Wer macht die wenigsten sozialen Vergleiche? Wer ist am wenigsten vom Ego getrieben?

Wer legt auf Selbstbeurteilung nicht so viel Wert? Nehme ich mich selber zu wichtig?

Ich persönlich verstricke mich in fast alle diese beunruhigenden Fragen ein wenig. Wenn ich davon ausgehe, dass ich nicht der Einzige bin und dass auch Sie feststellen, dass Sie sich in mehreren dieser Bereiche mit anderen vergleichen oder sich selbst beurteilen, gehen Sie dann immer als Sieger hervor? (Ich habe mal eine Gruppe von Therapeuten gefragt: »Wer von euch ist dabei immer Sieger?« Einer hob die Hand, und ich dachte: »Geh ihm in der Mittagspause besser aus dem Weg.«)

In Wirklichkeit geht es bei den meisten von uns emotional auf und ab. Einmal denken wir, dass wir die Qualitäten, die uns wichtig sind, verkörpern, das nächste Mal wieder nicht. Um das weiter zu untersuchen, möchte ich Sie zu einer weiteren kleinen Übung einladen (die ist jetzt nicht so unangenehm):

Übung: Auf der Selbstbewertungs-Achterbahn*

Nehmen Sie sich einen Moment Zeit, um zu reflektieren, welcher der vielen möglichen Bausteine des Selbstwertgefühls, die Sie gerade erkundet haben, für Sie besonders lebhaft hervortrat – Intelligenz, Reichtum, Schönheit, Freundlichkeit, Beliebtheit, Ehrlichkeit? Was eben besonders hervorstach. Erinnern Sie sich nun an einen Moment, in dem diese Eigenschaft oder Qualität bestätigt wurde – entweder weil Sie ein bestimmtes Ziel erreichten, eine Sache gut erledigten oder von anderen gelobt oder gewürdigt wurden. Nehmen Sie wahr, wie sich dieses gute Gefühl im Körper äußert. Übertreiben Sie die Körperhaltung ein wenig, die dieses Gefühl widerspiegelt. Sie können auch die Hand auf den Körperbereich legen, wo Sie die Empfindung spüren, um sie genauer ausfindig zu machen. Schließen Sie die Augen und kosten Sie das Gefühl einen Moment lang aus – da es ja leider nicht länger anhalten wird.

Rufen Sie sich als Nächstes einen Moment ins Gedächtnis, wo das Gegenteil passierte – wo die gleiche Eigenschaft oder Qualität verneint oder Ihnen abgesprochen wurde. Sie haben ein Ziel verfehlt, haben etwas schlecht gemacht oder wurden kritisiert oder abgelehnt. Nehmen Sie wahr, was im Körper passiert, wenn Sie diesen Zusammenbruch fühlen. Über-

* Sie finden diese Übung auf *www.arbor-online-center.de/begleitmaterial/*
Verwenden Sie den Code *nd5o7k,* um sie kostenlos herunterzuladen oder zu streamen.

treiben Sie die Körperhaltung ein wenig, die dieses Gefühl widerspiegelt. Legen Sie die Hand auf den Körperbereich, wo Sie die Empfindung spüren. Schließen Sie wieder einen Moment die Augen, um den Zusammenbruch wirklich zu fühlen – keine Angst, auch der hält nicht länger an.

Sehen Sie, wie unterschiedlich sich ein positiver Schub, eine positive Selbstbewertung, und ein Zusammenbruch anfühlen? Wie erfreulich das eine ist und wie unerfreulich das andere?

Haben Sie auch Impulse wahrgenommen, sich von den schmerzhaften Gefühlen abzulenken oder zu schützen? Es ist kaum verwunderlich (vor dem Hintergrund, wie gut sich der eine Zustand anfühlt und wie schlecht der andere), dass wir so viel Lebensenergie darauf verwenden, uns selber gut zu finden.

Um das Ganze noch schlimmer zu machen: Die meisten von uns sind nicht nur einem Kriterium auf den Leim gegangen. Wir glauben, um wirklich in Ordnung zu sein, müssten wir an vielen, wenn nicht sogar allen Fronten gut sein. Wir müssen intelligent, interessant, erfolgreich, ehrlich, freundlich, fit, kreativ, sexy *und* reich sein – nur damit wir gut genug sind.

Der Schmerz des sozialen Vergleichens

Es ist nicht immer offensichtlich, dass die meisten unserer Urteile über uns selbst tatsächlich auf Vergleichen entweder mit anderen oder mit inneren Bildern und Maßstäben beruhen. Wenn ich mich zum Beispiel gerne für intelligent halte, treffe ich implizit einen Vergleich mit anderen. Das Gleiche gilt für jede andere Qualität, die ich heranziehe – Großzügigkeit, Beliebtheit, Ehrlichkeit, Sinn für Humor, Fitness, Kreativität, Reichtum – egal was, es beruht auf einem sozialen Vergleich.

Natürlich sind uns Vergleiche nur in den Bereichen wichtig, die für uns zählen. Meinem Patienten Don war es nicht wichtig, auf kluge Weise sparsam zu sein – und er war überrascht zu hören, dass es mir wichtig war.

Der Philosoph Bertrand Russell beklagte einmal, dass unsere Maßstäbe ständig anspruchsvoller würden, sodass wir immer die Verlierer blieben: »Wenn Sie nach Ruhm streben, beneiden Sie vielleicht Napoleon; aber Napoleon beneidete Cäsar, Cäsar beneidete Alexander, und Alexander, wage ich zu sagen, beneidete Herkules, der gar nicht existiert hat.«[4]

Im nächsten Kapitel werden wir sehen, dass diese Neigung zum sozialen Vergleichen zum Teil deswegen so universell und mächtig ist, weil sie in unserer Neurobiologie verankert ist. Einfach wahrzunehmen, wie oft Sie Vergleiche anstellen, wie drängend diese sind, auf wen oder was Sie sich dabei beziehen, sowie die Tatsache, dass Sie mit dieser Gewohnheit nicht alleine dastehen, dürfte Ihnen für den Moment schon ein wenig helfen, die eigenen Bewertungen nicht mehr so ernst zu nehmen.

Aber ist ein positives Selbstbild nicht nötig, um glücklich zu sein?

Jetzt denken Sie vielleicht: »Diese Argumentation muss doch eine Kehrseite haben. Wir müssen doch eine hohe Meinung von uns haben, damit wir im Leben vorwärtskommen! Das ist doch nötig, um glücklich zu sein!«

Auf den ersten Blick klingt das sehr plausibel. Sie haben wahrscheinlich – bei sich oder anderen – schon einmal festgestellt, auf wie vielfältige Weise negative Gedanken über einen selber zu Problemen führen können. Zum Beispiel geben wir auf, weil wir Angst haben zu scheitern. Wir könnten vermuten, andere würden uns ablehnen, sobald sie uns einmal wirklich kennengelernt haben. Vielleicht versuchen wir verzweifelt, unseren Wert zu beweisen, indem wir um Anerkennung betteln oder uns um jeden Preis anpassen wollen. Und wir alle kennen (und waren vielleicht selbst) Menschen, die ihre Minderwertigkeitsgefühle kompensieren, indem sie abweisend sind, sich überlegen geben, auf Status achten, großspurig daherkommen oder in Beziehungen keine optimalen Partner sind.

Es gibt in der Tat Belege dafür, dass Menschen, die sich in ihrer Haut wohlfühlen, oft ein Leben führen, das ziemlich gut gelaufen ist – sie haben sich ihren Lebensunterhalt verdienen können, haben stabilere Beziehungen und halten sich von Problemen fern.[5] Aber es ist leicht, hier Ursache und Wirkung zu verwechseln: Es ist nicht so, dass eine positive Selbst-Bewertung das Leben besser macht, sondern ein gut laufendes Leben hat oft die Nebenwirkung, dass man/frau sich selber eben gut findet. Mehr noch: Es hat sich herausgestellt, dass ein besonders ausgeprägtes Selbstwertgefühl mit Problemen wie Arroganz, Einbildung, Nachlässigkeit und aggressivem Verhalten einhergeht – nicht unbedingt die Glücksformel für ein gutes Leben.[6]

Es gibt einen anderen Weg

Trotz unserer Disposition, uns mit anderen zu vergleichen, muss das Selbst-Bewerten in unserem Leben nicht zur Besessenheit werden. Wir müssen nicht von dem Gedanken getrieben sein, was andere wohl von uns denken, und wir müssen uns nicht als Versager fühlen, wenn wir bestimmte Zielmarken nicht erreichen. Wir Menschen haben auch Instinkte der Liebe, der Verbundenheit, der Dankbarkeit und der Zusammenarbeit entwickelt, die uns von dem Schmerz der Selbstbewertung und des sozialen Vergleichens befreien können. Liebe kann uns mit einer Wärme erfüllen, die unser Selbstbild irrelevant macht; Verbundenheit mit anderen kann unsere Sorge um individuellen Erfolg oder Misserfolg auflösen; Dankbarkeit kann uns von dem Drang unerfüllter Sehnsüchte befreien; und Zusammenarbeit ermöglicht uns, viel mehr zu erreichen (und dabei Spaß zu haben!), als Egozentrik es je könnte. Wir alle haben das schon erlebt. Erinnern Sie sich einfach an einen Moment in einem Gespräch mit einem engen Freund, als Sie sich tief verbunden fühlten, einen Moment der Wertschätzung und Zufriedenheit in der Natur oder das gute Gefühl, zu einem Team zu gehören.

Ich habe dieses Buch geschrieben, weil das schmerzhafte Problem des Selbst-Bewertens in schöner Regelmäßigkeit mein Herz und meinen Verstand dominiert, trotz jahrelanger persönlicher und beruflicher psychologischer Arbeit, und ich weiß einfach, wie weh dieses Thema tut. Ich habe es auch geschrieben, weil sehr viele meiner Patientinnen und Patienten auf ähnliche Weise leiden. Es freut mich, berichten zu können, dass es, so wie Arjun, Henry und Beth, vielen weiteren Patientinnen und Patienten gelingt, sich allmählich von dieser Obsession zu lösen (so wie Gott sei Dank auch mir). Es mehren sich die Momente, in denen wir uns wie ganz normale, verletzliche menschliche Wesen fühlen, ein ganz gewöhnliches Leben führen, uns tiefer mit anderen verbinden.

Ich lade Sie ein, dabei mitzumachen. Wie wäre der heutige Tag oder auch nur die nächste Stunde für Sie, wenn das Problem des Selbst-Bewertens Ihnen egal wäre? Wenn Sie sich liebenswert fänden, genau so, wie Sie sind? Wenn Sie Ihre Kleidung nicht so sorgfältig aussuchen müssten, keine Überstunden machen müssten, um zu beweisen, wie tüchtig Sie sind, oder sichergehen müssten, dass Ihr Partner ja auch bemerkt hat, dass Sie die Betten gemacht oder den Müll rausgebracht haben? Wie würde es Ihnen gefallen, wenn Sie zu jedem Menschen, der Ihnen begegnet, einen Draht hätten, in der Erkenntnis, dass es in diesem Leben im Grunde allen ziemlich ähnlich ergeht? Die folgenden Seiten bieten Werkzeuge, damit das real wird.

Das Abenteuer wird Sie herausfordern – aber es lohnt sich. Ich bin immer wieder bestürzt, wenn ich sehe, wie mich ein Kick oder ein Nackenschlag für mein Selbstwertgefühl emotional aufputscht oder fertigmacht und wie viel Energie ich an manchen Tagen darauf verwende, die Hochstimmung zu halten und den Absturz zu vermeiden – obwohl ich diese Höhen und Tiefen nicht mehr so ernst nehme. Aber je mehr ich übe, dieses Spiel aufzugeben, desto glücklicher bin ich. Es freut mich, wenn ich mir Mühe gebe, meinen Klienten zu helfen, weil mir etwas an ihrem Wohlergehen liegt und nicht, weil ich beweisen kann, dass ich ein kompetenter Psychologe bin. Es macht mir Spaß, interessante Projekte zu finden, bei denen ich mit Kolleginnen und Kollegen zusammenarbeiten und mit ihnen in Kontakt treten kann, statt nur auf berufliche Anerkennung aus zu sein. Es gefällt mir, dass ich mich auf die Gefühle meiner Frau besser einstimmen und meine eigenen ehrlich mit ihr teilen kann, so dass wir uns näher sind, statt dass ich in der Außenwelt Erfolg auf Erfolg häufen muss (oder bei ihr, indem ich den Beziehungshelden spiele). Ich werde durch all diese Veränderungen »normaler« und bin zufriedener.

Neurosen sind der Mist fürs *Bodhi-Beet*

Wir können uns aus der buddhistischen Psychologie ein Prinzip borgen, das uns hierbei leiten kann: *Neurosen sind der Mist fürs Bodhi-Beet* .[7] *Neurosen* sind unsere Gewohnheiten, uns selber unnötiges Leid zu bereiten; *Mist* ist sowohl Scheiße als auch Dünger, und *bodhi* ist Aufwachen. Wir können dieses Prinzip anwenden: dass es einen Weg gibt, unseren Schmerz zu nutzen, um klüger zu werden, um aus unseren großen und kleinen Verlusten und Enttäuschungen zu lernen. Warum auch nicht? Unsere Neurosen sind allgegenwärtig, da können wir sie genauso gut zu etwas Sinnvollem gebrauchen.

In den kommenden Kapiteln werden wir uns die zahllosen Spielarten anschauen, wie wir uns unnötiges Leid bereiten, weil wir fast alles, was wir tun, zusätzlich noch im Hinblick auf unser Selbstbild bewerten. Je klarer wir sehen, wie wir das tun – bei der Arbeit, in der Schule, in der Familie, im Schlafzimmer, bei Online-Kontakten und bei unseren alltäglichen Entscheidungen –, desto leichter wird es für uns sein, unsere Selbst-Bewertung nicht mehr so ernst zu nehmen.

Wir werden auch lernen, wie wir jedem negativen Urteil und jedem Tiefschlag für unser Selbstwertgefühl ins Gesicht schauen können – den Mut haben können, unseren Schmerz zu fühlen –, sodass wir keine Angst mehr davor zu haben brauchen. Indem Sie bewährte Werkzeuge wie Achtsamkeit und Selbst-Mitgefühl einsetzen, werden Sie Ihre Reaktion auf jede neue Zurückweisung oder Niederlage beobachten und besänftigen können: das endlose Grübeln über Fehler (»Ich hätte das nicht sagen sollen«); den Wunsch, etwas ungeschehen zu machen (»Hätt ich mich doch bloß besser vorbereitet«); den Drang, sich abzulenken (»Was läuft denn im Fernsehen?«); oder den Versuch, den Schmerz einer Niederlage durch einen neuen Kick zu löschen (»Vielleicht hab ich ja ein Like für meinen letzten Post«).

Statt dann den üblichen Weg zu gehen und sich irgendwie aufzuplustern, werden Sie üben, jede Enttäuschung als Chance zu nutzen, um Einblick in die Dynamik der Selbstbewertungs-Achterbahn zu gewinnen und Ihr Bewusstsein für unser gemeinsames menschliches Dilemma zu schärfen:

- Auf welchen fragwürdigen Baustein meines Selbstwertgefühls wirft diese Niederlage ein Licht?
- Welche Illusion wird entlarvt?
- Wie würde es sich anfühlen, wenn ich diese Stütze aufgäbe?
- Wer könnte ich sein ohne diese Stütze?

- Welche Vor- und Nachteile hätte das?
- Gibt es zuverlässigere Wege zum Wohlbefinden, die ich einschlagen könnte?

Sie werden auch üben, jede neue Enttäuschung als Chance zu nutzen, eine Verbindung zu den Niederlagen der Vergangenheit herzustellen, sodass Sie den Sumpf aus aufgestauter Traurigkeit, Verletztheit und Scham, den diese Niederlagen hinterlassen haben, allmählich trockenlegen können.

Statt ein Problem zu sein, wird jeder neuerliche Absturz zu einer Chance werden, weniger vom Selbst-Bewerten besessen zu sein und auf verlässlichere Grundlagen für das eigene Wohlbefinden zuzusteuern – das Herz zu öffnen; sich tiefer mit anderen Menschen zu verbinden; unsere gemeinsame Menschlichkeit zu bejahen, mehr zu lieben und zu entdecken, was Ihnen wirklich wichtig ist. Er wird zu einer Chance, Kopf, Herz und Lebensgewohnheiten zu transformieren. Das ist die konkrete Wirkung des Prinzips *»Neurosen sind der Mist fürs Bodhi-Beet«* .

Früher oder später wird Ihr Selbstwertgefühl natürlich den nächsten Kick bekommen, und Sie werden eine Weile daran festhalten. Aber keine Angst – es wird nicht lange vorhalten – und der nächste Zusammenbruch wird wieder eine Gelegenheit zum Lernen sein.

Dieses Buch ist als Schritt-für-Schritt-Wegweiser zu diesem Abenteuer konzipiert. Im folgenden Kapitel werden wir untersuchen, welche Wurzeln unsere Sorge um das eigene Selbstwertgefühl hat. Danach lernen Sie Techniken, mit denen problematische Impulse in der Entstehung eingefangen werden und Sie Ihre Glaubenssätze über sich selber auf den Prüfstand stellen können (Teil II). Sie werden dann sehen, wie Sie all die verrückten Aktivitäten erkennen können, mit denen Sie sich ein besseres Selbstwertgefühl verschaffen wollen: zum Beispiel den Drang zu unnötigen Höchstleistungen; den Drang, beliebt oder bewundert zu werden; das Gefühl moralischer Überlegenheit; Statussymbole; ja sogar die Liebe (Teil III). Der Rest des Buches bietet Techniken, die Wunden der Vergangenheit zu heilen und von der Selbstwert-Sucht frei zu werden, an deren Stelle Mitgefühl treten kann; eine klügere Perspektive; die Freude, ein gewöhnliches Menschenwesen zu sein; und ein liebevolles Verhältnis zur Welt um uns herum.

Da wir alle verschiedenen Selbstwert-Fallen auf den Leim gehen und verschiedene Kriterien benutzen, um unser Selbstbild zusammenzubasteln, werden nicht alle Themen und Übungen Sie gleich stark ansprechen. Konzentrieren Sie sich ruhig auf die Praktiken, die Sie am meisten ansprechen, und kommen Sie auch wieder auf sie zurück. (Wahrscheinlich werden Sie feststellen, dass Themen, die für Sie weniger relevant sind, Ihre Familie und Freunde mehr betreffen. Seien Sie aber vorsichtig, wenn Sie beschließen, anderen Ihre Erkenntnisse mitzuteilen!) Nehmen Sie die kommenden Kapitel als ein Schweizer Offiziersmesser oder eine Schublade mit Küchenutensilien – eine Sammlung von Werkzeugen für die Arbeit mit den verschiedenen Spielarten Ihrer Befangenheit in schmerzhafter Selbstverurteilung, wobei jedes Werkzeug je nach Zeitpunkt von unterschiedlichem Nutzen sein kann.

Dieser Entwicklungsweg mag seltsam anmuten, und er ist eine Herausforderung, aber die Mühe lohnt sich. Stellen Sie sich nur vor, wie wunderbar der Tag wäre, an dem Sie einfach Ihr Leben genießen, statt sich Sorgen zu machen, ob Sie gut dastehen und was andere über Sie denken. Welche Freude! Welche Erleichterung!

2 Darwin ist schuld!

Alle Tiere sind gleich,
aber manche Tiere sind gleicher als die anderen.
(GEORGE ORWELL, »FARM DER TIERE«)[8]

Wenn wir anfangen, auf unsere Sorge um den eigenen Selbstwert aufmerksam zu werden, kann es schockierend sein zu bemerken, wie oft wir uns beurteilen oder mit anderen vergleichen. Sehr schnell fühlt man/frau sich wie ein narzisstisches Häufchen Elend, besessen von Konkurrenzdenken, Selbstverurteilung, Vergleichen mit anderen oder chronisch unsicher, von Minderwertigkeitsgefühlen geplagt, stets auf Bestätigung aus. Die gute Nachricht ist: Wir können nichts dafür. Unser Gehirn hat sich evolutionär einfach so entwickelt. Besser noch: Es stellt sich heraus, dass wir diesen etwas primitiveren Instinkten nicht nachgeben müssen. Wir können uns stattdessen befreien, indem wir unsere fest verdrahteten Schaltkreise für Liebe, Verbundenheit und Kooperation stärken, was im Endeffekt unser Leben reicher, glücklicher und sinnvoller macht.

Nehmen wir Juanita. Sie hatte als Model gearbeitet. Schon als Kind hatte sie mit ihrer Schönheit die Menschen angezogen. Diese Aufmerksamkeit fühlte sich gut an, aber nun, da sie älter wurde, wurde sie nicht mehr so oft gebucht und erregte weniger Aufsehen. Irgendwann hängte sie den Job an den Nagel.

Es war ein schmerzhafter Übergang für sie, aber am Ende war sie dafür dankbar. »Ich musste einfach immer die hübscheste Frau im Raum sein. Wenn ich ein wenig zugenommen hatte, drehte ich durch. Leicht fiel mir der Abschied nicht – jede Falte, jedes Kilo, auch nicht mehr im Mittelpunkt zu stehen: Das schmerzte. Aber jetzt kann ich einen Raum betreten und einfach auf Freunde zugehen oder neue Leute kennenlernen. Klar vermisse ich das Beachtet-Werden manchmal, aber alles in allem bin ich viel glücklicher.«

Die Natur des Menschen (und der Tiere)

Ich hatte einmal die Gelegenheit, den Krüger-Nationalpark in Südafrika zu besuchen. Begleitet von erfahrenen Naturforschern, bekamen wir Löwen, Elefanten, Giraffen, Rhinozerosse und weitere großartige Lebewesen in freier Wildbahn zu sehen.

Wir brauchten nicht lange, um ein gewisses Muster zu entdecken. In einer Spezies nach der anderen sahen wir ein dominierendes Männchen, das von einer Gruppe der besten fortpflanzungswilligen Weibchen umgeben war. Und irgendwo weiter weg gab es gewöhnlich eine Gruppe jüngerer Männchen, die mit dem beschäftigt waren, was bei jungen Männern in Amerika Basketball ist. Mit Feuereifer kämpften sie gegeneinander, trainierten ihre Fähigkeiten, in der Hoffnung, eines Tages das dominierende Männchen zu entthronen und seinen Platz einzunehmen. Währenddessen wetteiferten die Weibchen um die Aufmerksamkeit des Königs oder anderer gut ausgestatteter Männchen – als spezies-spezifische Gegenstücke zu den Models auf dem Laufsteg.

Unsere Naturforscher machten uns klar, dass bei diesen Dramen viel auf dem Spiel stand. Von ihnen hing ab, wessen DNA auf die nächste Generation überging. Jeder, der am Wettbewerb nicht teilnahm, verpasste wahrscheinlich ein paar Gelegenheiten zur Fortpflanzung, was gleichbedeutend sein konnte mit dem Ende seiner genetischen Linie. Im Lauf der Zeit, durch die natürliche Auslese der Evolution, lernten alle diese verschiedenen Spezies, auf soziale Rangordnung und Attraktivität Wert zu legen.

Und das beschränkt sich keineswegs auf Großwild. Vögel haben eine »Hackordnung«, genauso wie Fische, Reptilien, ja sogar bestimmte Heuschreckenarten.[9] Und natürlich auch wir Menschen. Die an der Spitze haben jede Menge Privilegien, die denen unten verwehrt sind, darunter größeren Erfolg bei der Fortpflanzung und reichere materielle Ressourcen zur Pflege des Nachwuchses. Im benachbarten Swasiland war dies sogar gesetzlich festgeschrieben: Der König hatte 14 Frauen und 36 (gut versorgte!) Nachkommen.

Diese Hierarchien verursachen eine Menge Stress, weil die Tiere ständig um bessere Plätze rangeln. Wie der bekannte Neuro-Endokrinologe Robert Sapolsky, nach Jahren in Afrika, wo er als gut getarnter Beobachter Primatenforschung betrieben hatte, einmal schlussfolgerte: »Sieht so aus, als wäre es der Gesundheit eher abträglich, in einer Pavianhorde ein Männchen mit niederem Rang zu sein.«[10]

Natürlich denken wir, als clevere Affen, wir hätten all das evolutionär weit hinter uns gelassen. Aber ein kurzer Blick auf all die reichen und mächtigen Männer, die sich in regelmäßiger Folge eine neue weibliche Trophäe angeln, oder die angehenden Bräute, die vergleichen, wer den größeren Verlobungsring hat, zeigt uns, dass unsere säugetierischen Wurzeln nicht so weit weg sind.

Es gibt ein weiteres, mächtiges evolutionäres Erbstück, das mit unseren Statussorgen Hand in Hand geht. Damals in der afrikanischen Savanne war es nämlich das Todesurteil, von der eigenen Horde ausgestoßen zu werden. Wir brauchten einander, um Nahrung zu finden, zu jagen und uns vor Gefahren zu warnen. Außerdem brauchte ein Menschenjunges die Fürsorge der Erwachsenen, um zu überleben. Also haben wir eine sehr starke Abneigung gegen das Verstoßen-Werden entwickelt. Heute zeigt sich das in unserer ständigen Sorge, ob wir beliebt und akzeptiert sind, auch in unserer Unsicherheit, ob wir liebenswert sind. Unser Wohlbefinden steigt oder fällt sofort, je nachdem, ob wir das Gefühl haben, dass andere uns mögen oder um sich haben wollen. Denken Sie nur einmal daran, wie es sich anfühlt, ob – oder ob nicht – Sie zu einer Party eingeladen sind. Sind Sie nicht auch schon einmal an einem Samstagabend zu Hause gesessen und haben sich gefragt, ob die anderen sich treffen, und Sie sind nicht dabei? Wären Sie nicht immer noch gerne auf der Gästeliste – auch wenn Sie vielleicht gar nicht hingehen wollen?

Der innere Primat

In den letzten Jahrzehnten hat eine Reihe von Evolutionspsycholog*innen versucht herauszufinden, welche Aspekte der menschlichen Natur universale Instinkte sind, die sich aufgrund ihres Wertes für das Überleben entwickelt haben.[11] Die Resultate werfen ein deutliches Licht auf unsere ständige Sorge um Selbstwert und sozialen Rang.

Diese Psychologen wollen nicht darauf hinaus, dass die Instinkte, die sie identifiziert haben, irgendwie etwas *Gutes* seien oder dass, bloß weil sie bei anderen Spezies, kulturübergreifend, vorkommen und im Labor gemessen werden können, wir ihnen frohgemut freien Lauf lassen sollten. Vielmehr ist ihre Schlussfolgerung, dass wir mit vielen dieser Instinkte genauso umgehen sollten wie mit unserer Liebe zu Süßigkeiten. Wir mögen süße Kalorienbomben, weil für unsere Vorfahren Fett und Zucker wichtige Nährstoffe darstellten. Heute jedoch sieht jeder ein, der älter ist als sechs Jahre, dass es einem auf Dauer nicht gut geht, wenn man den ganzen Tag Süßigkeiten futtert.

Welche anderen problematischen universalen Instinkte haben die Evolutionspsychologen entdeckt? Die Besorgnis um sozialen Rang, Dominanz, Akzeptanz durch die Gruppe und den Zugang zu Sexualpartnern spielt in den menschlichen Aktivitäten kulturübergreifend eine überragende Rolle, was zu einer Menge Konflikten und Leid führt – wie jeder weiß, der die Nachrichten schaut oder liest.

Während diese Instinkte sich bei anderen Spezies im Verhalten äußern, zeigen sie sich beim Menschen auch regelmäßig in Gedanken und Gefühlen. Mehr noch: Gedanken und Gefühle, die unablässig um unsere Tüchtigkeit oder aber Unfähigkeit kreisen, werden von der instinktiven Fixierung des Gehirns auf sozialen Rang, Dominanz, Beliebtheit und Erfolg bei der Partnerwahl angeheizt.

Binh zum Beispiel war nicht sehr stark, sondern zart gebaut und litt darunter, in seiner Klasse einer der Schwächsten zu sein. Die Klassenrüpel schikanierten ihn, beim Sport hatte er Probleme. Sogar als Erwachsener dachte er fast jedes Mal, wenn sich eine neue soziale Situation auftat: »Bin ich hier wieder der Magerste?« Wenn das nicht der Fall war, fiel es ihm leichter, ein Gespräch anzufangen, und neue Leute kennenzulernen machte ihm mehr Spaß.

Was haben Sie selbst schon festgestellt? Wie viel Verdruss haben tierische Instinkte Ihnen oder den Menschen, die Sie kennen, schon bereitet? Je klarer wir unseren eigenen inneren Primaten bei der Arbeit sehen können, desto weniger müssen wir seinen Instinkten glauben, folgen und gehorchen.

Fangen wir mit dem Thema Dominanz an. Ist es schon einmal vorgekommen, dass Sie sich wünschten, Sie wären größer, stärker oder kompetenter? Haben Sie schon einmal jemanden bloßgestellt, sich rücksichtslos benommen oder sich bei erfolgreichen oder mächtigen Menschen angebiedert? Dann: Sex. Finden Sie Männer mit den allgemein als attraktiv geltenden Merkmalen anziehend, also große, breitschultrige Männer mit schmalen Hüften, tiefer Stimme und markantem Kinn, oder Männer, denen man Reichtum, Autorität, Respekt, Selbstvertrauen ansieht? Wollten Sie auch schon einmal sein wie die? Oder fühlen Sie sich zu Frauen hingezogen, die jung aussehen, volle Lippen haben, glatte Haut, leuchtende Augen, glänzendes Haar, einen geschmeidigen Körper und schöne Rundungen? Wollten Sie schon einmal aussehen wie die? Und schließlich: Was ist mit Beliebtheit und Bewunderung? Haben Sie sich schon einmal danach gesehnt, von anderen gemocht und akzeptiert zu werden? Haben Sie Angst vor Ablehnung?

Ich genieße es sehr, Meditations-Retreats für Psychotherapeuten zu leiten. Wir sind draußen in der Natur, ohne die Ablenkungen durch Fernsehen und Internet, und verbringen einen Großteil des Tages im Schweigen. Der Geist wird sensibler und wir entwickeln eine klarere Bewusstheit für Gedanken und Gefühle.

Einmal, nach ein paar gemeinsam verbrachten Tagen, forderte ich die Gruppe auf, darauf zu achten, ob ihre Stimmung sich änderte, weil sie sich mit anderen verglichen hatten. Eine tapfere Psychotherapeutin, Elaine, meldete sich:

»Seit ich hier bin, vergleiche ich meinen Körper mit dem Körper der anderen Frauen. Verglichen mit manchen fühle ich mich gut, verglichen mit anderen schlecht. Ich bin wohl noch nicht sehr entwickelt.« Ich fragte, ob jemand anderes etwas Ähnliches erlebt habe. Jede Frau im Raum hob die Hand, dazu ein paar Männer. Wir haben wirklich *viel* mit anderen Primaten gemeinsam.

Obwohl das alarmierend ist, ist es andererseits grandios. Denn es bedeutet, dass wir nichts dafür können – wir sind nicht verrückt, und wir sind keine Einzelfälle. Wir wurden so geboren – so wie alle anderen! Statt uns also für unsere Instinkte in Sachen Sex, Konkurrenz und so weiter zu schämen, können wir sie realistisch erkennen und lernen, kreativ mit ihnen zu arbeiten, statt uns von ihnen versklaven zu lassen. Und glücklicherweise, so stellt sich heraus, haben unsere Gehirne auch andere Instinkte entwickelt, die uns genau dabei helfen können.

Auf Liebe eingestellt

Viele der Instinkte, die Organismen evolutionär entwickelt haben, sind für sie als Individuen nicht nützlich, aber sehr nützlich für ihre Spezies und ihr genetisches Erbgut. Nehmen Sie zum Beispiel unseren Impuls, für unsere Kinder zu sorgen oder uns um andere Familienmitglieder zu kümmern. Das vergrößert nicht unbedingt unsere persönlichen Aussichten, zu überleben. Aber es erhöht sehr wohl die Chancen, dass unsere Gene weiterleben, denn unsere Kinder (und deren Kinder) teilen in unterschiedlichem, jedoch berechenbarem Ausmaß unsere genetischen Anlagen. Diese Erkenntnis veranlasste den Biologen J.B.S. Haldane, als er gefragt wurde, ob er für seinen Bruder sein Leben opfern würde, zu dem berühmten Scherz: »Für meinen Bruder nicht, aber für zwei Brüder oder Schwestern, vier Cousins oder Cousinen oder acht Neffen oder Nichten.«[12]

Das mag nicht unbedingt eine herzerwärmende Antwort sein, aber es ist eine gute Nachricht, was die Evolutionspsychologie uns hier bietet. Unser Gehirn hat nicht nur Instinkte entwickelt, um knappe Ressourcen zu kämpfen, unseren Sozialstatus zu steigern und durch erfolgreiche Fortpflanzung die eigenen Gene zu verbreiten. Es hat auch Instinkte der Kooperation und Fürsorge für unsere Mitmenschen entwickelt, und diese Instinkte können wir stärken.

Zusätzlich zu der Neigung, für unsere Familien zu sorgen, kennen die Evolutionspsychologen auch einen Instinkt, den sie *reziproken Altruismus* nennen.[13] In den frühen Gesellschaften der Jäger und Sammler war es sinnvoll, miteinander zu teilen, da alle miteinander verwandt waren – sie hatten bis zu einem gewissen Grad dieselben Gene. Aber auch Menschen, die sich genetisch nicht nahestehen, haben die Neigung, miteinander zu teilen, in der Erwartung, in der Zukunft selbst wieder etwas zu bekommen, wenn sie wenig haben. Wenn ich dir was von der Antilope abgebe, die ich heute erlegt habe, gibst du mir nächste Woche was von deiner Gazelle. Viele Studien zeigen, dass wir, zusammen mit vielen anderen sozialen Tieren, diesen biologisch verankerten Sinn für Fairness haben, der uns hilft, kooperative Beziehungen aufzubauen.

Trotz weiterer Ähnlichkeiten unterscheiden wir Menschen uns von den meisten anderen Tieren, was die Zeit betrifft, die wir auf die Fürsorge für unsere Jungen verwenden. Babys kommen mit wenigen eigenständigen Überlebenstechniken auf die Welt. Das intensiviert den Elterninstinkt, für unsere Jungen zu sorgen, und gibt den Babys einen starken Instinkt, sich um Nahrung und Schutz an die Erwachsenen zu wenden. Diese Instinkte zeigen sich in unserem ganzen Leben als mächtige Triebe, zu lieben und geliebt zu werden.

Obwohl unsere Sehnsucht, akzeptiert oder gemocht zu werden, uns die quälenden Fragen nach möglicher eigener Unzulänglichkeit oder sozialer Ablehnung beschert, kann unsere Fähigkeit zu lieben uns auch Wege zum Wohlbefinden erschließen, die viel verlässlicher sind als Sozialstatus oder Erfolg bei der Partnerwahl. Mehr noch: Wie wir noch sehen werden, ist die Qualität unserer fürsorglichen Beziehungen ein herausragender Indikator für physisches und mentales Wohlergehen schlechthin.

Den richtigen Wolf füttern

Es könnte den Anschein haben, als würden die Probleme mit unserem Selbstwert so bald nicht verschwinden, solange wir diesen Instinkt der

Konkurrenz und die biologisch verankerte Sorge um unseren Sozialstatus haben. Aber könnten wir unsere kooperativen Instinkte, unsere Fähigkeit, für andere zu sorgen, und unseren Wunsch nach Gruppenzugehörigkeit vielleicht einsetzen, um sie erträglicher zu machen? Gibt es vielleicht einen Weg, die Instinkte der Liebe, Kooperation und Fürsorge zu stärken und weniger verstrickt zu sein in die Instinkte, unseren sozialen Rang zu erhöhen, bei Partnerwahl und Fortpflanzung erfolgreich zu sein oder unsere Ehre zu verteidigen?

Eine sehr bekannte Geschichte, die man den Cherokee zuschreibt (obwohl ihr Ursprung wie bei vielen Legenden unbekannt ist)[14], bietet uns einen Weg an:

Ein alter Mann sprach mit seinem Enkel über das Leben. »In mir tobt ein Kampf«, sagte er zu dem Jungen. »Es ist ein schrecklicher Kampf zwischen zwei Wölfen. Einer ist böse – er heißt Wut, Neid, Kummer, Bedauern, Gier, Arroganz, Selbstmitleid, Schuld, Groll, Minderwertigkeit, Lügen, falscher Stolz, Überheblichkeit und Egoismus.« Dann fuhr er fort: »Der andere ist gut – er heißt Freude, Friede, Liebe, Hoffnung, Gelassenheit, Bescheidenheit, Güte, Wohlwollen, Empathie, Großzügigkeit, Wahrheit, Mitgefühl und Vertrauen. Derselbe Kampf tobt in dir – und in jedem Menschen.«

Der Enkel dachte eine Minute nach und fragte seinen Opa dann: »Und welcher Wolf gewinnt?« Der alte Mann antwortete schlicht: »Der, den du fütterst.«

Die Herausforderung ist, den einen Wolf mehr zu füttern als den anderen, in Liebe und Verbundenheit Erfüllung zu finden, statt flüchtigen Hochgefühlen des Sieges nachzujagen. Liebevolle Verbundenheit und Geborgenheit fühlen sich nicht nur gut an, sondern fördern das physische und emotionale Wohlbefinden – teilweise auch deshalb, weil sich unser Gefahren-Alarmsystem evolutionär dahingehend entwickelt hat, sich in vertrauensvollen Beziehungen zu entspannen. Und solche

Geborgenheit lässt uns aufblühen. Ein wichtiger Schritt, den wir sofort unternehmen können, ist: wahrzunehmen, dass der fürsorgliche, liebevolle, soziale Wolf in uns immer noch quicklebendig ist. Entschuldigen Sie die gemischte Metapher, aber dieser Wolf ist ein weiterer Aspekt unseres Primaten-Erbes.

Fangen wir mit unserem Instinkt für *Kooperation* an. Versuchen Sie manchmal, die Perspektiven von anderen zu verstehen, ihre Bedürfnisse zu berücksichtigen, sie die Führung übernehmen zu lassen oder sie zu unterstützen, auch wenn Sie neidisch sind? Als nächstes: *Fürsorglichkeit.* Haben Sie sich schon einmal um ein Kind oder ein Haustier gekümmert, einem Freund in einer Notlage beigestanden oder etwas außer der Reihe getan, um jemandem zu helfen, der Schmerzen hatte? Dann: *Freundlichkeit und Mitgefühl:* Haben Sie schon einmal etwas verschenkt oder geteilt, das für Sie wertvoll war, einfach, um jemandem eine Freude zu machen, oder sich freiwillig als Helfer gemeldet? *Fairness:* Haben Sie schon einmal Verhandlungen geführt und dabei die Zufriedenheit beider Parteien im Blick gehabt statt nur den eigenen Vorteil? Oder sich etwas untersagt, obwohl man Sie nicht erwischt hätte? Und schließlich: *Verbundenheit:* Haben Sie um einer Beziehung willen schon einmal Fehler zugegeben oder sich entschuldigt, jemandem verziehen oder sind auf weniger beliebte oder erfolgreiche Menschen zugegangen, damit diese sich einbezogen fühlen?

Höchstwahrscheinlich haben Sie schon eine Menge dieser Dinge getan, und das regelmäßig. Der liebevolle, fürsorgliche Wolf in Ihnen ist quicklebendig. Gemerkt, wie gut es sich anfühlt, wenn diese Instinkte aktiviert werden?

Dass sie den fürsorglichen Wolf förderte und pflegte, rettete Juanita vor dem Zwang, immer im Mittelpunkt stehen zu müssen. Nachdem sie immer wieder wegen jeder Falte und jedes Kilos in die Krise gestürzt war, begann sie zu begreifen, dass sie mit dem krampfhaften Festklammern an ihrer jugendlichen Schönheit nur verlieren konnte. Ihr Schmerz brachte sie zu der Frage: »Was ist wirklich wichtig? Was soll ich mit meinem Leben anfangen?«

Was ihr in den Sinn kam, war Folgendes: Sie sehnte sich nach Momenten liebevoller Verbundenheit. Sie war es müde, Gefühle der Scham, der Minderwertigkeit, des Versagens dadurch zu bekämpfen, dass alle Augen auf sie gerichtet waren. Also widmete sich Juanita stattdessen dem Projekt, ihren fürsorglichen Wolf zu trainieren – mit Kopf, Herz und Hand. Sie versuchte ganz bewusst, auf die Eigenschaften zu achten, in denen sie nichts Besonderes war, sondern im Gegenteil ganz gewöhnlich, so wie alle anderen (sie richtete ihr Denken neu aus). Sie nahm allen Mut zusammen, um den Schmerz zuzulassen, dass ihr Körper sich veränderte, und diesen Schmerz zu nutzen, um ehrlicher auf Familie und Freunde zuzugehen, die selbst mit solchen Problemen kämpften (sie arbeitete mit ihrem Herzen). Und um eine Hilfe zu sein, tat sie, wo es ihr möglich war, Dinge außer der Reihe, und erlebte so die Freude der Großzügigkeit (sie änderte ihre Gewohnheiten). Ein Honiglecken war das Altern deswegen immer noch nicht, aber diese Veränderungen waren für sie Schritte in die richtige Richtung.

Binh fand einen ähnlichen Weg aus der zwanghaften Besorgnis um seine schmächtige Statur. Als er über seine missliche Lage nachdachte, erkannte er, dass sein Gehirn, so wie das der anderen, evolutionär darauf angelegt war, Größe und Stärke superwichtig zu finden. (Das ist wirklich ein mächtiger Instinkt – in vielen Jäger-und-Sammler-Kulturen bedeutet das Wort für *Anführer* »großer Mann«.)[15] Aber die akuten Konsequenzen aus seinem Körperbau spielten sich hauptsächlich in seinem Kopf ab – er konnte trotzdem einen anständigen Job haben, Freunde haben, Liebe erleben. Mit diesem Wissen gewappnet, konnte er sich wieder an die Momente erinnern, wo ihm grobe Kerle die Bücher aus der Hand geschlagen hatten, an die Demütigungen in der Sporthalle: denn jetzt

TEIL II

Die Grundausrüstung

3 Die befreiende Kraft der Achtsamkeit

Es kann einem einiges auffallen,
wenn man hinschaut.[16]
(YOGI BERRA)

Ich denke, Sie stimmen mir mittlerweile zu: Trotz unserer Fähigkeit, Herzen zu verpflanzen und Roboter zum Mars zu schicken, bleiben wir Menschen doch kämpferische Primaten, die von allen möglichen biologisch verwurzelten Instinkten getrieben sind, die für das Überleben und die Fortpflanzung einmal wichtig waren, uns jetzt aber in einer leidvollen Verstrickung mit Selbstwert- und Prestigeproblemen gefangen halten. Und obwohl wir glücklicherweise auch andere Instinkte haben, die uns im fürsorglichen Umgang miteinander helfen, stehen uns diese doch nicht immer bereit. Wie könnten wir, vor dem Hintergrund unserer Biologie, den Stress der quälenden Frage überwinden, ob wir gut genug sind und es auch bleiben können? Wie könnten wir lernen, unsere Zufriedenheit nicht von so etwas Unzuverlässigem wie unserem schwankenden Selbstwertgefühl abhängig zu machen, sondern stattdessen unsere anderen Instinkte mit mehr Energie zu versorgen, sodass wir mehr

Frieden, Liebe, Verbundenheit und Sinn im Leben finden könnten? Was uns frei machen würde, die Gegenwart auszukosten?

Unter den vielen Werkzeugen, die uns zu dieser Befreiung verhelfen können, sind ein paar von den wirkungsvollsten die Achtsamkeits-Praktiken. Sie sind in vielen verschiedenen Kulturen in unterschiedlicher Form entstanden, zum Teil deshalb, weil Menschen auf der ganzen Welt im Laufe der Geschichte immer wieder von denselben Tendenzen geplagt wurden, die uns auch heute quälen und den Weg zum Wohlbefinden verstellen. Bei unserer Transformation im Kopf, im Herzen und in den Lebensgewohnheiten können uns diese Praktiken helfen.

Achtsamkeitspraktiken können uns helfen wahrzunehmen, wie verrückt unsere endlosen Selbstwertfragen eigentlich sind: »Ich hab's wieder nicht gepackt. Ich hab schon wieder zugenommen.« – »Jetzt, wo du einen neuen Job hast, gefällt mir meiner nicht mehr.« – »Irgendwie haben mir diesmal nicht so viele zum Geburtstag gratuliert.« Achtsamkeitspraktiken stärken unsere Fähigkeit, Emotionen zu akzeptieren, damit wir besser klarkommen, wenn uns das Herz in die Hose rutscht, weil wir nicht zu der Party eingeladen worden sind; damit wir uns nicht zum Kühlschrank schleichen und uns dort trösten müssen, wenn wir niedergeschlagen sind. Sie helfen uns innezuhalten und neue Wege zu finden, wie wir auf Fehlschläge reagieren können; wie wir Enttäuschungen als Chancen nutzen können, um zu der Einsicht zu kommen, dass wir das Glück am falschen Ort suchen; sie nutzen können, um uns mit anderen, die ebenfalls zu kämpfen haben, zu verbinden, statt einfach bloß das nächste Erfolgserlebnis oder die nächste Bestätigung zu suchen.

Achtsamkeitspraktiken können uns sogar helfen, unsere ganze Identität auf den Prüfstand zu stellen – was, wie wir sehen werden, unsere Bemühungen, der Selbstwert-Achterbahn zu entkommen, wirkungsvoll unterstützen kann. Mehr noch: Einige der kulturellen Traditionen, in denen Achtsamkeitspraktiken entstanden sind, sehen es als deren

Hauptzweck an, von Ichbezogenheit frei zu werden. Achtsamkeitspraktiken sind als Hilfe für uns entwickelt worden, die Höhen und Tiefen des Lebens nicht so persönlich zu nehmen und nicht jedes Mal zu meinen, wir seien Gewinner oder Verlierer, liebenswert oder hässlich, Heilige oder Sünder, wertvoll oder wertlos.

Ich habe mein erstes Retreat mit stiller Achtsamkeitsmeditation als junger Mann gemacht, weil ich depressiv war. Es ist eine lange Geschichte, in der meine süße Freundin vom College vorkommt, ich selber in Connecticut an der Ostküste lebe und ihr Ex-Freund an der Westküste. Alles, was Sie wissen müssen, ist: Sie zog nach Kalifornien.

Die Situation hatte einige quälende Aspekte, aber einer davon war der totale Zusammenbruch meiner Selbstachtung. »Was hat der andere mir voraus?« – »War ich ihr nicht gut genug?« Das Retreat schlug voll ein. Ich sah diesen Gedanken zu, wie sie kamen und gingen, jedes Mal gefolgt von einer Welle der Qual. Irgendwann fingen sie aber an, mehr und mehr wie *Gedanken* auszusehen und nicht wie konkrete Realitäten. Und statt in Depression zu versinken, kam ich in Berührung mit der tiefer liegenden Verletztheit, Sehnsucht, Scham, Wut, Angst: »Ich wünschte, ich könnte dich wieder in den Armen halten.« – »Ich würde dich am liebsten umbringen. Und ihn dazu.« – »Wie soll ich ohne dich leben?« Es war nicht einfach, aber zum Ende des Retreats war ich definitiv nicht depressiv! Ich hatte eine Menge Emotionen, beobachtete eine Menge Gedanken beim Kommen und Gehen, aber die Situation kam mir nicht mehr so ausweglos vor. Und ich war motiviert, die Rolle zu untersuchen, die mein zerbrochenes Selbstbild in meinem gebrochenen Herzen spielte.

Achtsamkeit ist ein Werkzeug, um Herz und Geist zu befreien. In diesem Buch werden wir es als Unterstützung für mehrschichtige Ansätze nutzen, wie man den Fallen der Selbstverurteilung und der Minderwertigkeitsgefühle entgehen kann. Das vorliegende Kapitel gibt Ihnen alles an die Hand, was Sie brauchen, um Achtsamkeit in Ihr Leben einzubauen.

Was ist Achtsamkeit eigentlich genau?

Achtsamkeit umschreibt eine Haltung gegenüber allem, was Moment für Moment im Bewusstsein aufsteigt – sich in liebevollem Annehmen der gegenwärtigen Erfahrung bewusst sein. Wir wissen zwar fast alle, wie es sich anfühlt, bewusst bei einer Sache oder aufmerksam zu sein, aber liebevolles Annehmen scheint uns eher fremd. Eine Art, es zu verstehen, ist die, sich einen knuffigen kleinen Hundewelpen vorzustellen – nennen wir ihn Shelby. Stellen Sie sich sein Gesicht, sein Fell, seinen Körper vor (machen Sie ein paar Sekunden lang die Augen zu und lassen Sie sein Bild entstehen, bevor Sie weiterlesen). Welches Gefühl kommt dabei auf? Regt sich in Ihnen eine grobe, kritische, abwertende Stimme? (Falls ja, dürfen Sie mich gerne anrufen.) Falls wir nicht das Pech hatten, in der Vergangenheit einmal von einem Hundewelpen angefallen worden zu sein, spüren wir fast alle so etwas wie den universalen Klang des Mitgefühls: »Ooooh!« Sogar wenn Shelby zur unpassenden Zeit pinkelt oder Kacka macht, sogar wenn er einfach nicht gehorchen will, werden wir denken: »Er ist noch so klein, er braucht Liebe, er muss es erst noch lernen.« Und das ist genau die Haltung, die wir gegenüber unseren Herzen und Gedanken kultivieren wollen, wenn wir Achtsamkeit üben. Es ist die Haltung des fürsorglichen, liebevollen Wolfes, dem wir im letzten Kapitel begegnet sind.

Das ist wichtig, denn, wie Sie gleich sehen werden, wenn Sie Achtsamkeit mal ein bisschen ausprobieren: Der Geist *wird* tatsächlich zur unpassenden Zeit pinkeln und Kacka machen und gehorcht tatsächlich *nicht*. Die Einstellung, die wir gegenüber dem Welpen hatten, ist die Einstellung, die wir in den Momenten, in denen er widerspenstig ist, auch gegenüber dem Geist zeigen sollten. Wir müssen sie vielleicht trainieren, damit sie wächst, denn wir sind meistens viel geübter darin, uns selber fertigzumachen, als uns selbst liebevoll anzunehmen.

Was immer auch im Bewusstsein aufsteigt, wir können uns dessen bewusst sein. Diese Haltung kann nicht nur erhellen, wie der Geist arbeitet (und uns dadurch von automatischen Selbstbewertungs-Mechanismen befreien), sondern kann uns auch helfen, die Verletzungen der Vergangenheit zu heilen – auch die aller angesammelten Zurückweisungen und Misserfolge.

Lernen, achtsam zu sein

Hier ist ein kleines Rätsel: Was haben Schwimmen, Sex und ein Abendessen im feinen Restaurant gemeinsam? Manche sagen, alles seien sinnliche Erlebnisse – und das stimmt. Manche sagen, alle seien lustvoll, was auch stimmen könnte, je nachdem, mit wem wir Sex haben oder wie unser Verhältnis zum Wasser ist. Aber es gibt noch eine Antwort, die für unser Thema relevant ist, nämlich: dass darüber zu reden etwas ganz anderes ist, als es zu tun. Deshalb lade ich Sie jetzt ein, eine Achtsamkeits-Übung zu erleben, bevor wir noch länger darüber reden.

Übung: Achtsamkeit auf den Atem*

Sie können diese Übung im Sitzen, Stehen oder Liegen machen, obwohl die meisten mit der sitzenden Position beginnen. Dabei ist es hilfreich, das Rückgrat gerade zu halten, weil diese Haltung die Wachheit begünstigt.

* Sie finden diese Übung auf *www.arbor-online-center.de/begleitmaterial/* Verwenden Sie den Code *nd5o7k,* um sie kostenlos herunterzuladen oder zu streamen.

Sie können sich vorstellen, eine am Scheitel befestigte Schnur ziehe Sie sanft Richtung Decke, wodurch Ihr Rücken gerade wird, ohne verkrampft zu sein. (Bitte lesen Sie nun den Rest dieser Anleitung und probieren es dann aus, oder Sie machen die geführte Meditation, die Sie mit dem Code nd5o7k auf *www.arbor-online-center.de/begleitmaterial/* finden.) Um wirklich einen guten Eindruck zu bekommen, sind 15 bis 20 Minuten am besten.

Beginnen Sie, indem Sie die Augen schließen und die Empfindungen im Körper spüren. Wenn im Moment alles in Ordnung ist, werden Sie bemerken, dass Sie bereits atmen. Oder anders: Der Atem geschieht von allein. Lassen Sie den Körper ganz ruhig sein, denn das macht es leichter, sich den Sinneseindrücken zu widmen.

Wir werden in diesem ersten Teil der Übung nichts weiter tun, als auf die körperlichen Empfindungen beim Atmen zu achten. Versuchen Sie einfach, die verschiedenen Empfindungen beim Einatmen und Ausatmen wahrzunehmen.

Versuchen Sie, um der Bewusstheit eine gewisse Kontinuität zu verleihen, dem Atem einen ganzen Zyklus lang zu folgen, vom Beginn des Einatems bis zum Ende des Ausatems und weiter zum nächsten.

Es wäre nun nicht ungewöhnlich, wenn Ihnen Gedanken in den Sinn kämen. Das ist okay, es sind Freunde. Das Gehirn hat sich ja sogar entwickelt, um zu denken! Wir werden also nicht versuchen, unsere Gedanken zu stoppen, aber wir werden ihnen auch nicht folgen, wie wir es sonst immer tun. Sondern: Wenn Sie bemerken, dass Ihre Aufmerksamkeit von einer gedanklichen Fortsetzungsgeschichte gekapert worden ist und die Empfindungen des Atmens verloren hat, dann bringen Sie Ihre Aufmerksamkeit sanft und liebevoll wieder zum Atem zurück.

Und hier kommt wieder das Bild des Welpen ins Spiel. Die Achtsamkeitsübung ist im Grunde wie das Erziehen eines Welpen. Wir versuchen liebevoll und fürsorglich zu akzeptieren, was immer im Bewusstsein aufsteigt, während wir den Geist sanft erziehen, auf Empfindungen aufmerksam zu sein – in diesem Fall die des Atems –, die im Moment des Hier und Jetzt geschehen.

Versuchen Sie, eine Haltung des Interesses, der Neugier für alles, was aufkommt, zu kultivieren. Wenn Sie ein Unbehagen verspüren – sagen wir, ein Jucken oder einen Schmerz –, dann ist das sogar eine ganz besondere Gelegenheit zum Üben. Statt in diesem Fall das zu tun, was wir normalerweise tun – uns kratzen oder die Körperhaltung verändern, um uns Erleichterung zu verschaffen –, wenden Sie Ihre Aufmerksamkeit eine Weile der unangenehmen Empfindung zu und belassen den Atem im Hintergrund. Bleiben Sie einfach bei den physisch unangenehmen Empfindungen und schauen Sie, was mit Ihnen passiert. (Das muss nicht stoisch sein – wenn es sehr unangenehm wird, kratzen Sie sich ruhig oder ändern Sie Ihre Körperhaltung –, aber machen Sie zuerst das Experiment.)

Setzen Sie diese Praxis 15 – 20 Minuten fort und lassen alles geschehen, was geschieht.

Was ist passiert? Wir sind zwar alle unterschiedlich, und auch für ein einziges Individuum ist jede Meditationssitzung unterschiedlich, aber hier sind ein paar typische Beobachtungen:

»IN MEINEM KOPF GING ES RUND – ICH KONNTE NICHT AUFHÖREN ZU DENKEN.«

Einer unserer wichtigsten Überlebensmechanismen ist die Fähigkeit zu denken. Sie ermöglicht uns, die Vergangenheit zu analysieren, Strategien zu entwerfen und die Zukunft zu planen. Es ist deshalb eine wenig überraschende Entdeckung, dass der Geist die meiste Zeit mit Denken beschäftigt ist. Das ist okay. Statt die Gedanken stoppen zu wollen, kultivieren wir in der Achtsamkeitspraxis etwas, was Kognitionswissenschaftler *Metakognition* nennen – die Fähigkeit, Gedanken als Gedanken wahrzunehmen. Diese Erfahrung könnte für Sie neu sein, denn wenn wir in unserem Gedankenstrom leben, sehen wir die meiste Zeit Gedanken eben nicht als Gedanken, sondern glauben, dass sie die Realität widerspiegeln und definieren, wer wir sind.

Je mehr wir üben, die Aufmerksamkeit sanft auf die Empfindungen im Hier und Jetzt zurückzubringen, desto mehr sehen wir Gedanken als mentale Inhalte, die kommen und gehen – wie Wolken in einem grenzenlosen Himmel. Das hilft uns, nicht so stark an sie zu glauben, was eine enorme Erleichterung sein kann.

Denn es sind ja vor allem unsere Gedanken, die uns foltern. Rufen Sie sich doch in diesem Moment kurz etwas ins Gedächtnis, was Sie aufregt. Wenn der Gedanke nicht wäre, würde Sie hier und jetzt irgendetwas quälen? Wahrscheinlich nicht. Wenn Sie sich nicht in einem Kriegsgebiet befinden oder gerade eine Operation hinter sich haben, während Sie dies hier lesen, dann sind es wahrscheinlich Ihre Gedanken, die Sie quälen. Mehr noch: Sogar wenn es Ihnen körperlich nicht gut geht, verursacht Ihnen wahrscheinlich der Gedanke, dass es nicht mehr besser wird, mehr Unbehagen als die Empfindung an sich (es sei denn, es ist wirklich etwas Ernstes).

Gedanken auf diese Weise in einen anderen Blickwinkel zu rücken, kann sehr hilfreich sein, wenn man mit quälenden Gefühlen rund um Zurückweisung, Scham oder Minderwertigkeit zu tun hat, denn vor allem hier sind es unsere Gedanken – unsere Interpretationen der Ereignisse –, die uns leiden lassen. Auf die eigenen Gedanken achtsam zu sein kann uns auch helfen, die Rolle zu sehen, die unsere Instinkte in unserem Erleben spielen – wir können allmählich merken, wie viele unserer Gedanken die nicht-mehr-so-wahnsinnig-nützlichen Prioritäten des inneren Primaten widerspiegeln.

Als Aaron mit der Achtsamkeitsübung anfing, war er entsetzt, dass sein Geist »wie ein Gully« war. Nicht nur liefen nonstop die Gedanken, sondern sie kreisten hauptsächlich um Sex und Dominanz. »Ich kann einfach nicht aufhören, an all die Frauen zu denken, mit denen ich gerne etwas gehabt hätte, und an die vielen Male, wo ich mich gedemütigt gefühlt habe.« Er brauchte eine Weile, um zu lernen, wie er diese Gedanken kommen und gehen lassen konnte, und um zu erkennen, dass sich da einfach sein evolutionäres Erbe zu Wort meldete – er war deshalb kein schlechter Mensch.

»DAS JUCKEN (ODER DER SCHMERZ) HÖRTE VON ALLEINE AUF.«

Je mehr wir Achtsamkeit üben, desto geschickter werden wir im Ertragen von Unangenehmem. Zu sehen, wie Schmerz von alleine kommt und geht, und dazu zu üben, ihn »auszusitzen«: Das macht selbst das Unerträgliche etwas erträglicher. Und die eigenen Emotionen fühlen zu können – auch die schmerzhaften – ist notwendig, um die Wunden der Vergangenheit heilen zu können. Bei meinem Retreat war ich verblüfft, wie gewaltig zum einen die Wogen des Schmerzes, der Wut, der Traurigkeit und der Sehnsucht waren, die in mir abrollten, und zum anderen von der Tatsache, dass ich bei diesem Erleben bleiben konnte und zulassen konnte, dass es kam und wieder verging.

Diese Fähigkeit, bei den Emotionen zu *bleiben,* eröffnet einen Weg in die Freiheit, auch die Freiheit von der Selbstwert-Achterbahn. Erinnern Sie sich an die Übung im ersten Kapitel, wo wir dasaßen und bei den körperlichen Empfindungen blieben, die ein gutes und ein schlechtes Selbstwertgefühl in uns auslösten? Wenn wir durch die Achtsamkeitspraxis die Angst vor den schmerzhaften Empfindungen einer Enttäuschung oder Zurückweisung verlieren, werden wir uns eher trauen, etwas zu riskieren. Wir werden nicht mehr so zwanghaft an Hochgefühlen festhalten und Tiefs abwehren müssen. In den nächsten Kapiteln werden Sie lernen, Achtsamkeit und andere Übungspraktiken zu nutzen, um mit schwierigen Emotionen zu arbeiten.

»ICH KANN DAS NICHT.«

Kann es irgendjemanden verwundern, dass fast alle die Achtsamkeitspraxis, so wie das meiste andere im Leben auch, in einen Maßstab der eigenen Kompetenz und Daseinsberechtigung verkehren? Und dass wir uns eine schlechte Note geben, wenn es im Kopf herumblödelt, sich endlos im Kreis dreht oder am liebsten schlafen würde?

Was die Wohltaten der Achtsamkeitspraxis am meisten behindert, das ist die Erwartung, dass wir fähig sein sollten, unseren Geist auf Kommando zu fokussieren. Und die wiederum beruht auf der irrigen Annahme, wir seien der Herr über unser Bewusstsein. Vor allem, wenn Sie regelmäßig zu praktizieren anfangen, werden Sie merken, dass der Geist im Gegenteil ganz schön widerspenstig ist. Der buddhistische Mönch Bhante Gunaratana hat es schön formuliert:[17]

> »Irgendwann im Laufe dieses Prozesses werden Sie der plötzlichen und schockierenden Einsicht ins Auge sehen, dass Sie vollkommen verrückt sind. Ihr Kopf ist ein kreischendes, schnatterndes Irrenhaus auf Rädern, das holterdipolter bergab brettert, völlig außer Kontrolle und unaufhaltsam. Kein Problem! Sie sind nicht verrückter als gestern. Es ist immer schon so gewesen, Sie haben es nur nie gemerkt. Sie sind auch nicht verrückter als alle anderen um Sie herum.«

Shivanis erste Ausflüge in die Achtsamkeit waren steinig. Die Lehrerin, Mutter zweier kleiner Jungs, war immer müde und hatte nie genug Zeit. Wenn sie versuchte, still dazusitzen und dem Atem zu folgen, erschien in ihrem Kopf sofort eine To-do-Liste. Sie verschwendete ihre Zeit – nicht nur wurde nichts erledigt, sondern die Meditation war ebenfalls ein Fehlschlag. Jedoch: Obwohl total gestresst und entnervt, blieb sie trotzdem dabei.

Irgendwann entdeckte sie: Wenn sie länger sitzen konnte, eine halbe Stunde oder so, dann begann ihr Geist sich tatsächlich zu beruhigen. Statt von einem Gedanken zum nächsten zu rasen, begann sie das Aufkommen und Abflauen von Gefühlen wahrzunehmen und wahrzunehmen, wenn sie sich im Nacken und in den Schultern verkrampfte. Sie sah, wie oft sie sich selber rüde verurteilte und dachte: »Zu Hause packe ich es nicht, und bei der Arbeit schon gar nicht« oder »Im Meditieren bin ich die Katastrophe.« Es begann ihr zu dämmern, dass es doof war, wie sie sich selber ständig unter Druck setzte – sie gab ständig Vollgas und brauchte Zeit, loszulassen, gut sein zu lassen und sich für ihr inneres Leben zu öffnen. Als sie übte, aus dem Gedankenstrom auszusteigen und ihre Aufmerksamkeit auf die Empfindungen im Moment zu lenken, wurde das selbstverurteilende Gerede leiser. Statt es unbesehen zu glauben, begann sie die kritische, verurteilende Stimme in sich, die ihr ständiger Begleiter geworden war, mit Neugier zu betrachten.

Erzähltes und erlebtes Selbst

Die Kognitionswissenschaft kennt zwei Typen der Selbstbezüglichkeit, nämlich den Fokus des *Erzählens* und den Fokus des *Erlebens.* Ein Fokus aufs Erzählen erzeugt Vergleiche mit anderen sowie Höhen und Tiefen im Selbstwertgefühl. Wir nehmen unsere Urteile mit hinein, während wir mit uns über uns sprechen, und reflektieren unsere Charaktereigenschaften. Wenn wir im erzählerischen Fokus sind, denken wir: »Ich bin clever« oder »Ich bin doof«, »Ich bin stark« oder »Ich bin schwach«, mutig oder ängstlich, freundlich oder gemein, großzügig oder geizig, attraktiv oder nicht – Sie wissen schon. Und diese schwankenden Urteile über uns selbst – die oft von den Rückmeldungen anderer (oder den vorgestellten

Rückmeldungen anderer!) herrühren – erzeugen die Höhen und Tiefen unseres Selbstwertgefühls.

Beim Fokus des Erlebens ist es anders. Hier gibt es Moment für Moment eine Bewusstheit, was im Geist-Körper geschieht. Wir bekommen eine Kostprobe von diesem Fokus aufs Erleben, wenn wir Achtsamkeit praktizieren. Unsere Aufmerksamkeit geht zu der Empfindung eines Einatems, dann zu einem Geräusch auf der Straße, dann zu einem Jucken, zurück zum Ausatem, weiter zu einem Gefühl der Traurigkeit und zurück zum Einatem. Der Fokus des Erlebens ist auf Empfindungen zentriert, darunter die Körperempfindungen, die Emotionen zugrunde liegen, aber auch ein Bewusstsein für Bilder und Gedanken, die durch den Geist ziehen. Aber anders als im erzählerischen Fokus glauben wir nicht so sehr an unsere Gedanken – wir schauen ihnen einfach beim Kommen und Gehen zu.

In einer mittlerweile als klassisch geltenden Studie wurden die Teilnehmer entweder einem achtwöchigen Achtsamkeits-Kurs zugeteilt oder einer Kontrollgruppe, die keinen Kurs bekam.[18] Beide Gruppen wurden geschult, auf eine Liste von Adjektiven zu reagieren, entweder mit einem erzählerischen Fokus (Sie reflektieren, was das Adjektiv für Sie persönlich bedeutet) oder mit einem Fokus aufs Erleben (Sie nehmen einfach Ihre momentane Reaktion wahr, wenn Sie das Adjektiv hören). Dann wurden beide Gruppen in einen Magnet-Resonanz-Tomographen gesteckt, um Aufschluss darüber zu erhalten, was im Gehirn ablief, wenn die Teilnehmer in diesem unterschiedlichen Modus auf Adjektive reagierten.

Das Ergebnis sieht etwa so aus: Wenn Menschen im erzählerischen Fokus sind, gibt es meist eine Aktivität in einem Gehirnbereich, der *medialer präfrontaler Kortex* heißt. Dieser hat zwar viele Funktionen, aber er ist vor allem aktiv, wenn wir über unsere Charakterzüge nachdenken, über die Charakterzüge von Menschen, die uns ähnlich sind, und unsere Wünsche für die Zukunft. Er hilft uns, eine Geschichte zu erschaffen, die unsere subjektiven Erlebnisse über die Zeit hinweg miteinander verknüpft.

Die Forscher fanden auch heraus, dass die Meditierer, wenn sie in den Fokus des Erlebens übergingen, im Vergleich zur Kontrollgruppe viel stärker fähig waren, die Aktivität des medialen präfrontalen Kortex zu reduzieren. Das hieß, dass ihr Gehirn durch die Achtsamkeitsübung tatsächlich trainiert wurde, besser aus dem erzählerischen Fokus herauszutreten – herauszutreten aus dem Modus, der uns in soziale Vergleiche und die Höhen und Tiefen des Selbstwertgefühls verstrickt. Dies war ein effektives Gegenmittel gegen die fest verdrahteten Instinkte, sich mit anderen zu vergleichen und sich mit Fragen nach Dominanz und Unterwerfung, Attraktivität oder Ablehnung zu quälen.

Eine regelmäßige Achtsamkeitspraxis aufbauen

Es gibt eine alte Geschichte über einen Touristen, der sich in Manhattan verirrt hat. Er wird hektisch, weil er wahrscheinlich zu spät zu seinem Konzertabend kommt. Da sieht er glücklicherweise einen Mann im Smoking, der einen Geigenkoffer trägt. Er hastet zu ihm hin und fragt: »Bitte helfen Sie mir, wie komme ich in die Carnegie Hall?« Der Musiker starrt ihn an, mustert ihn nachdenklich von oben bis unten. Der Tourist wird ungeduldig. Schließlich, nach einer langen Pause, sagt der Musiker: »Üben, üben.«

Wie die meisten praktischen Kompetenzen ist auch die Achtsamkeitspraxis dosisabhängig. Wenn wir ein bisschen praktizieren, entwickeln wir ein bisschen Achtsamkeit. Wenn wir mehr machen, entwickeln wir mehr. Da Achtsamkeit eine wertvolle Fähigkeit ist, wenn es darum geht, aus den Selbstwert-Problemen herauszukommen und den fürsorglichen inneren Primaten zu aktivieren, lohnt es sich, sie zu kultivieren.

Es gibt viele Arten der Praxis. Wir können zum Beispiel, wenn wir alltägliche Dinge tun wie den Hund ausführen, duschen oder zu Mittag essen, einfach versuchen, aufmerksam bei der sensorischen Wirklichkeit zu sein. Wir können auf die Empfindungen achten, wie unsere Füße Bodenkontakt haben, wie die Wassertropfen den Körper streicheln oder wie unser Essen sich anfühlt und schmeckt. Das nennt sich *informelle* Praxis. Aber um tiefgreifendere Veränderungen im Bewusstsein zu erleben, muss man gewöhnlich im Tagesablauf ein wenig Zeit für *formelle* Praxis reservieren, wie etwa die vorher beschriebene Meditation mit dem Atem. Es hilft, wenn man eine Routine aufzubauen versucht – es jeden Tag zu einer bestimmten Zeit zu machen, oder fast jeden Tag. Es kann auch hilfreich sein, sich einer Meditationsgruppe anzuschließen oder einen Meditations-»Kumpel« zu haben, mit dem man Erfahrungen austauschen kann. Manche Menschen finden Apps wie zum Beispiel »Headspace«, »Calm« oder »Insight Timer« hilfreich. Auf meiner Website *DrRonSiegel.com* können Sie sich ebenfalls eine Auswahl von Achtsamkeitsübungen anhören, und in meinem Buch »The Mindfulness Solution: Everyday Practices for Everyday Problems«[19] finden Sie detaillierte Vorschläge, wie Sie eine regelmäßige Achtsamkeitspraxis aufbauen können. Längere Praxisphasen sind natürlich wirksamer, aber auch 15 Minuten Meditation pro Tag können die Bewusstheit allmählich steigern.

Hier ist eine praktische Anwendung, die ich persönlich sehr hilfreich finde, um aus der Sorge um das Selbstwertgefühl auszubrechen. Bei ihr geht es darum, mit der Fluktuation im Selbstwertgefühl achtsam umzugehen, und das kann den Tag über helfen, sich weniger in die eigenen Urteile zu verstricken.

Übung: Der achtsame Ritt auf der Selbstwert-Achterbahn

Ihre Achtsamkeitspraxis entwickelt sich. Versuchen Sie nun einmal wahrzunehmen, wenn Ihnen eine Selbstbewertung durch den Kopf geht (entweder in der formellen Praxis oder den Rest des Tages über).

Immer wenn ein Gedanke oder ein Gefühl nach dem Motto »Ich kann das gut« – »Sie mögen mich« – »Das ist jetzt schlecht gelaufen« – »Die mögen mich nicht« oder ein Vergleich mit einer anderen Person auftaucht: Versuchen Sie wahrzunehmen, welche Empfindungen im Körper das begleiten. Versuchen Sie einfach das innere Schulzeugnis zu beobachten, die ständigen Urteile darüber, ob Sie es gut oder schlecht machen oder ob Sie besser oder schlechter sind als jemand anderes. Versuchen Sie, den Körperempfindungen, die jeden Gedanken oder jedes Gefühl begleiten, mit der Haltung zu begegnen: *Sich in liebevollem Annehmen der gegenwärtigen Erfahrung bewusst sein.*

Wenn negative Urteile aufkommen, versuchen Sie nicht, sie wegzuschieben oder sich abzulenken. Probieren Sie aus, ob Sie einem auftauchenden Schmerz mit liebevoller Aufmerksamkeit begegnen können – sorgen Sie liebevoll für sich, wie Sie es auch für einen unglücklichen Welpen tun würden.

Diese Übung ist zwar hilfreich, aber ich finde sie auch unangenehm, denn ich bemerke oft, wie selbst-verurteilende oder vergleichende Bewertungen pausenlos ablaufen. Aber ich entdecke auch: Indem ich bei den Körperempfindungen bleibe, die jedes Hoch und Tief begleiten, bin ich von den Urteilen nicht ganz so besessen und kann (statt zum erzählerischen Fokus) zu einem Fokus des Erlebens Zuflucht nehmen. Und je mehr ich mit einer liebevollen Einstellung Achtsamkeit übe, desto besser bin ich in der Lage, das Unbehagen bei jedem Absturz auszuhalten, und desto mehr vertraue ich darauf, dass er vorbeigeht. Natürlich ist das von Tag zu Tag unterschiedlich – der Trick besteht darin, zu sich selber so freundlich wie möglich zu sein, wenn man/frau in die verrückten Dramen des Selbst-Bewertens und Selbst-Verurteilens verstrickt ist.

In den kommenden Kapiteln werden Sie lernen, wie Sie Achtsamkeitspraktiken nutzen können, um wahrzunehmen, wie wir unsere Geschichten über uns selbst konstruieren; um die verblüffenden Variationen zu untersuchen, in denen die Falle der Selbst-Bewertung daherkommt; um den Mut zu entwickeln, die Verletzungen und Minderwertigkeitsgefühle der Vergangenheit ungefiltert zu erleben; um die Sucht nach dem Selbstwert-High zu überwinden; um liebevolles Mitgefühl für uns selbst und für andere zu entwickeln; um uns ohne Angst mit anderen zu verbinden; und um uns auf unsere zutiefst befreiende Gewöhnlichkeit voll und ganz einzulassen. Und Sie werden sehen: Es sind vielseitige Werkzeuge!

Für den nächsten Schritt auf diesem Weg wollen wir ein paar der revolutionären Einsichten anschauen, die aus der regelmäßigen Achtsamkeitspraxis erwachsen – darunter die, dass sie (indem sie uns helfen, uns im Fokus des Erlebens zu erden) die Art und Weise revolutionieren können, wie wir uns selber sehen. Es könnte sein, dass Sie entdecken: Sie sind nicht die Person, für die Sie sich gehalten haben.

4 Entdecken, wer wir wirklich sind

»Wer bist du?« sagte die Raupe. Das war nicht gerade ein ermutigender Auftakt für eine Unterhaltung. Alice antwortete etwas schüchtern: »Ich – ich weiß im Moment gerade nicht recht, mein Herr – zumindest weiß ich, wer ich heute morgen war, als ich aufgestanden bin. Aber ich glaube, ich muss in der Zwischenzeit mehrmals verändert worden sein.«

LEWIS CARROLL, ALICE IM WUNDERLAND

Für Alice war es beunruhigend, aber für uns ist es eine sehr gute Nachricht, wenn wir uns oft verändern. Denn, wie wir sehen werden: Alle unsere Selbst-Bewertungen und unsere Vergleiche mit anderen beruhen auf der ungeprüften Grundannahme, wir seien irgendwie ein solides, kohärentes, stabiles, unabhängiges Selbst und könnten deswegen eindeutige Gewinner sein oder Verlierer, gut oder böse, liebenswert oder nicht, besser oder schlechter als andere Menschen. Wenn wir unseren Geist genau beobachten, bekommen wir jedoch ein wunderbares Geschenk: die Erkenntnis, dass das eine Illusion ist. Diese Einsicht kann helfen, uns von dem Stress des Kampfes zu befreien, nicht gut genug zu sein oder immer der Beste sein zu müssen.

Stacey hatte bei einem Achtsamkeits-Wochenende, an dem sie teilnahm, um mit ihrem Stress klarzukommen, eine unerwartete Erleuchtung in dieser Richtung. »Zuerst war es echt komisch. Ich habe immer weniger darüber nachgedacht, ob ich mein Leben gut führe, und habe mein Bewusstsein mehr als einen Prozess erlebt – einen Strom verschiedener Erfahrungen im Lauf der Zeit. Dadurch hab ich mir nicht mehr so viele Sorgen um mich selber gemacht.«

Oder nehmen wir das hier. Beim Small Talk nach einer Meditationssitzung stellte eine Teilnehmerin der Leiterin Trudy Goodman eine scheinbar simple Frage: »Und, wie war Ihre Meditation?« Trudy dachte einen Moment nach und antwortete dann: »Na ja, ein Teil von mir hat versucht, beim Atem zu bleiben. Ein anderer Teil hatte Fantasien über die Zukunft. Und dann war da noch der Teil von mir, der mich wegen dieser Fantasien getadelt hat. Wir sollten das Komitee fragen!« Wenn es hier gar kein einzelnes isolierbares »Ich« gibt, wer ist dann gut oder böse, stolz oder beschämt, ein Gewinner oder ein Versager, liebenswürdig oder nicht?

Meine Damen und Herren: das Komitee!

Norman Pierce ist sowohl Psychologe als auch Pfarrer. Er hat einmal dargelegt, dass historisch gesehen der Polytheismus und nicht der Monotheismus die Norm war. Die alten Griechen und Römer hatten ein Pantheon aus Göttern, von denen jeder eine andere Facette des Menschseins repräsentierte. Verschiedene Traditionen im Katholizismus verehren diverse Heilige, von denen jeder eine andere Tugend oder einen anderen Aspekt unserer Natur verkörpert. Die tibetischen Buddhisten haben eine Sammlung erleuchteter Bodhisattvas, die eine ähnliche Rolle spielen, und die Hindus haben Tausende von Göttern, jeder eine andere Persönlichkeit.

Warum? Weil, wie Trudy bemerkte: Wenn wir unser Erleben sorgfältig anschauen, finden wir kein kontinuierliches, integriertes »Ich«, sondern eher viele verschiedene Teile, die ständig entstehen und vergehen. Es ist zu verschiedenen Zeiten immer wieder eine andere Fraktion von Gefühlen, Gedanken oder Einstellungen, die gerade die Show schmeißt.

Je genauer wir hinschauen, desto offensichtlicher werden diese multiplen Selbste, Teilselbste oder Selbst-Zustände. Denken Sie nur einmal darüber nach, wie unterschiedlich wir, je nach Stimmung und Laune, die Welt betrachten und uns benehmen. Meine Frau ist Zeuge, dass der Wütende Ron ein anderer Mensch ist als der Traurige Ron, der wiederum wenig Ähnlichkeit hat mit dem Ängstlichen Ron, dem Arroganten Ron, dem Mitfühlenden Ron oder auch nur dem Hungrigen oder Müden Ron. Mehr noch: Unsere Einstellungen, Gedanken und Verhaltensweisen sind in diesen verschiedenen Zuständen so grundverschieden, dass praktisch das Einzige, was sie zusammenhält, ein Name, eine Schuhgröße und eine Sozialversicherungsnummer ist. Wer ist »der wahre Ron«? Welcher von ihnen ist der Gute, der Böse, der Erfolgstyp, der Versager? Je mehr wir wahrnehmen können, wie instabil »wir« sind, desto weniger werden wir unsere Selbst-Beurteilungen glauben.

Viele schämen sich zuzugeben, dass sie kein kohärentes, stabiles Selbst sind. Wir meinen, dass nur sehr unreife Menschen oder Menschen mit ernsten charakterlichen Defiziten auf die beschriebene Weise instabil sind. Zwar stimmt es, dass manche Menschen in manchen Momenten sich so wenig an ihre anderen Selbste oder Selbst-Zustände erinnern, dass sie dumme Entscheidungen treffen (wie zum Beispiel wegen eines Streites mit dem Chef zu kündigen oder sich im Rausch der Lust in eine außereheliche Affäre zu stürzen), und es gibt auch Störungen, in denen Menschen komplett vergessen, was sie in einem anderen Zustand getan haben (sogenannte Dissoziative Identitätsstörungen und Multiple Persönlichkeitsstörungen), aber die meisten sind instabiler, als sie zuzugeben bereit sind.

Oft stehen diese verschiedenen Selbste, Teil-Selbste oder Selbst-Zustände im Konflikt miteinander. Wir sagen Sachen wie: »Ja, ein Teil von mir möchte die Stelle annehmen, aber ich habe Angst, dass es zu stressig wird.« Oder: »Ein Teil von mir möchte jetzt gerne essen gehen, aber ich glaube, ich sollte zu Hause bleiben und meine Arbeit fertig machen.«

In vielen Kulturen wird dieses Phänomen verschiedener Selbste in der Sprache der *Besessenheit* ausgedrückt – und so fühlt es sich auch an, wenn irgendein Teil die Macht übernimmt. Wir glauben vielleicht nicht, dass externe Entitäten wie etwa Geister die Kontrolle übernehmen, aber wir alle wissen, wie sich dieses Besessen-Sein anfühlt: »Ich weiß nicht, welcher Teufel mich geritten hat, als ich das gesagt habe – es war wirklich absolut bescheuert.«

Wenn wir diese multiplen Selbste, Zustände oder Teile identifizieren können, kann uns das von der Annahme befreien helfen, wir seien nur eines davon (oder dürften nur eines davon sein). Im Kampf um das »richtige« Selbstbild kann dies besonders erleichternd sein. Unsere verschiedenen Teile zu sehen kann auch helfen, dass wir uns nicht mit einem speziellen Zustand identifizieren. Ich bin weder mein wütender Teil noch mein mitfühlender Teil – vielmehr ist es so, dass alles zu einem sich ständig wandelnden Kaleidoskop der Erfahrung gehört, das weder gut ist noch schlecht, kein Gewinner und kein Verlierer, kein wertvoller oder wertloser Mensch.

Ich hab einen kleinen Schatten, der mich ständig begleitet

Der Psychiater Carl G. Jung hat einmal festgestellt, dass wir uns mit gewissen Teilen unserer Selbst identifizieren (das nannte er die *»persona«*) und andere ablehnen (das nannte er den »Schatten«).[20] Falls ich, damit ich mich in meiner Haut wohlfühle, mich selbst als großmütig, intelligent und fleißig ansehen muss (meine persona), werde ich mit meinen gierigen, dummen und faulen Anteilen (meinem Schatten) Schwierigkeiten haben. Wenn ich mich selbst als hartgesotten und selbstbewusst ansehen muss, dann werde ich mit meinen verletzlichen, unsicheren Anteilen Schwierigkeiten haben. Wir neigen alle dazu, die Teile unseres Selbst, die nicht in das Bild passen, das wir uns selber und anderen vermitteln wollen, zu verstecken (oder wir blenden sie komplett aus). Wir kommen uns vor wie Hochstapler und denken, dass andere in ähnlichen Rollen wie der unseren diese unerwünschten Anteile nicht haben.

Es überrascht kaum, dass die Liste der Anteile, die wir vermeiden, das Gegenteil der Eigenschaften darstellt, die wir als Basis für unsere positive Selbsteinschätzung benutzen. Zum Beispiel lehnen wir vielleicht die Seiten von uns ab, die nicht sehr intelligent, kreativ oder weltgewandt sind. Wir möchten vielleicht nicht zugeben, dass wir uns von den Schickimickis abgelehnt fühlen, da wir ja auch so verletzliche Seiten wie Traurigkeit oder Liebessehnsüchte haben oder »primitive« Instinkte wie Aggression oder sexuelle Lust. Und wir Meditierenden und Adepten des spirituellen Weges lieben es ganz besonders, unser Konkurrenzdenken und die Sorge um Selbstbild und Status zu verstecken.

Solange wir versuchen, an bestimmten Teilen festzuhalten, während wir andere ächten, werden wir keine Ruhe haben, sondern immer auf der Hut sein müssen, dass die Schatten-Anteile ja nicht ans Licht kommen. Das kann sich zerstörerisch auf Beziehungen auswirken, denn wir regen uns über andere besonders dann auf, wenn sie Seiten von uns, die wir abgespalten haben, hervorheben oder aktivieren. Wenn ich mich selber gerne für fair und großzügig halte und meine Frau mir klarmacht, dass ich gerade egoistisch bin, werde ich mich wahrscheinlich aufregen. – und es an ihr auslassen.

Ein anderes Resultat der Versuche, den Schatten nicht zum Vorschein kommen zu lassen, ist es, mit unseren guten Eigenschaften anzugeben.

Wie oft versuchen wir, andere dazu zu kriegen, unsere Stärken wahrzunehmen? Wie oft tricksen wir, damit andere denken, wir seien freundlich, ehrlich, clever, fleißig, beliebt – wie auch immer die Gegensätze unserer Schattenseiten lauten? Das wiederum hat die unerwünschte Nebenwirkung, die Konkurrenzinstinkte anderer Menschen zu aktivieren – sodass dann sie die Notwendigkeit verspüren, ihre eigenen positiven Eigenschaften zu beweisen und *ihre* Schattenseiten zu verbergen. Das kann ganz schön ermüdend sein.

Dr. Richard Schwartz hat eine Form der Psychotherapie entwickelt, die sich »Inneres Familiensystem« (IFS) nennt und die Menschen hilft, ihre verschiedenen Persönlichkeitsanteile zu integrieren.[21] Er weist darauf hin, dass wir alle verletzliche, verletzte Anteile haben, die er »Exilierte« nennt, die wir uns lieber nicht bewusst machen. Ich erinnere mich an einen schrecklichen Moment im Sommerlager, ich war etwa zwölf, nachdem ein besonders groß gewachsener, grober Kerl unserem Schlafraum zugeteilt worden war. Sehr schnell hatte er, wie es sich für einen echten Affen gehört, alle unter seiner Fuchtel. Eines Tages machte er mich vor allen lächerlich und verkündete triumphierend, er könne *alles* besser als ich. Er forderte mich auf, eine Sache zu nennen, in der ich besser sei – und während ich im Stillen dachte: »Ich bin gescheiter als du, du fetter Affe«, traute ich mich doch nicht, etwas zu sagen.

Ich erinnere mich, wie ich zum Abendessen in den Speisesaal ging, voller Qual, so klein, schwach und verletzlich zu sein. Im Laufe der Jahre verschwand dieser verletzliche Teil immer weiter im Exil. Ich tat alles, ihn nicht zum Vorschein kommen zu lassen. Ich verlegte meine ganze Kraft auf das Gegenteil – kompetent und erfolgreich wirken zu wollen. Ich habe viele Jahre gebraucht, um mit diesem exilierten Anteil gelassener umzugehen, und manchmal herrscht auch heute noch Funkstille zwischen uns.

Ironischerweise fühle ich mich auch mit den kämpferischen Anteilen, die sich als Schutz für die verletzlichen entwickelt haben, nicht so recht wohl. Ich bin nicht stolz darauf, wie oft ich mich früher im Unterricht meldete, um zu zeigen, dass ich die richtige Antwort wusste (genau, ich war auch einer von diesen Strebern!) oder dass ich es erst letzte Woche beim Abendessen wieder übertrieben habe, als ich hartnäckig auf meiner Meinung über die Krise im Nahen Osten beharrte (es war wichtig, Recht zu behalten).

In der Zen-Tradition heißt es, die Grenze dessen, was wir an uns selbst akzeptieren können, sei die Grenze unserer Freiheit. Unser Ziel ist, uns mit der ungeschminkten Tatsache zu versöhnen, dass wir eine Ansammlung diverser Teile sind, und nicht, irgendeinen Zustand der Vollkommenheit zu erreichen. Das Paradoxe ist: Wenn wir das Ungeschminkte akzeptieren lernen und uns gelegentlich ungeschminkt zeigen, werden wir glücklicher und freundlicher.

Mehr noch: Was uns wachsen und gedeihen lässt, ist eben, dass wir alle unsere Anteile akzeptieren. Sie haben sicher schon einmal eine Version dieses bekannten europäischen Märchens gehört:[22]

> Das Königreich ist in Gefahr. Entweder wegen Missernten, Unfruchtbarkeit der Frauen oder wegen einer Seuche – und die Situation ist ernst. Der König, verzweifelt nach einer Lösung suchend, ruft seine drei Söhne herbei. Zwei davon sind edle Ritter auf stolzen Rossen, versehen mit allen Attributen männlicher Dominanz, wogegen der dritte ein magerer, tollpatschiger, schwächlicher Verlierer ist. Der König verfügt: »Wenn einer von euch das Königreich retten kann, werde ich dem Thron entsagen, und er soll König werden.« Die stolzen Ritter galoppieren entschlossen davon, um überall nach der Antwort zu suchen, während der dritte davonschlendert und prompt in einen Brunnen fällt. Dort unten im

Brunnen gefangen, unfähig, wieder herauszuklettern, trifft er auf einen schleimigen, hässlichen Frosch. Da er keinen Ausweg sieht, erzählt der glücklose junge Mann dem Frosch von seiner Notlage. Der Frosch entpuppt sich als mitfühlender weiser Mann und schenkt ihm einen goldenen Ring mit magischen Kräften, der ihm nicht nur hilft, aus dem Brunnen herauszuklettern, sondern auch, das Königreich zu retten.

Märchen berühren uns deshalb, weil sie universelle seelische Erfahrungen zum Klingen bringen. Stellen wir uns kurz vor, dass der König und seine zwei tüchtigen Männer unsere Stärken darstellen – die Seiten, die dafür sorgen, dass wir mit uns zufrieden sind. Sie sind gutaussehend, stark und gesund. Der dritte, schwächliche Sohn ist unser Schatten, der »Verbannte« – der Teil, für den wir uns schämen, den wir verbergen oder verleugnen wollen. Eine Interpretation der Geschichte ist, dass das »Königreich« (unser Herz und Geist) deswegen in Gefahr ist, weil wir wichtige Anteile unserer selbst abspalten und verleugnen. Das sind gewöhnlich unsere sensiblen, wunden, verletzlichen Teile, obwohl es auch unsere kämpferischen Teile sein könnten; Seiten, die wir entwickelt haben, um unsere Verletzlichkeiten zu beschützen, unsere sexuelle Seite – was immer es ist, dessen wir uns schämen und das wir verbergen oder verdrängen wollen. Indem wir diese abgespaltenen Teile akzeptieren und würdigen, finden wir Gesundheit, Ganzheit und Vitalität.

Die Rettung kommt von einer Seite, von der wir sie am wenigsten erwarten – vom Grunde eines Brunnens. Durch tiefes, liebevolles Annehmen kann Achtsamkeit auf diese Weise tiefe Heilung bewirken. Wir können sie einsetzen, um mit den Teilen von uns wieder in Berührung zu kommen, die durch die Misserfolge und Zurückweisungen der Vergangenheit verletzt wurden; sie ist sozusagen ein Abfluss für den See der Schmerzen, den wir seit all den Momenten, in denen wir uns nicht geliebt fühlten oder erfolgreich, mit uns herumtragen. Mit diesen Anteilen wieder in Berührung zu kommen, kann uns von der Sorge um unser Selbstwertgefühl freimachen, weil wir weniger Energie darauf verwenden, vor uns oder vor anderen auf eine ganz bestimmte Weise dazustehen.

Eddie (mittlerweile ist er im dritten Jahr auf dem College) hatte seine sensible Seite schon vor Jahren verdrängt. Da er nicht kräftig war und auch nicht sportlich, wurde er in der Grundschule von seinen älteren Brüdern regelmäßig schikaniert. Entschlossen, sich zu wehren, lernte er zuerst Karate, wurde auf der High School in die Ringermannschaft aufgenommen und begann auf dem College mit Gewichtheben. Niemand sollte sich mehr mit ihm anlegen wollen.

Aber die Verletzlichkeit in Schach zu halten, das hatte seinen Preis. Seine Freundin beklagte sich, sie komme nicht an ihn ran, und drohte, ihn zu verlassen: »Du sagst mir nie, was los ist, wenn du einen schlechten Tag hast. Du sitzt nur rum und spielst Videospiele.« Vor Referaten bekam er schreckliches Lampenfieber und hatte Angst, seine Stimme würde zu zittern anfangen. Nach einer Episode mit stressinduziertem Sodbrennen verwies ihn der Arzt an die psychotherapeutische Beratungsstelle des College.

Es fiel Eddie nicht leicht, zu seiner Therapeutin ehrlich zu sein, aber irgendwann öffnete er sich – ihr und sich selber. Er erkannte allmählich, dass hinter der rauen Schale dieser junge, verletzliche Kleine steckte, der Angst hatte, man würde wieder auf ihm herumhacken. Je leichter es ihm fiel, diesen geächteten Anteil seiner selbst zuzulassen, desto weniger musste er eine Fassade aufrechterhalten – vor sich selbst, seiner Freundin oder den Klassenkameraden. Während er die Angst vor seiner verletzlichen Seite verlor, entdeckte er, dass er sich entspannen konnte. Sein Sodbrennen ließ nach, und zu seiner großen Erleichterung beschloss seine Freundin, bei ihm zu bleiben.

Cogito, ergo sum

Unter Archäologen kursiert die Schätzung, dass der Mensch bis vor rund 40.000 bis 60.000 Jahren das heutige, konventionelle Ich-Bewusstsein noch gar nicht kannte. An diesem Punkt geschah der Übergang von der Mittleren zur Jungsteinzeit – der kulturelle Urknall.[23] Die Paläontologen sind der Auffassung, dass unsere Ur-Ur-Ur-Ur-Ur-Ur-Ur-undsoweiter-Großmutter Lucy und später der *Homo habilis, der Homo erectus* und unsere Verwandten aus dem Neandertal weitestgehend automatisch funktionierten: Sie fühlten Hunger, Durst, Kälte, Hitze oder sexuelle Erregung und reagierten reflexhaft, so wie die meisten Tiere heute immer noch.

Das ist eine ganz andere Art von Bewusstsein als unseres. Der Psychologe Mark Leary hat einmal bemerkt, es sei »unwahrscheinlich, dass Katzen oder Kühe oder Schmetterlinge bewusst über sich selbst und ihr Erleben nachdenken, während sie ruhig daliegen, grasen oder von Blume zu Blume flattern. ›Ich frage mich, warum mein Besitzer mir dieses Trockenfutter gibt.‹ ›Bin ich besser als die anderen Kühe in meiner Herde?‹ ›In welchen Blumengarten soll ich als nächstes flattern?‹«[24]

Unsere Gruppe, der *Homo sapiens sapiens,* erschien vor ungefähr 200.000 bis 300.000 Jahren auf der Bildfläche. Obwohl wir schon ganz früh anfingen, unsere Toten zu begraben, haben wir Zehntausende von Jahren gebraucht, bevor wir wie moderne Menschen zu handeln (und wahrscheinlich zu denken) begannen. Es geschah erst während des kulturellen Urknalls, dass wir plötzlich ausgeklügelte Werkzeuge herstellten, uns mit Perlen und Armbändern schmückten, darstellende Kunstformen schufen und Vorsorge für die Zukunft trafen, indem wir Boote bauten.[25]

Obwohl es unmöglich ist, genau zu wissen, wann der Gebrauch der Sprache im heutigen Sinne einsetzte, so begannen wir während dieser Zeit doch so zu *handeln*, als würden wir über uns selbst nachdenken. Unser erzählendes Selbst, mit all seinen oft schmerzhaften Wertungen, scheint eine relativ neue Erfindung zu sein.

Wir konstruieren eine Identität

Im 17. Jahrhundert stellte René Descartes die berühmte Formel auf: »Ich denke, also bin ich« *(cogito, ergo sum).* (Wenn er heute noch leben würde, würde er wahrscheinlich sagen: »Ich hab eine To-do-Liste, also bin ich« oder »Ich bin auf Facebook, Instagram und Twitter, also bin ich.«) Die Gedanken, dass ich Amerikaner bin, verheiratet, Vater, Psychologe, Naturliebhaber oder ein alter Mann – nicht zu reden von den Wertungen, ob ich diese Rollen gut oder schlecht ausfülle – beruhen alle auf Wörtern. Meine Identität, Karriere, Reputation, Pläne, alles wird mithilfe der Sprache zementiert. Diese Einsicht, die in der Philosophie manchmal als *Konstruktivismus* bezeichnet wird, kann direkt erfahren werden, wenn man/frau in der Achtsamkeitspraxis den Geist darauf trainiert, aus dem Gedankenstrom herauszutreten.

Ein lohnendes Unterfangen, denn je klarer wir beobachten können, wie der Kopf die Welt und uns *konstruiert*, statt sie einfach wahrzunehmen, desto weniger glauben wir an unsere Konstruktionen, desto flexibler wird unsere Einstellung, und desto weniger anfällig sind wir, emotional Achterbahn zu fahren oder in irgendeiner fixen Idee über uns gefangen zu sein.

Das Konstruktionsprojekt beginnt mit einer Sinnesberührung – indem unsere Sinnesorgane mit der Welt Kontakt aufnehmen, sehen, hören, riechen, schmecken und fühlen wir. Aber der Geist bleibt nicht lange auf dieser Ebene. Er organisiert diese Empfindungen sofort zu Wahrnehmungsbildern um. Betrachten Sie folgende Zeichnung:

Was könnte das sein? Die meisten sagen: »Ein Gesicht«, manche sagen: »Eine Bowlingkugel.« Das Interessante ist: Bei beiden Varianten ergänzt der Geist, auf der Basis von Vermutungen und Erfahrungen aus der Vergangenheit, eine Menge fehlender Informationen – und das sofort. Da ist keine Nase und kein Mund. Und wenn es eine Bowlingkugel ist, dann eine für zweizehige Faultiere.

Da sie von Erfahrungen aus der Vergangenheit, von Überzeugungen und Vermutungen so stark gefärbt sind, sind unsere Wahrnehmungsbilder ziemlich unzuverlässig. Denken Sie nur einmal an widersprüchliche Zeugenaussagen vor Gericht. Das veranlasste einmal einen Kognitionswissenschaftler zu dem Gag: »Wenn ich es nicht geglaubt hätte, würde ich es nicht sehen!« Und die Schriftstellerin Anais Nin bemerkte: »Wir sehen die Welt nicht, wie sie ist. Wir sehen sie, wie wir sind.«[26]

Wie unzuverlässig diese Wahrnehmungsbilder sind, fällt sogar bei völlig unverfänglichen Motiven auf. Sehen wir uns diese Zeichnung an:

Was haben Sie zuerst gesehen, die Ente oder den Hasen?

Aber es wird noch seltsamer. Sofort, nachdem es die Empfindungen zu Wahrnehmungsbildern umorganisiert hat, fügt das Gehirn eine Gefühlstönung hinzu. Wir erleben unsere Wahrnehmungsbilder als angenehm, unangenehm oder neutral. Und nahezu gleichzeitig formt der Geist eine

Disposition – Impulse, an angenehmen Erfahrungen festzuhalten, unangenehme wegzuschieben und neutrale zu ignorieren.

Es sind diese Vorlieben und Abneigungen in den Wahrnehmungsbildern und die sie begleitenden Dispositionen, die bei der Konstruktion unserer Identität, unserer Persönlichkeit, unseres Ichgefühls eine große Rolle spielen. Ganz offensichtlich ist das bei Jugendlichen. Wenn Sie einen Teenager auffordern: »Erzähl mir was von dir«, dann werden Sie hören: »Ich steh echt auf Hip-Hop«, »Ich hasse Bücher«, »Ich mache gern Sport«, »Große Partys mag ich nicht.« Heranwachsende konstruieren ihre Identität auf der Basis dessen, was sie mögen und was sie nicht mögen, und untermauern sie durch Selbsteinschätzungen: »Ich bin echt gut in Tennis«, »Im Zeichnen bin ich schlecht«, »In Mathe bin ich super«, »Im Schwimmen bin ich die Katastrophe.«

Wir denken vielleicht, als Erwachsene seien wir über derlei Kindereien erhaben, aber auch wir stückeln auf der Basis unserer Vorlieben und Abneigungen und der Selbsteinschätzung unserer Fähigkeiten Identitäten zusammen. Wenn Sie einen Toyota Prius oder einen Tesla fahren, wette ich mit Ihnen, dass ich Ihre Einstellung zu Pestiziden, Naturschutzgebieten und Waffenrecht sofort erraten kann (ganz zu schweigen davon, wen Sie letztes Mal gewählt haben). Wenn Sie auf akademischem Gebiet eine Menge erreicht haben, dann wette ich, dass ich erraten kann, ob Bildung für Sie wichtig ist.

Je klarer wir sehen können, wie unser Geist auf diese Weise die Realität und unser Ich-Gefühl konstruiert, desto höher stehen die Chancen, dass wir nicht die Gefangenen eines spezifischen Bildes von uns selbst, den anderen und der Welt um uns herum werden. Und je weniger wir in solchen Auffassungen gefangen sind, desto freier werden wir von den Sorgen, ob wir gut genug sind und wie wir im Vergleich mit anderen dastehen.

»Und ich, edler Herr, lasse mich vom Schwert durchbohren«

Es gibt eine berühmte Zen-Geschichte über einen sadistischen General, dessen Truppen eine Stadt angreifen, die wehrfähigen Jünglinge und Männer töten, Frauen vergewaltigen, das Getreide verbrennen und die Häuser zerstören. Der General will die Bevölkerung in die Knie zwingen, und da er Wind davon bekommen hat, dass die Einwohner ihren Zen-Meister sehr verehren, galoppiert er den Berg hinauf und direkt in die Haupthalle des Tempels hinein. Und da ist der Meister, mitten im Raum auf seinem Meditationskissen sitzend. Der General hebt sein blutiges Schwert über den Kopf des Zen-Meisters und sagt: »Siehst du nicht, dass ich dich mit diesem Schwert durchbohren könnte, ohne mit der Wimper zu zucken?« Das alte Männlein schaut auf und sagt: »Doch, aber ich, edler Herr, lasse mich vom Schwert durchbohren, ohne mit der Wimper zu zucken.« In diesem Moment wird der General nervös und verlässt die Stadt.

Als militärische Strategie wird das jetzt natürlich nicht immer funktionieren. Aber diese Geschichte handelt von einer der Stärken der Achtsamkeitspraxis, von der wir bereits gesprochen haben – ihrer Kraft, Schmerz erträglich zu machen. Gleichzeitig ist es mehr als das. Irgendwie war dieser Zen-Meister nicht um sein Wohlergehen besorgt. Er war nicht in Vorstellungen von der eigenen Wichtigkeit befangen.

Diese Geschichte lässt sich auf unseren Umgang mit Emotionen anwenden, auch die Emotionen, die mit den Höhen und Tiefen unserer Selbsteinschätzung zu tun haben. Probieren wir doch eine andere kleine Übung aus, die zeigt, wie das funktionieren kann.

Übung: Emotionen im Körper lokalisieren*

Am besten machen Sie diese Übung mit geschlossenen Augen (außer, um kurz die jeweils nächste Anweisung zu lesen). Beginnen Sie mit ein paar Minuten der Achtsamkeitspraxis, indem Sie aufrecht dasitzen und sich auf die Empfindungen des Atmens einstimmen.

Als Nächstes erzeugen Sie ein bisschen Traurigkeit – vielleicht können Sie sich einfach vorstellen, ein bisschen traurig zu sein, oder vielleicht beschwören Sie einen traurigen Gedanken oder ein trauriges Bild herauf. Wählen Sie nicht etwas zu Überwältigendes, sondern versuchen Sie, gerade so viel Traurigkeit zu erzeugen, dass Sie sie klar spüren. Bleiben Sie ein Weilchen bei dem Gefühl. Wo genau im Körper spüren Sie die Empfindung der Traurigkeit? Legen Sie die Hände sanft auf diesen Bereich. Wie fühlen sich diese Empfindungen an?

Erzeugen Sie nun etwas Angst oder Beklemmung – vielleicht sind die in Ihrem Körper ja schon da, oder Sie helfen sich wieder mit einem Gedanken oder einem Bild. Bleiben Sie wieder bei einem moderaten Level. Bleiben Sie bei dem Gefühl und nehmen Sie wahr, wo im Körper Sie es bemerken. Berühren Sie den Bereich wieder. Wie fühlen sich die Empfindungen von Angst oder Beklemmung an?

Als Nächstes erzeugen Sie Wut. (Wenn Sie ein netter Mensch sind und nicht so schnell wütend werden, stellen Sie sich einfach jemanden aus dem gegnerischen politischen Lager vor, welches es auch immer ist.) Bleiben Sie wieder ein Weilchen dabei, stellen Sie fest, wo Sie das Gefühl spüren, berühren Sie den Bereich und nehmen Sie wahr, wie die Empfindungen sich anfühlen.

(Sexuelle Lust lasse ich hier aus, aber Sie haben das Prinzip verstanden.)

* Sie finden diese Übung auf *www.arbor-online-center.de/begleitmaterial/*
Verwenden Sie den Code *nd5o7k*, um sie kostenlos herunterzuladen oder zu streamen.

Wir können anhand dieser Übung sehen, dass Emotionen drei mögliche Komponenten haben: eine Körperempfindung, einen Gedanken und ein Bild. Wenn wir sehen können, dass Emotionen sich auf diese Weise konstruieren, lassen wir uns von unseren Narrativen wahrscheinlich weniger leicht einfangen.

Nehmen wir zum Beispiel Wut. Nehmen wir an, ich hätte einen Freund, zu dem ich sehr großzügig gewesen bin, der jetzt aber etwas Egoistisches tut, das meine Gefühle verletzt. Wenn ich in meinem gewöhnlichen Gedankenstrom lebe, denke ich wahrscheinlich: »Ich kann einfach nicht glauben, dass du das gemacht hast, wo ich doch so viel für dich getan habe.« Jedes Mal, wenn ich diesen Gedanken habe, wird die Empfindung der Wut sich intensivieren, und jedes Mal, wenn die Empfindung der Wut sich intensiviert, wird sie den nächsten wütenden Gedanken erzeugen.

Achtsam angegangen, mit einem Fokus aufs Erleben, laufen die Dinge anders ab. Wut kommt hoch, und die Empfindungen werden im Körper gefühlt: Rücken- und Nackenmuskulatur straffen sich, Herzschlag und Atemfrequenz erhöhen sich. Durch Achtsamkeitspraxis kann ich das, so wie andere schmerzhafte Empfindungen, bereitwilliger tolerieren. Zum einen, weil ich geübt habe, andere Formen körperlichen Unbehagens da sein lassen zu können, zum anderen, weil ich weiß, dass alle Erfahrung sich im ständigen Fluss befindet, diese Empfindungen also nicht ewig anhalten werden.

Natürlich, Gedanken steigen auf, aber sie werden als entstehende und vergehende mentale Inhalte genommen – ich glaube nicht mehr so an sie, also ergreifen sie mich nicht so stark, noch erzeugen sie solch starke Gefühle. Auf dem Bildschirm der Bewusstheit entstehen vielleicht auch Bilder – vielleicht eine Vision, wie ich meinen einstigen Freund enthaupte (oder etwas nicht ganz so Schlimmes) –, aber auch sie lasse ich kommen und gehen.

Durch Achtsamkeit wird die ganze Erfahrung etwas weniger persönlich. Wir identifizieren uns mit der Wut nicht mehr so wie früher. Wir bemerken allmählich, dass alles bewusstseinsmäßige Erleben, also auch dieses, auf gewisse Weise unpersönlich ist. Sie sind das Erzeugnis eines Gehirns, das, wie der Neurowissenschaftler Wolf Singer einmal sagte, »wie ein Orchester ohne Dirigent« ist.[27]

Eine größere Fähigkeit, schmerzhafte Empfindungen zu erleben, ohne sich gezwungen zu fühlen, sie zu korrigieren oder abzuschwächen; den Gedanken nicht zu glauben und sich nicht mit ihnen zu identifizieren; mentale Inhalte als sich ständig verändernde unpersönliche Ereignisse zu erleben – die Kombination daraus hilft uns etwas zu entwickeln, was die Psychologen *Affekt-Toleranz* nennen: die Fähigkeit, starke Emotionen zu fühlen, ohne von ihnen überwältigt oder mitgerissen zu werden.

Einer der Gründe, warum Shivani, die vielbeschäftigte Lehrerin mit den zwei Jungs (ich habe sie Ihnen im letzten Kapitel vorgestellt) bei der Achtsamkeitspraxis blieb, war der: Sie wurde dadurch emotional weniger impulsiv. Ob im Klassenzimmer oder zu Hause: Wenn etwas schiefging, dann normalerweise deshalb, weil sie Schwierigkeiten hatte, ihre Reaktionen auf schmerzhafte Gefühle zu kontrollieren. Wenn in ihrer Klasse ein Kind mit einer Aufmerksamkeitsstörung den Unterricht störte, fühlte sie sich gedemütigt und dachte: »Bei mir ist es einfach nicht spannend genug«, »Ich habe immer schon Disziplinprobleme gehabt« – und dann schrie sie das Kind an. Dasselbe passierte gewöhnlich, wenn ihr älterer Sohn den Bruder ärgerte.

Je mehr sie Achtsamkeit praktizierte, desto mehr konnte Shivani Gefühle der Demütigung, wenn sie aufkamen, bemerken und tolerieren, desto seltener kam es zu diesem automatischen Herumschreien, und desto besser wurde die Atmosphäre sowohl in der Schule als auch zu Hause. Sie wurde weniger selbstkritisch, sondern mitfühlender für sich selbst, ihrem Schüler und ihr Kind.

Eine solche Fähigkeit, starke Emotionen zu tolerieren, macht es uns möglich zu wählen, ob wir sie zum Ausdruck bringen oder in Handeln umsetzen wollen. Sie hilft uns auch, den Schmerz von Beschämung, Ablehnung, Minderwertigkeitsgefühlen und anderen Zusammenbrüchen des Selbstbildes zu ertragen, sodass wir nicht mehr so viel Energie aufwenden müssen, um diese Gefühle zu vermeiden, sondern sie stattdessen nutzen können, um die Wunden der Vergangenheit zu heilen. Und: Je mehr wir uns dem inneren Kaleidoskop der Gedanken, Gefühle und Empfindungen öffnen können, desto weniger müssen wir sie kontrollieren. Diese offenherzige, flexible Einstellung macht es dann wieder einfacher, angstfrei auf andere Menschen zuzugehen – und das ist, wie wir sehen werden, ein weiteres großartiges Gegengift gegen egozentrische Selbstwert-Probleme.

Jenseits des »Ich«

Trotz ihrer Verschiedenartigkeit sind sich die Religionen der Welt doch in einem einig: Selbstsucht ist ein Problem. Sie verhindert, dass wir mit Gott in Berührung kommen, vom Heiligen Geist ergriffen werden, Jesus als unseren Erlöser annehmen, Allah erkennen, das Nirvana erlangen, den natürlichen Weg des Tao finden. Sie verhindert auch, dass wir uns auf liebevolle Weise unserem eigenen Schmerz und dem Leid von anderen öffnen. Genau in dem Maße, wie wir tagein, tagaus mit einem inneren Monolog über unsere Wünsche und unser Image beschäftigt sind, sind wir von unserer spirituellen Entwicklung abgeschnitten.

Deshalb differenzieren fast alle religiösen Traditionen zwischen einem kleinen, selbstbezogenen Ich-Gefühl (oft »Ego« genannt) und einem größeren, »wahren Selbst«, das verbunden oder deckungsgleich ist mit Gott, Allah, Brahman, Tao, Mutter Erde oder dem Großen Geist.

Die vergleichende Religionswissenschaft hat festgestellt, dass fast allen Traditionen als Inspiration eine befreiende, selbst-transzendierende Erfahrung aufseiten eines Weisen zugrunde liegt. Diese Erfahrung beinhaltet ein Gefühl der Verbundenheit mit der ganzen Welt; den Verlust des Gefühls persönlicher Identität und des Gefühls, ein separates Selbst darzustellen; und als Ergebnis ein Gefühl des Friedens, der Liebe, der Freude und des Staunens. Dazu passt, dass das Wort »Ekstase«, das sich aus dem griechischen »ekstasis« herleitet, »außer sich sein« bedeutet.

Obwohl selbst-transzendierende Zustände oft als *mystisch* bezeichnet werden, ist überhaupt nichts Übernatürliches an ihnen. Obwohl sie in vielen kulturellen Traditionen mit religiösen oder spirituellen Begriffen beschrieben werden, lassen sie sich doch genauso gut verstehen als ein klares Sehen der Realität und ein Öffnen des Herzens. Was wir in diesen Zuständen spüren, ist die Interdependenz aller Dinge; wir erleben uns selbst und die Welt so, wie es ein heutiger Biologe oder Physiker beschreiben würde – als ein einheitliches, sich ständig wandelndes Ganzes. Wenn wir das allerdings erlebnismäßig begreifen, wird es von einer abstrakten, intellektuellen Idee zu einer zutiefst berührenden, Ehrfurcht einflößenden Einsicht.

Albert Einstein, in seiner Auffassung des Universums entschieden wissenschaftlich und nicht-religiös, stufte als unser wichtigstes Projekt die Selbst-Transzendenz ein:[28]

> Ein menschliches Wesen ist Teil eines Ganzen, das wir »Universum« genannt haben … Wir erleben uns selbst, unsere Gedanken und Gefühle als etwas, das vom Rest getrennt ist. Eine Art optische Täuschung des Bewusstseins. Diese Täuschung ist eine Art Gefängnis für uns, weil sie uns auf persönliche Wünsche einschränkt und auf die Zuneigung zu ein paar Menschen, die uns am nächsten stehen. Unsere Aufgabe muss es sein, uns aus dem Gefängnis

zu befreien, indem wir den Kreis unseres Mitgefühls ausdehnen, sodass er alle Lebewesen und die Gesamtheit der Natur in ihrer Schönheit umfasst. Der wahre Wert eines menschlichen Wesens bestimmt sich durch das Ausmaß und die Art und Weise, wie es Befreiung vom Ich erlangt hat.

Die Techniken, die für die Selbst-Transzendenz zur Verfügung stehen, sind von Tradition zu Tradition unterschiedlich, aber in allen geht es darum, sich von Denkgewohnheiten zu lösen, die nur um die eigenen Wünsche kreisen, und das Herz für die Liebe zu allen Lebewesen zu öffnen. Ob durch Gebet, Niederwerfungen, ekstatische Tänze, Achtsamkeitsübungen, Yoga, Koans: Fast alle Religionen der Welt haben Übungen entwickelt, die Momente selbst-transzendierenden Erwachens fördern sollen.

Die Einsichten, die in solchen Momenten entstehen, haben zu bemerkenswert einheitlichen Einschätzungen geführt, wie töricht es ist, Glück durch sozialen Status, Beliebtheit oder Erfolg erlangen zu wollen oder andere Versuche, sich gut zu fühlen. Fast alle empfehlen stattdessen, Bescheidenheit zu kultivieren. Wie Selbst-Transzendenz sich anfühlt, zeigt uns folgende einfache Übung.

Übung: Die Freuden der Selbst-Transzendenz*

Folgen Sie zu Beginn ein paar Minuten dem Atem, um den Gedankenstrom ein wenig zu beruhigen und die Aufmerksamkeit in die Gegenwart zu

* Sie finden diese Übung auf *www.arbor-online-center.de/begleitmaterial/*
Verwenden Sie den Code *nd5o7k*, um sie kostenlos herunterzuladen oder zu streamen.

bringen. Seien Sie einfach beim Rhythmus des Atems und anderen Empfindungen im Körper.

Wenn der Geist ein wenig zur Ruhe gekommen ist, stellen Sie sich kurz vor, Sie seien ein zutiefst weiser und mitfühlender Mensch. (Falls Sie sich normalerweise nicht so sehen: Keine Sorge. Wir haben alle das Potenzial dazu in uns. Genießen Sie einfach die Fantasie, dass es Realität geworden ist.) Sie sind fähig, Ihre Sehnsüchte kommen und gehen zu sehen, während Sie ein offenes Herz haben, Mitgefühl haben für andere, die vom Verlangen nach Leistung, Anerkennung, Reichtum, Erfolg, Rechtschaffenheit, Popularität, Respekt getrieben sind – von all den Dingen, die unsere Selbstachtung (wenn auch nur kurz) in die Höhe schießen lassen. Sie schauen zu, wie die Stimmung, Ihre und die von anderen, in Glück und Unglück steigt und fällt, mit jeder Veränderung der Selbsteinschätzung, aber Ihre Stimmungen halten nicht so lange an – Sie haben verstanden, wie flüchtig Gewinne und Verluste sind: Wie gewonnen, so zerronnen.

Da Sie die fließende Natur von Erfolg und Misserfolg sehen, packt Sie beides nicht so sehr. Vielmehr leben Sie in der Gegenwart und fühlen sich sowohl anderen Menschen verbunden als auch zeitlosen Wirklichkeiten, wie etwa den Zyklen der Natur, von Geburt und Tod. Und da Sie fähig sind, die Welt, wie sie ist, klar zu sehen, fühlen Sie Mitgefühl für sich selbst und alle anderen, die regelmäßig Höhen und Tiefen durchleben.

Gönnen Sie es sich einfach, ein paar Minuten lang dieses weise, mitfühlende, offenherzige Wesen zu sein (Sie können dazu gerne die Augen schließen). Versuchen Sie gelegentlich im Laufe des Tages, ob Sie sich wieder in diese Weltsicht einklinken können.

Auf den folgenden Seiten werden wir uns ein paar Techniken aus alten Weisheitstraditionen sowie der modernen Psychologie anschauen, mit denen wir die eigene Selbstbezogenheit überwinden und die Freiheit spüren können, die in der Selbst-Transzendenz liegt. Wir werden sogar sehen, wie es sich anfühlt, so offenen Herzens und mit anderen und der weiten Welt verbunden zu sein, dass wir uns gar nicht mehr wie ein separates Ich fühlen.

Zufällig und ungeplant haben die meisten von uns diese Art der Daseinsfülle schon erlebt. Haben Sie nicht auch schon mit einem Freund, Liebhaber oder Familienmitglied Momente der Nähe erlebt, in denen Sie sich komplett entspannt, geborgen und zu Hause gefühlt haben? Kennen Sie nicht auch das warme, liebevolle Gefühl, sich um ein Tier, ein Kind oder jemand Hilfsbedürftiges zu kümmern? Haben Sie nicht auch schon Momente erlebt, in denen Sie völlig in die Schönheit der Natur versunken waren, in die Schönheit eines Musikstücks oder in die Ehrfurcht gebietende Pracht beim Betreten einer Kathedrale? Dies sind Momente, in denen wir selbst nicht im Mittelpunkt stehen und uns auch nicht mit anderen vergleichen, sondern mit etwas Größerem verbunden sind. Je mehr wir lernen, uns selbst nicht im Wege zu stehen, sondern das Herz zu öffnen, desto mehr öffnen wir dieser Art von transzendentem Erlebnis die Türen.

Ironischerweise sehen wir dann, dass das Transzendieren der üblichen Selbstbezogenheit uns gar nichts wegnimmt, sondern uns im Gegenteil langfristige Stärke und Befriedigung bringt. Es macht uns in der Welt effektiver und lässt uns unsere Ziele besser erreichen. Wir haben mehr Liebe für andere und fühlen uns in der eigenen Haut mehr zu Hause.

Das Problem ist: Viele unserer biologisch verankerten Instinkte ziehen uns in die andere Richtung – sie drängen uns in Konkurrenzverhalten hinein, in Suchtverhalten, in die Versuche, vor uns selber gut dazustehen. Statt uns mit anderen und der Umwelt in Kontakt zu bringen, lassen sie uns ständig mit der Frage zurück: »Was sagt das über mich aus?« »Wie werde ich mich dabei fühlen?« Diese Impulse sind im Gehirn so fest verdrahtet und werden von den Mitmenschen so sehr verstärkt, dass es sehr mühsam sein kann, sie zu überwinden. Frei zu werden erfordert deshalb zwei Dinge: erstens zu lernen, mit den Instinkten zu arbeiten, die uns in der Egozentrik gefangen halten, *und* zweitens die selbst-transzendierenden Haltungen zu kultivieren, die uns mehr am Leben teilhaben lassen und es bereichern. Dieser Prozess verläuft reibungsloser, wenn wir unsere Selbstbezogenheit freundlich betrachten können, weil wir verstehen, dass sie ganz natürlich ist.

Julian wuchs in einer sehr ärmlichen Gegend auf. Nachdem er auf dem College Kreatives Schreiben studiert hatte, machte er bei mehreren Großkonzernen Karriere. Er war intelligent, eloquent und fleißig und verfügte über große soziale Kompetenz. Er sorgte auch dafür, dass man ihn wahrnahm, mit der Folge, dass er schnell befördert wurde, sobald er eine Stelle angetreten hatte.

Aber irgendwo war eine seltsame Leere. Als er vierzig wurde, fragte er sich: »War das jetzt schon alles?« »Warum liegt mir so viel daran, vorwärtszukommen?« »Wie kommt es nur, dass ich mich so einsam fühle und mir wie ein Hochstapler vorkomme, obwohl mich alle großartig finden?« Er ging ernsthaft in sich und entdeckte, dass er den Idealismus seiner Jugend vermisste, die Lebendigkeit, die ihm das Schreiben schenkte, seine Leidenschaft für soziale Gerechtigkeit und das Vergnügen, zusammen mit Professoren und Kommilitonen Ideen und Inhalte zu erforschen. Und er vermisste die Wärme der Großfamilie, in der er aufgewachsen war. Gleichzeitig fühlte er sich an seinen Job gekettet. Das Gehalt, die Stellung, das tolle Büro, die Reisen, der Stolz seiner Eltern – warum war ihm das alles so wichtig?

Julian erkannte, dass er die Anziehungskraft dieser Dinge verstehen musste, wenn er davon loskommen und ein neues Lebensgefühl finden wollte. Die Sache war facettenreich: »Bei jeder Beförderung habe ich mich toll gefühlt – ich war nicht mehr der arme Straßenjunge.« »Wie soll ich denn ohne guten Job eine Freundin kriegen?« »Meinen Eltern würde das Herz brechen, wenn ich nicht mehr so erfolgreich wäre – ich bin ja der Einzige, der es geschafft hat.« Julian entschied sich, in seinem Job zu bleiben, aber er fand zu einem neuen Lebensgefühl. Es gelang ihm, sich neu zu orientieren: Wichtiger, als allen zu gefallen und sich zu beweisen, wurden ihm ehrliche Beziehungen zu seinen Freunden; sich wieder seiner Herkunftsfamilie zuzuwenden; wieder politisch aktiv zu werden; und wieder mit dem Schreiben anzufangen. Seine Lieblingsgeschichten wurden solche, die von der Befreiung aus selbstgeschaffenen Zwängen und Idealbildern handelten.

In den nächsten Kapiteln werden wir tiefer in eine Untersuchung eintauchen, welche Kräfte es sind, die jemanden wie Julian die Karriereleiter emportrieben und die uns fast alle in dem Versuch gefangen halten, unseren eigenen Ansprüchen irgendwie gerecht zu werden. Ich möchte Sie einladen, darüber nachzudenken, welche Bereiche Sie anspornen, denn wir sind ja alle in unterschiedlichen Punkten anfällig. Unser Ziel wird sein, diese Instinkte an dem Punkt zu ertappen, wo sie unser Leben bestimmen. Wir werden auch sehen, wie verrückt und selbstzerstörerisch diese Mächte sind, sodass wir lernen können, sie weniger ernst zu nehmen. Dieser letzte Teil des Projekts wird ziemlich einfach, denn schon mit ein klein wenig Nachdenken wird klar: Dass die meisten von uns so auf Sozialstatus und Selbstbild bedacht sind, ist schlichtweg Irrsinn.

TEIL III

Auf frischer Tat ertappt

5 Am Erfolg gescheitert!

Es gibt wahrscheinlich nichts Schlimmeres,
als die Leiter bis ganz oben zu erklimmen und dann
festzustellen, dass sie an der falschen Mauer steht.

JOSEPH CAMPBELL

Einer meiner ersten Patienten war der finanziell erfolgreichste – er hatte soeben für 30 Millionen Dollar in bar seine Ölfirma verkauft. Er sagte das immer wieder: »30 Millionen Dollar in bar.« Und ich sah vor dem inneren Auge einen Haufen Geld auf einem Schubkarren.

Trotz seiner beachtlichen Leistung war er jedoch verarmt. Er hatte sein gesamtes Erwachsenenleben damit zugebracht, seine Firma aufzubauen, und nun, da er sie verkauft hatte, hing er ohne Lebensinhalt in der Luft. Seine Beziehungen zu Familie und Freunden waren ein Trümmerhaufen, und außer dem Ölgeschäft hatte er wenig andere Interessen.

Als frischgebackener Psychologe dachte ich: »Sagenhaft. Wir werden zusammen dem Sinn des Lebens nachgehen.« Spirituelle Wege und psychologische Lebenszyklen interessierten mich schon seit Jahren, und so freute ich mich darauf, mit ihm zusammen dieses Potenzial zu erkunden.

Wie es oft passiert, wenn ein Therapeut eine klare Vorstellung hat, wie die Therapie laufen sollte: Wir fanden keinen richtigen Draht zueinander. Trotzdem kam er regelmäßig zu mir, weil sein Leidensdruck groß war. Und plötzlich, in der dritten oder vierten Sitzung, schien er wie verwandelt. Statt niedergeschlagen und geistesabwesend wirkte er energiegeladen. Als ich ihn fragte, was los sei, sagte er: »Mir ist ein Plan eingefallen, wie ich meine 30 Millionen in eine 50-Millionen-Firma reinvestieren könnte. Wenn mir das gelänge, hätte ich das Gefühl, im Endeffekt doch noch erfolgreich gewesen zu sein.« In seiner Stimme war keine Spur von Ironie. Ich sah ihn nicht wieder.

Meinen Patienten mit Versagens-Gefühlen kämpfen zu sehen, weil er seine Firma für *nur* 30 Millionen verkauft hatte: Das brachte mich wirklich zur Besinnung. Wenn 30 Millionen ihm nicht genug waren, dann war es vielleicht für mich genauso sinnlos, meine Fantasien von einer ranghöheren Stellung oder höherem Gehalt verwirklichen zu wollen.

Aber *warum* reichten ihm die 30 Millionen nicht? Warum verschaffen uns unsere Erfolge keine dauerhafte Zufriedenheit? Ein Grund heißt *narzisstische Rekalibrierung* – unsere Neigung, die eigenen Erfolge früher oder später als selbstverständlich anzusehen und immer mehr davon zu brauchen, um unsere Selbstachtung hochzuhalten.

»I can't get no satisfaction«

Nach einem Erfolg sind wir meistens erst einmal stolz. Als wir als Knirpse laufen konnten oder bunte Plastikringe verschiedener Größe in der richtigen Reihenfolge auf einen Stab steckten, waren wir stolz auf uns – und gaben gerne damit an, wenn uns jemand zuschaute. Erinnern Sie sich noch, wie es war, als Sie gelernt hatten, einen Ball zu fangen, Fahrrad zu fahren, im Laden alleine einzukaufen? Wie es war, mit der Grundschule, der Realschule, dem Gymnasium, der Universität fertig zu sein? Den ersten Freund oder die erste Freundin zu haben? Den ersten Job zu kriegen, den Führerschein zu machen? Oder zu heiraten, eine Wohnung zu mieten, ein Auto zu haben, ein Haus zu kaufen oder ein Kind zu haben? Wir arbeiten fast alle hart für diese Etappenziele, und wir fühlen uns beschwingt, wenn wir sie erreicht haben.

Das Problem ist: Wie alle Lebewesen *gewöhnen* wir Menschen uns an alles. Wir gewöhnen uns an das, was wir haben, und von dieser jeweils neuen Normalität ausgehend, steigt oder fällt unser Selbstwertgefühl. Ich biete oft Fortbildungen für psychologische Heilberufe an, und in der Regel haben die Teilnehmer sehr hart für ihre jeweilige Qualifikation gearbeitet. Ich frage sie: »Wer von euch ist heute morgen mit dem guten Gefühl aufgewacht, mit Recht auf seine berufliche Qualifikation stolz sein zu können?« Alle lachen. Gelegentlich hebt ein frischgebackener Therapeut die Hand, schaut dann bedripst in die Runde und fragt: »Warum lacht ihr?« Aua.

Etwas persönlicher gesprochen: Eine meiner Töchter hatte vor ein paar Jahren ihr Medizinstudium abgeschlossen. Als sie ihr Praxissemester in einer Klinik antrat, schickte sie meiner Frau und mir ein Foto ihres Namensschildes mit dem Kürzel »MD« (»medical doctor«) hinter ihrem Namen. Abends traf ich einen befreundeten Psychiater und erzählte ihm von dem Foto. Es schlug ihm aufs Gemüt, weil er sich erinnerte, wie schnell der Glanz seines ersten Klinik-Namensschildes verblasst war. Aua, aua.

Schauen Sie sich Ihr eigenes Leben einmal daraufhin an. Ist der Glanz von irgendeinem Ihrer Erfolge oder persönlichen Etappenziele verblasst? Sind Sie immer noch stolz, dass man Sie in das Team berufen hat, Sie das Abitur geschafft haben, auf die Universität gegangen sind, Haus und Auto haben, oder dass Sie ihren derzeitigen Job haben? Ich meine damit nicht, dass der Verlust irgendeines dieser Dinge sich natürlich schrecklich anfühlen würde – sie halten nur nicht lange vor, und wir nehmen sie als selbstverständlich hin und brauchen wieder etwas Neues, um uns gut zu finden.

In der hedonistischen Tretmühle

Also: Warum denken wir immer noch, dass der nächste Erfolg einen dauerhaften Wandel in unserer Selbsteinschätzung bewirken wird? Dass es *dieses Mal* endlich klappt? Es liegt daran, dass unsere Emotionen auf Veränderungen in der Umwelt reagieren, und wir machen den Fehler zu glauben, dass Emotionen von Dauer sind.

Statt von Dauer zu sein, sind die Kicks für das Selbstbild, so müssen wir feststellen, in ganz besonderem Maße anfällig für das, was Psychologen die *hedonistische Tretmühle* nennen.[29] »Hedonistisch« heißt, auf Lustgewinn fixiert, und eine Tretmühle ist ein Hamsterrad für Menschen – ein Apparat, in dem man rennt und rennt, aber nie an ein Ziel kommt.

Auch wenn wir ansonsten intelligente Kreaturen sein mögen: Es entgeht einem sehr leicht, wie viele von den Dingen, hinter denen wir her sind, zur hedonistischen Tretmühle gehören. Hatten Sie schon einmal ein gestiegenes Einkommen – vielleicht durch eine neue Stelle oder eine Beförderung? Erinnern Sie sich, wie gut es sich angefühlt hat, sich Sachen kaufen zu können, die Sie sich wünschten; finanziell besser abgesichert zu sein; vielleicht sogar stolz zu sein auf Ihren neu erworbenen Wohlstand? Und was ist passiert? Wie zahlreiche Studien über Lottogewinner bezeugen, brauchen wir gewöhnlich nicht lange, um zu unserem vorherigen Zufriedenheits-Niveau zurückzukehren.[30]

Das Gleiche gilt für Berühmtheit oder Prominenz. Ich habe einmal einen englischen Psychiater getroffen, der mit berühmten Rockbands auf Tournee ging. Zu viele Drogen, ein unmöglicher Terminplan und exzessiver Sex forderten regelmäßig ihren Tribut, und seine Aufgabe war es, sie dann wieder auf die Beine zu bringen. Ich fragte ihn, ob an der landläufigen Vorstellung etwas dran sei, dass Rockstars öfter als normale Menschen im totalen Zusammenbruch enden, drogensüchtig werden oder Selbstmord begehen. Er sagte: »Absolut. Kommt andauernd vor.« Am Anfang sind es oft ganz normale Leute aus gemäßigten Verhältnissen. Plötzlich werden sie reich, alle finden sie wunderbar, und Tausende schmachtender Fans tun alles (einschließlich sexueller Gefälligkeiten), um ein wenig von ihrer Aufmerksamkeit zu ergattern.

»Zuerst sind die Rockstars begeistert von ihrem neuen Leben«, erklärte er mir. Aber sehr schnell gewöhnen sie sich an den Ruhm, und dann funktioniert es nicht mehr. Es wird langweilig – schon wieder ein Fünf-Sterne-Restaurant, Privatjet, Luxushotel, ein hingerissenes Publikum und in der Nacht Sex im Drogenrausch. Schlimmer noch: Sie schaffen sich neue Vergleichsmaßstäbe. Statt sich mit normalen Menschen zu vergleichen, vergleichen sie sich jetzt mit anderen Rockstars. Aber nicht jeder kann Mick Jagger sein.

Das Rockstar-Dilemma beleuchtet eine weitere Funktionsweise der hedonistischen Tretmühle. Nicht nur, dass wir uns an das neue Erfolgsniveau gewöhnen; nein, wir entwickeln neue Maßstäbe. Die erste Million hat sich für meinen Patienten wahrscheinlich toll angefühlt, aber jetzt waren nicht einmal 30 Millionen genug. Mein Psychiater-Freund war einmal ziemlich stolz darauf, Arzt zu sein; aber nun stellt er fest, wie viel mehr man als Chirurg verdient. Traurig, aber wahr: Solange wir unser Selbstwertgefühl über unsere Erfolge definieren, sind wir dazu verdammt, immer mehr zu brauchen, damit wir mit uns zufrieden sind.

Die nächste Übung, die mit dem Kopf-Element unserer Trias »Kopf, Herz & Lebensgewohnheiten« arbeitet, kann uns ein bisschen weiterhelfen. Um uns von der zwanghaften Jagd nach immer neuen Erfolgen zu befreien, bleibt nämlich die Einsicht unübertroffen, dass die bisherigen Erfolge uns eine nachhaltige Befriedigung schuldig geblieben sind.

Übung: Das Versagen im Erfolg dokumentieren

Versuchen Sie, die folgende Tabelle auszufüllen, entweder handschriftlich oder indem Sie einfach darüber nachdenken, was Sie an die jeweilige Stelle schreiben würden. In der ersten Spalte halten Sie Leistungen, Erfolge oder persönliche Etappenziele fest, die Ihnen an verschiedenen Punkten Ihres Lebens ein gutes Selbstwertgefühl verschafft haben. In der zweiten Spalte bewerten Sie auf einer Skala von 1 bis 5, wie wichtig sie Ihnen waren (1 = wenig wichtig, 5 = sehr wichtig). Schließlich, in der der dritten Spalte, halten Sie fest, wie lange die Wirkung des Erreichten vorhielt, bevor Sie sich wieder in der Situation sahen, nach einem neuen Kick Ausschau halten zu wollen. (Passen Sie die Altersbereiche ruhig Ihrer Situation an und entwerfen Sie eine eigene Tabelle, wenn Sie mehr Platz brauchen. Oder Sie drucken sich unter *www.arbor-online-center.de/begleitmaterial/* ein Exemplar aus. Verwenden Sie auch hier den Code nd5o7k.

DAS SCHEITERN DES ERFOLGES NACHZEICHNEN

Erreichtes Ziel	Wichtigkeit	Dauer des Hochgefühls
Alter 1 – 5 Jahre		

Erreichtes Ziel	Wichtigkeit	Dauer des Hochgefühls
Alter 6 – 12 Jahre		
Alter 13 - 18 Jahre		
Alter 19 - 30 Jahre		

Erreichtes Ziel	Wichtigkeit	Dauer des Hochgefühls
Alter 31 – 40 Jahre		
Alter 41 – 50 Jahre		
Alter 51 – 60 Jahre		

Erreichtes Ziel	Wichtigkeit	Dauer des Hochgefühls
Alter 61 – 70 Jahre		
Alter 71 – 80 Jahre*		

Was ist Ihnen aufgefallen? Wie lange haben Ihre größten Erfolge vorgehalten? Haben Sie die narzisstische Neukalibrierung erlebt, in der Sie sich an einen erreichten Erfolg gewöhnten und dieser dann die Kraft verlor, Ihr Selbstwertgefühl zu stärken?

Wie meine Tabelle aussieht, sehen Sie auf den folgenden Seiten.

* Es ist zu hoffen, dass wir mit 80 Jahren aufhören, unser Selbstwertgefühl mit immer weiteren Erfolgen aufbauschen zu wollen, aber setzen Sie die Tabelle ruhig fort, falls nötig.

Als ich sie ausfüllte, war ich schockiert, wie kurzlebig die Wirkung meiner erreichten Erfolge war. Natürlich weiß ich die guten Beziehungen zu meiner Frau, meinen Kindern und zu andern zu schätzen; bin ich stolz, Psychologe zu sein; und ich bin glücklich, wenn mein Körper gut funktioniert – aber es braucht nicht mehr als einen kleinen Misserfolg, und ich muss einsehen, dass viele der Dinge, die bis jetzt mein Schiffchen über Wasser gehalten haben, nicht mehr so recht funktionieren. Sobald ich mich an einen Erfolg gewöhne, habituiere ich mich, er verliert seine Kraft, und er kann meinen Absturz nicht verhindern, wenn eine neue Enttäuschung daherkommt. Und da bin ich wieder auf der Suche nach einem neuen Erfolgserlebnis, um dieses gute Gefühl wieder zu haben und den Schmerz los zu sein – aber das klappt nicht immer.

Erreichtes Ziel	Wichtigkeit	Dauer des Hochgefühls
Alter 1 – 5 Jahre		
Laufen gelernt	5	3 Wochen?
Fahrrad fahren	4	Ein paar Monate?
Mich artikulieren können	5	Immer noch süchtig danach
Alter 6 – 12 Jahre		
Erste Klasse	3	2 Wochen?
In der 5. Klasse die erste Freundin!	5	6 Wochen, dann die Katastrophe
Mit den harten Jungs Scheiben eingeschmissen	2	30 Minuten – dann wurden wir erwischt

Erreichtes Ziel	Wichtigkeit	Dauer des Hochgefühls
Alter 13 - 18 Jahre		
In der Clique von den harten Jungs	4	2 Monate
Freundin auf dem Gymnasium	5	3 Jahre intensiver Höhen und Tiefen im Selbstwertgefühl
Führerschein gemacht	4	2 Monate
Von College mit Zugangs-Beschränkung angenommen	3	3 Monate
Alter 19 - 30 Jahre		
Freundin auf dem College	5	3 Jahre intensiver Höhen und Tiefen im Selbstwertgefühl
College-Abschluss	3	2 Wochen
Zum Aufbaustudium angenommen	4	2 Monate
Lizenz als Psychologe	4	2 Monate
Alter 31 – 40 Jahre		
Heirat	4	2 Monate (das ist das Hochgefühl. Die Beziehung ist eine andere Geschichte.)
Kinder	4	Über 30 Jahre Höhen und Tiefen im Selbstwertgefühl (auch da sind dieBeziehungen wieder eine andere Geschichte)
Aufbau der eigenen Praxis	3	Über 35 Jahre Höhen und Tiefen im Selbstwertgefühl

Erreichtes Ziel	Wichtigkeit	Dauer des Hochgefühls
Alter 41 – 50 Jahre		
Berufliches Weiterkommen	3	Jeweils 2 Monate
Stolz auf die Erfolge meiner Kinder	3	Jeweils etwa 1 Woche, aber erneuerbar
Für die Familie sorgen	4	Ein paar Stunden, aber erneuerbar
Alter 51 – 60 Jahre		
Bücher schreiben	4	Jeweils 1 bis 2 Monate
Vorträge halten	3	Danach jeweils 1 Tag
Mit berühmten Leuten auf Du und Du	4	Jeweils ein paar Stunden
Alter 61 – 70 Jahre		
Körperlich einigermaßen fit bleiben	3	Nach dem Training ein paar Stunden (wenn ich mir nichts breche ...)
Eine gute Ehe führen	4	Immer wieder erneuerbar (bis zum nächsten Streit) (Die Beziehung ist eine andere Geschichte.)
Mich artikulieren können	2	Immer noch süchtig danach!

Wie gewonnen, so zerronnen

Als wäre das noch nicht genug, ist das Schicksal auch noch launisch. Manchmal ist ein Rockstar ein paar Jahre lang populär, aber dann kommt ein Teenie-Idol daher und stiehlt ihm die Show. Wir haben vielleicht einen tollen Job, oder das Geschäft läuft, aber dann verändert sich die

Situation und entgleitet uns. Vielleicht hatten wir das Glück, Geld anlegen zu können, aber dann stürzt der Markt ab. Wie ich schon sagte: Auch Goldmedaillengewinner können in vier oder acht Jahren ihre Triumphe nicht unbedingt wiederholen. Nicht nur verlieren kontinuierliche Erfolge ihre Kraft: Wir müssen auch mit Rückschlägen klarkommen. Und Zeuge des eigenen Niedergangs zu sein ist noch schmerzhafter, als sich an Erfolge zu gewöhnen.

Denn der Niedergang kommt. Haben Sie schon einmal bemerkt, wie Ihr Körper sich verändert hat, seit Sie zwanzig waren? Haben Sie diese Veränderungen willkommen geheißen und großzügig akzeptiert? Manchmal, wenn ich in einer Gruppe über dieses Thema spreche, frage ich: »Und, wer hier wird einmal sterben?« Ungefähr ein Fünftel hebt die Hand. Wir denken nicht gerne über den Tod nach, auch nicht über Krankheit, Alter oder Behinderung. Und doch dürfen wir uns schon mal darauf freuen. Tut mir leid, aber es ist wahr.

Sogar wenn wir es schaffen, mithilfe glänzender neuer Erfolge unser Selbstwertgefühl über Wasser zu halten, und sogar wenn wir beim Abwehren aller Rückschläge außergewöhnliches Glück haben: Wir bauen trotzdem irgendwann ab. Wir werden in unserem Beruf und in unseren physischen und mentalen Fähigkeiten fast alle irgendwann einen Gipfelpunkt erreichen. Der Niedergang ist unvermeidlich. Es ist ziemlich krass, ein Altersheim zu besuchen und gesagt zu kriegen, die geistesabwesende Dame da im Rollstuhl sei einmal »eine berühmte Atomphysikerin« gewesen.

Auch wenn es schwer ist: Je direkter wir dieser Realität ins Auge blicken können, desto größer sind unsere Chancen, uns am Leben zu freuen – denn zu sehen, wie das alles läuft, wird uns aus der Falle befreien, zu meinen, wir müssten immer wieder neue Erfolge anstreben, um gut genug zu sein. Und was schön ist: Es gibt jede Menge wesentlich befriedigenderer und verlässlicherer Wege zu Wohlbefinden und Zufriedenheit, in die wir stattdessen unsere Energie stecken können.

Was ist wirklich wichtig?

Wenn Sie ein Erfolgs-Junkie sind, denken Sie jetzt vielleicht: »Was soll ich denn stattdessen machen, wenn ich nicht im Spiel des Lebens zu gewinnen versuche?« Eine mögliche Antwort darauf (auf die Gefahr hin, dass es Sie an ein paar leidenschaftliche Diskussionen im College-Schlafsaal erinnert) ist die Frage: »Was ist der Sinn des Lebens?«

Man kann diese Frage auf verschiedene Weise stellen. Man kann einfach nachdenken: »Was ist mir wirklich wichtig?« Oder, wie die Poetin Mary Oliver fragt: »Sag mir: Was möchtest Du mit Deinem einzigen wilden und kostbaren Leben anstellen?«[31] Sie können sich Ihren Grabstein oder Ihren Nachruf vorstellen und sich fragen: »Was soll darauf stehen?« Vielleicht lautet die Antwort: »Er war ein guter (Vater, Sohn, Ehegatte, Freund).« Oder vielleicht: »Sie war bildungshungrig und wollte alles wissen.« »Sie wollte die Welt verändern.« »Sie strebte nach Gotteserkenntnis.« »Er wusste, wie man feiert.« Tipp: Schauen Sie sich verschiedene Bereiche an, zum Beispiel Arbeit oder Ausbildung, Beziehungen, persönliche Weiterentwicklung, Freizeit.

Eine andere Möglichkeit, herauszufinden, was Ihnen wirklich wichtig ist, ist es, sich an die Momente im Leben zu erinnern, die Ihnen am meisten gegeben haben, die Ihnen in kostbarer Erinnerung sind. Wie sahen sie aus? Ein Moment vertrauter Nähe mit einer Freundin oder einem Freund? Die Geburt eines Kindes? Ein Sonnenuntergang? Klavier zu spielen? Eine Erfahrung bei der Meditation? Gibt es ein Grundmuster für diese bedeutungsvollen Momente? Vielleicht die Verbundenheit mit anderen, mit der Natur, im Spirituellen? Künstlerische Kreativität? Entdecken? Spielen?

Indem Sie nachforschen, was wirklich wichtig ist, entdecken Sie vielleicht: Auch wenn es ein monolithisches, stabiles, kohärentes Selbst nicht gibt, können Sie doch Werte und Aktivitäten ausfindig machen, die Ihnen etwas bedeuten. Wie wir sehen werden, sind diese viel lohnender als der Versuch, das Selbstwertgefühl über Wasser zu halten, und wir haben mehr Ressourcen, ihnen nachzugehen, wenn wir den Kampf ums Selbstbild aufgeben.

Andere Ziele wählen

Ich möchte Sie einladen, die gewonnenen Einsichten in Ihre Werte und in die Flüchtigkeit von Erfolgserlebnissen dergestalt anzuwenden, dass Sie ein paar Aktivitäten einmal anders angehen, sprich: mit der *Lebensgewohnheiten*-Dimension arbeiten. Es erhöht den Spaß an der Sache!

Übung: Die richtige Mauer hochklettern

Nehmen Sie sich ein paar Minuten Zeit, um nachzudenken, was Sie tun, um sich gut zu finden. Das können die Bausteine eines positiven Selbstbildes sein, die wir im ersten Kapitel untersucht haben: Geld, Fitness, Intelligenz, Ehrlichkeit, Beliebtheit, Karriere, gutes Aussehen. Es können auch Punkte aus der Tabelle sein, die wir gerade ausgefüllt haben. Listen Sie (im Kopf oder in der Tabelle unten) erst einmal diese Dinge auf.

Schreiben Sie jetzt ein oder mehrere Stichwörter dazu, die festhalten, warum Ihnen das ein gutes Selbstwertgefühl verschafft. Überlegen Sie dann, wie Sie dasselbe Ziel anstreben könnten, dasselbe Projekt verfolgen könnten, aber mit einem anderen Ziel – für einen anderen Zweck als den, dass Sie ein besseres Selbstwertgefühl haben.

Ich zum Beispiel gebe gerne Workshops für Menschen, die in psychologischen Berufen tätig sind. Und natürlich gibt es mir einen positiven Schub, wenn eine Menge Leute kommen, um mich zu hören, oder wenn sie mir sagen, dass ihnen mein Vortrag gefallen hat (und mit schöner Regelmäßigkeit bin ich natürlich geknickt, wenn nicht so viele kommen oder sie irgendwie teilnahmslos wirken). Aber ich kann genau denselben Vortrag mit einem anderen Ziel halten – mit dem aufrichtigen Wunsch, den Teilnehmenden zu helfen, dass sie ihren Klienten besser helfen können. Nicht nur werde ich ein besserer Referent, sondern ich kann das Geschehen auch viel mehr genießen, wenn ich das Selbstwert-Thema ganz bewusst links liegen lasse und mich stattdessen darauf fokussiere, wie ich anderen eine Hilfe sein kann.

Schauen Sie einmal, ob das nicht auch für Sie klappt. Tragen Sie in die folgende Tabelle ein paar Ihrer Leistungen ein, den positiven Schub, den Sie daraus bezogen haben, und das alternative Ziel, auf das Sie hinarbeiten könnten (ich habe mein obiges Beispiel schon einmal eingetragen). Wenn Sie mehr Platz brauchen, drucken Sie sich die Tabelle mit dem Code nd5o7k unter *www.arbor-online-center.de/begleitmaterial* aus.

DIE RICHTIGE MAUER HOCHKLETTERN

Leistung	Schub fürs Selbstwertgefühl	Alternatives Ziel

Das nächste Mal, wenn Sie etwas erreichen wollen, versuchen Sie einmal, sich auf das alternative Ziel zu fokussieren – höchstwahrscheinlich agieren Sie dadurch geschickter, und das Projekt macht allen mehr Spaß.

Eine Bekannte von mir, Amanda, hat mir neulich erzählt, wie sie es ausprobierte. Sie postet viel auf Facebook, aber es ist kein reines Vergnügen. »Immer, wenn ich etwas schreibe, schaut mir dieser innere Kritiker über die Schulter. Wenn ich etwas Gutes geschrieben habe, dann lächelt er. Mein Herz schlägt ein wenig schneller, ich trage den Kopf ein wenig höher und denke: ›Hey, das ist gut.‹ Dann poste ich es.« Aber das Gefühl hält nicht an. »Ich schaue immer, ob ich Likes oder Kommentare habe – und je nachdem, ob das Feedback gut oder schlecht ist, schwankt meine Stimmung.«

Amanda hatte diese Höhen und Tiefen satt. Eines Tages wurde ihr klar, dass es einen besseren Weg geben musste. Zwar konnte sie den Wunsch nicht völlig ausschalten, andere sollten ihre Arbeit mögen, aber sie konnte ihre Aufmerksamkeit mehr auf das fokussieren, was ihr wichtig war. Manchmal wollte sie einfach mit einer amüsanten Idee spielen; dann wiederum ging es ihr um politische oder soziale Themen, als sie zum Beispiel etwas über einen rassistischen Vorfall im Supermarkt schrieb, den sie entsetzlich fand. Also schaltete sie auf dem Handy die Benachrichtigungen aus und verordnete sich eine *digitale Fastenkur* – nämlich, nur einmal pro Tag die Reaktionen auf ihre Posts zu checken. Je mehr sie sich darauf fokussierte, was sie mit einem Post eigentlich erreichen wollte, desto mehr war es ihr egal, wie viele Likes sie bekam, und desto mehr machte ihr das Schreiben Spaß. Das abwertende Gerede ging nicht völlig weg, aber das Bloggen wurde von einer Belastung wieder mehr zu einer Freude.

Im Wolkenkuckucksheim

Es gibt einen Weg, um herauszufinden,
ob jemand ehrlich ist: Frag ihn. Wenn er ja sagt,
kannst du sicher sein, dass es ein Gauner ist.
MARK TWAIN

Weil es fast unmöglich ist, sich durch Leistung ein dauerhaft gutes Selbstwertgefühl zu verschaffen, versuchen viele es auch mit einer anderen Methode. Aus der Sozialpsychologie kennen wir eine sehr populäre: Lügen. Sich selber und andere belügen.

Diese spezielle Form der Täuschung nennt sich *illusionäre Überlegenheit* oder, etwas griffiger: *Lake-Wobegon-Effekt*.[32] Benannt nach einem fiktiven Städtchen, in dem »alle Frauen stark sind, alle Männer gutaussehend und alle Kinder überdurchschnittlich«, bezeichnet er unsere bemerkenswert allgegenwärtige Tendenz, im Vergleich zu anderen die eigenen Leistungen und Fähigkeiten zu überschätzen, damit wir vor uns selber besser dastehen. Über ein erstaunlich großes Spektrum von Fähigkeiten oder Leistungen hinweg halten sich fast alle für überdurchschnittlich.

Man kann so etwas nicht erfinden. Spätestens mit der weiterführenden Schule ist es Tatsache:

- In einer großen Studie stuften sich 70 Prozent der Schüler einer High School beim Thema »Führungseigenschaften« als überdurchschnittlich ein; 85 Prozent meinten, sie kämen überdurchschnittlich gut mit anderen aus; und sage und schreibe 25 Prozent meinten, sie gehörten zu dem einen Prozent auf Top-Niveau.[33]

Im College geht es weiter:

- College-Studierende wurden aufgefordert, sich selbst und »durchschnittliche College-Studierende« im Hinblick auf 20 positive und 20 negative Charakterzüge zu bewerten. Bei 38 von den 40 Charakterzügen hielten sich typische Studierende für besser als den Durchschnitt.[34]

Im Hauptstudium hört es nicht auf:

- 87 Prozent der Betriebswirtschaft-Studenten in Stanford schätzten ihre akademischen Leistungen als überdurchschnittlich ein.[35]

Und auch Professoren bleiben davon nicht verschont:

- 96 Prozent der Universitätsprofessoren meinen, sie seien bessere Lehrer als ihre Kollegen.[36]

Außerhalb von Schule & Co. ist unsere Selbsteinschätzung genauso aufgebläht:

- In einer Studie hielten sich 93 Prozent der befragten Amerikaner für überdurchschnittlich sichere Autofahrer.[37]
- In einer Studie wurden 1000 Amerikaner gefragt, ob eher sie selber oder aber bestimmte prominente Zeitgenossen in den Himmel kämen. 87 Prozent meinten, sie selber seien erwählt. Den zweiten Platz belegte Mutter Teresa, von der 79 Prozent meinten, sie würde eingelassen (klar, sie war schon irgendwie tugendhaft, aber natürlich nicht so tugendhaft wie Sie und ich).[38]

Und als wäre all das noch nicht genug, gibt es noch einen wichtigen Bereich, in dem wir durchgängig unsere Fähigkeiten überschätzen: Objektivität. Die meisten von uns denken, ihre Fähigkeit, sich selbst präzise einzuschätzen, sei überdurchschnittlich![39]

Meine Lieblings-Erkenntnis aus der Sozialpsychologie, der Dunning-Kruger-Effekt, hilft bei der Vorhersage, wann unsere Selbsteinschätzung wahrscheinlich am meisten aufgebläht ist. Die Forscher fanden immer wieder heraus: Querbeet durch alle Bereiche menschlicher Kultur und Aktivität *verhält sich tatsächliche Kompetenz umgekehrt proportional zur Selbsteinschätzung der Kompetenz*.[40] Es diene uns dies zur Warnung, wenn wir uns wieder einmal für besonders talentiert halten.

Cleverness, die sich selber schadet

Aus der Sozialpsychologie wissen wir, dass der Wunsch, die eigene Selbsteinschätzung aufzubauschen, auch alle möglichen anderen Verzerrungen erzeugt. Wenn wir zum Beispiel jemandem begegnen, der in einem bestimmten Bereich talentierter ist als wir, dann nehmen wir an, er oder sie müsse *außerordentlich gut* sein (denn es ist ja völlig ausgeschlossen, dass *wir selber* unterdurchschnittlich sind).[41] Wenn ein Experimentator uns sagt, wir hätten bei einem Test überdurchschnittlich gut abgeschnitten, folgern wir, dass wir klug oder kompetent sind. Sagt man uns aber, wir hätten schlecht abgeschnitten, dann vermuten wir, der Test sei unfair oder zu schwierig gewesen, die Bedingungen seien schlecht gewesen oder wir hätten einfach Pech gehabt.[42]

Sogar Moral und Ethik lassen sich verdrehen. Wenn wir uns unmoralisch verhalten, neigen wir dazu, dies äußeren Umständen zuzuschreiben: »Das macht doch jeder« oder »Ich habe nur Befehle befolgt«.[43] Wenn das Resultat eines Handelns in der Gruppe positiv ist, neigen wir dazu, unseren Beitrag zu überschätzen; ist das Resultat aber negativ, unterschätzen wir ihn.[44] (Das erklärt auch, warum es so verlockend ist, sich über mangelnde Wertschätzung für den eigenen Beitrag zu einem erfolgreichen Projekt zu beklagen.)

Hier ist ein kleines Experiment des Informatik-Statistikers Seth Stephens-Davidowitz, das Sie ausprobieren können, um diese Neigung, sich selbst und andere zu täuschen, zu erkennen.[45] Beantworten Sie einfach folgende Fragen:

- Haben Sie schon einmal bei einer Prüfung betrogen?
- Haben Sie sich schon einmal vorgestellt, jemanden zu töten?
- Waren Sie versucht, bei Frage 1 oder 2 zu lügen?

DER PREIS DER SELBSTTÄUSCHUNG

Diese Versuche, uns zum Narren zu halten, damit unser Selbstbild intakt bleibt, machen süchtig – kurzfristig fühlen sie sich gut an, aber langfristig haben sie ihren Preis. Sie verhindern eine ehrliche Selbsteinschätzung, die wir ja brauchen, um fundierte Entscheidungen zu treffen, wann und wie wir eine Herausforderung angehen wollen. Außerdem versetzen sie uns in dauernde Unruhe, denn unsere verzerrten Urteile und Meinungen sind ja ständig von den Tatsachen bedroht.

Aber den vielleicht schmerzhaftesten Preis für dieses Leben im Wolkenkuckucksheim zahlen wir, wenn das Kartenhaus der Verblendung zusammenfällt. Viele schalten dann umstandslos von illusionärer Überlegenheit auf erbarmungslose Selbstkritik um. Statt einfach zu folgern, dass wir anderen Menschen doch ähnlicher sind, als wir dachten, erleiden wir den Zusammenbruch und schließen daraus, wir seien Verlierer und Versager; schämen uns und halten uns nicht für wert, zur Menschheitsfamilie zu gehören. Verschlimmert wird das durch Signale von anderen, die uns bedeuten, durchschnittlich oder gewöhnlich zu sein sei nicht gut genug – weil wir ja alle etwas Besonderes sein wollen.

Zurück auf die Erde

Für all diese Angewohnheiten gibt es ein überraschendes Gegenmittel. Es beinhaltet die Erkenntnis, dass wir alle im selben Boot sitzen, alle auf dieselbe Art zu kämpfen haben, uns alle mehr oder weniger etwas vormachen – aber es muss nicht sein. Wir können uns dagegen wehren und uns dabei gegenseitig unterstützen, indem wir unsere Gewöhnlichkeit bejahen und unsere Mitgliedschaft in der menschlichen Familie.

Wir werden uns dazu später noch ein paar weitere Möglichkeiten anschauen, aber für den Moment könnten Sie einmal das folgende Gedankenexperiment ausprobieren. Da diese Übung den Gebrauch Ihrer Imagination und die Aktivierung Ihrer liebevollen Wolfsnatur erfordert, wirkt sie am besten, wenn Sie zuvor ein paar Minuten Achtsamkeitspraxis machen. Widmen Sie sich dem Atem, nehmen Sie wahr, was im Körper passiert und lassen Sie die Gedanken kommen und gehen.

Übung: Ein ganz normaler Tag

Stellen Sie sich vor Sie wachen eines Tages auf, und die Welt hat sich auf wundersame Weise verwandelt. Heute gehören wir alle zur großen Menschheitsfamilie, und niemand ist einem anderen über- oder unterlegen. Wir sehen natürlich alle verschieden aus und haben verschiedene Fähigkeiten und Talente, aber niemand hält sich deshalb für besser oder schlechter als die anderen. Es bringt keinen Vorteil mit sich, so oder so zu sein, weil von allem genug für alle da ist, alle gerne teilen und wir alle liebenswert sind, so wie wir sind.

Während Sie Ihr Tagesgeschäft verrichten, genießen Sie den gegenwärtigen Moment, vergleichen sich nicht mit anderen, sondern genießen einfach deren Gesellschaft. Wenn es Aufgaben zu erledigen gibt, ziehen alle mit und sind sich dankbar dafür.

Wie fühlen Sie sich als ganz gewöhnlicher Mensch an so einem ganz gewöhnlichen Tag?

Was könnten Sie heute tun, in der realen Welt, damit Ihr Tag sich ein bisschen weniger um Ihre Selbsteinschätzung und den sozialen Vergleich mit anderen dreht, sondern mehr darum, dass alle um eines gemeinsamen Zieles willen an einem Strang ziehen? Was könnte es sein, das Sie mehr mit anderen verbindet, Sie mehr zur Menschenfamilie gehören lässt?

Dass er ganz bewusst diese Neuorientierung traf, erweckte Julian (den jungen Karriere-Überflieger aus dem letzten Kapitel) zu neuem Leben. Nicht nur konzentrierte er sich mehr auf die Beziehungen zu Familie und Freunden und begann wieder zu schreiben, sondern er beschloss auch, seine Beziehung zu Kunden und Kollegen anders anzugehen. Vor jeder Begegnung dachte er ganz gezielt nach: »Was könnte unser gemeinsames Ziel sein?« – »Gibt es einen Weg, wie wir unseren Reichtum teilen könnten?« – »Wie könnte ich meinen Kollegen, meine Kollegin unterstützen?« – »Was könnte es sein, was meinen Kunden zufriedener macht?« Oft brauchte es nicht viel – eine kurze E-Mail mit einem Lob für eine besondere Leistung oder ein Zugeständnis in einer Vertragsverhandlung, das der Geschäftsbeziehung gut tat. Diese Art von Neuorientierung brachte Julian nicht nur mehr Wärme und Nähe zu den Leuten am Arbeitsplatz, sondern *steigerte* seinen Erfolg sogar noch. Die Kollegen hatten ihn gern im Team und die Kunden kamen gerne zu ihm.

Ich persönlich habe die Übung, die eigene Gewöhnlichkeit und unsere gemeinsame Menschlichkeit zu bejahen, regelrecht lieben gelernt. Es ist peinlich zuzugeben, aber ich war schon als Kind überzeugt, dass ich etwas Besonderes sei. Ich lernte schnell und fand bald Gefallen an der Idee, zu den gescheitesten Kindern in der Klasse zu gehören. (In anderer

Hinsicht war ich ziemlich schwer von Begriff – ich kapierte irgendwie nicht, dass die Angeberei vor dem Lehrer allen anderen auf den Wecker ging.) Am Anfang machte es Spaß, kostete wenig Mühe und beseitigte meine anderen Unsicherheiten. Ich stellte mir vor, dass die Lehrer mich dafür mochten. Aber niemand bleibt lange ganz oben, und bald spürte ich den Stress, etwas Besonderes bleiben zu *müssen*. Eigentlich muss ich in der Rückschau sogar sagen: Dieses Gieren danach, der Gescheiteste zu sein, war geradezu lächerlich anstrengend und verdarb durch dieses Konkurrenzdenken viele Begegnungen.

Aber wenn ich sehen kann, was für eine traurige, verrückte Gewohnheit das gewesen ist, und mich stattdessen darauf fokussiere, freundlich und hilfsbereit zu sein und mit anderen nach einem gemeinsamen Ziel zu streben, dann ist es wunderbar. Manchmal brauche ich nur einen Moment, um mich neu auszurichten und wahrzunehmen, was wir gemeinsam haben. Nicht nur entspanne ich mich, sondern meine Interaktion mit anderen wird spielerischer – es macht Spaß, mit den anderen Kindern zusammen zu sein. Und gemeinsam ist es weniger anstrengend, etwas auf die Beine zu stellen. Glauben Sie mir, wenn ich angesichts meiner frühen Prägung sage: Wenn ich das schaffe, schafft es jeder. Wie wir bald sehen werden, gibt es viele gut funktionierende Ansätze – wir müssen nur ein wenig experimentieren, um die zu finden, die am besten zu uns passen.

Aber auf diesem Weg wird es auch ein paar Hindernisse geben. Zum Beispiel wird es Signale geben, die in eine andere Richtung deuten; die unsere Instinkte verstärken, uns aufzuplustern, Unsicherheiten zu verbergen oder die uns sonstwie auf den Gedanken bringen, wir müssten etwas Besonderes sein, um geliebt oder akzeptiert zu werden. Manche sind so alt wie die Menschheit, andere sind relativ neu. Eines der neueren ist es, zu sehen, wie in den sozialen Medien jeder sorgfältig das Image eines erfolgreichen, glücklichen Menschen pflegt. Facebook und Instagram reichen völlig aus, in jedem Menschen Neid, Minderwertigkeitsgefühle und Entfremdung zu wecken. Schauen wir uns einmal an, wie diese Einflüsse sich verschworen haben, uns gefangen zu halten; ob auch Sie Ihnen schon auf den Leim gegangen sind; und falls ja, wie Sie Ihrem Zugriff entkommen können.

6 Schluss mit dem »Selfie-Wertgefühl«

»Nonstop you«

WERBESLOGAN DER LUFTHANSA

Was haben jugendliche Gang-Mitglieder, schwangere Minderjährige, Drogensüchtige, gewalttätige Eltern und Arbeitslose gemeinsam? In den Achtzigern antworteten die Psychologen: schlechtes Selbstwertgefühl. Als Reaktion darauf schufen der weitblickende Gouverneur Kaliforniens und seine Regierung die so genannte »California Task Force to Promote Self-Esteem and Personal Responsibility« (»Arbeitsgruppe zur Förderung von Selbstwertgefühl und persönlicher Verantwortung«). Die Grundidee: Ein gutes Selbstwertgefühl könnte eine Art »soziale Impfung« sein, die alle möglichen Probleme verhindern könnte.[46] Es gab sogar die Meinung, dies könnte zu einem ausgeglichenen Staatshaushalt beitragen, da ja Menschen mit hoher Selbstachtung mehr verdienten und deshalb mehr Steuern zahlen würden.

Das Projekt lief nicht ganz so wie erwartet. Nachdem über eine Viertelmillion Dollar ausgegeben worden war, entdeckte die Arbeitsgruppe, dass die Korrelation zwischen sozialen Problemen und Selbstwertgefühl entweder unklar, unbedeutend oder sogar völlig inexistent war – und es gab keinerlei wissenschaftliche Evidenz, dass ein schlechtes Selbstwertgefühl *irgendein* soziales Problem verursachte.[47]

Das dämpfte aber den Enthusiasmus der Arbeitsgruppe nicht im Geringsten. Sie fuhr fort, alle möglichen Programme zur Förderung des Selbstwertgefühls zu empfehlen und aufzulegen. Dann passierte das, was oft passiert: Ein Trend, der in Kalifornien begonnen hatte, erfasste die ganze Nation und (in geringerem Ausmaß) die Welt.

Traurig, aber wahr: Das Ergebnis ist, dass wir alle tiefer denn je in der Falle der Selbstbezogenheit und des sozialen Konkurrenzdenkens stecken.

Alle tun es

Mit Beginn der Neunziger war es so weit, dass in den Schulen der Vereinigten Staaten ein positives Selbstbild als Lernvoraussetzung galt. Eltern bekamen zu hören: »Scheuen Sie sich nicht, Ihrem Kind immer wieder zu sagen, wie klug und talentiert es ist.«[48] In den Schulen wurden Kurse angeboten wie: »Selbst-Erforschung: Das Thema bin ich« und Teilnahme-Urkunden verliehen.[49] Formulierungen wie »Förderung des Selbstwertgefühls« wurden von Tausenden von Schulen in ihr Leitbild aufgenommen. Und es ist kein Ende in Sicht: Gerade eben habe ich »schulisches Leitbild Selbstwertgefühl« gegoogelt und 2.360.000 Treffer bekommen.*

Traurigerweise breitete sich die Bewegung auch außerhalb der Schulen schnell aus und steckte die Erwachsenen an. Managementberater erzählten Unternehmern, sie sollten Organisationen schaffen, »in denen sich

* Für Deutschland sieht es nicht wesentlich anders aus (Anm. d. Übers.).

alle großartig finden«,[50] während Bauern zu hören bekamen, es komme einzig und allein auf eine Fähigkeit an, und diese laute (nein, nichts mit Pflanzen, Tieren oder so): »Das Wissen, wie man ein positives Selbstbild aufbaut und aufrechterhält.«[51]

Auch heute gibt es weiterhin Tausende von Büchern, die ein gutes Selbstwertgefühl fördern sollen (meine Suche bei Amazon hat gerade über 100.000 Titel ergeben). Ob sie sich an die Kleinen richten (»Be a Winner: A Self-Esteem Coloring & Activity Book«), an Heranwachsende (»Self-Esteem: The Teen Girl's Journey to Self-Worth, Body Image, Mr. Right, and Being Your Whole You«) oder Erwachsene (»Ten Days to Self-Esteem: The Leader's Manual«): Man bringt uns allen bei, wie man vor sich selbst in gutem Licht erscheint.

Des Guten zu viel

Kim Jong-il, Nordkoreas verstorbener »lieber Führer«, hatte anscheinend eine sehr hohe Meinung von sich selbst. Seine offizielle Autobiographie hält fest, er sei auf dem höchsten Berg des Landes geboren worden, dabei habe sich ein Gletscher geöffnet und mysteriöse Geräusche von sich gegeben, und es sei ein doppelter Regenbogen am Himmel erschienen. Mit drei Wochen konnte er laufen, mit acht Wochen sprechen, und als Universitätsstudent schrieb er 1.500 Bücher.[52] Stalin, Mao, Hitler, Idi Amin und Saddam Hussein hielten sich ebenfalls für herausragend und etwas ganz Besonderes.

In der Psychologie gibt es eine Debatte darüber, was im Falle eines übersteigerten Selbstwertgefühls vor sich geht. Klinische Psychologen nehmen an, dass Menschen, die ein übersteigertes Bild ihrer Fähigkeiten oder ihres Wertes zeichnen, damit versteckte Zweifel und Verletzungen kompensieren – sie putschen ihr Selbstwertgefühl auf, um den

Schmerz von Ablehnung, Kritik, Scham oder Versagen abzuwehren. Das ist jedenfalls das, was ich selber in meiner Psyche erlebe, wenn ich mich aufzuspielen versuche, und es ist das, was ich bei vielen meiner Patienten sehe. Man stellt auch schnell fest: Wenn es uns gelingt, mit verborgenen Wunden und Minderwertigkeitsgefühlen auf eine gefahrlose, fürsorgliche Weise in Berührung zu kommen, verringert sich der Drang, sich aufplustern zu müssen.

Sozialpsychologen sehen das ein wenig anders. Sie haben viele Tests entworfen, in denen die Gefühlswelt der Probanden offengelegt wird, und diese Tests legen nahe, dass Narzissten *tatsächlich glauben*, sie seien besser als alle anderen. Bei einem Test, in dem untersucht wird, welche Wörter und Bilder im Denken kombiniert werden, nennen zum Beispiel narzisstisch veranlagte Versuchspersonen in Verbindung mit Wörtern wie *gut, wunderbar, toll, richtig* gerne das Wort »ich« (was sie übrigens, am Rande bemerkt, bei Wörtern wie *Mitgefühl* oder *Güte* nicht so bereitwillig tun – dazu gleich mehr). Als Kliniker habe ich jedoch den Verdacht, dass der Test nicht sensitiv genug ist – er entdeckt einfach die hinter der Selbst-Überhöhung verborgene Unsicherheit nicht.

Möglich ist aber auch, dass es verschiedene Arten überhöhter Selbsteinschätzung gibt. Der eine Narzisst kompensiert vielleicht ein verborgenes Minderwertigkeitsgefühl, während der andere schlichtweg völlig im Dunkeln tappt. Wie auch immer: Objektiv gesehen stellt sich heraus, dass Menschen, die eine hohe Meinung von sich selber haben, nicht klüger, nicht attraktiver und auch nicht anderweitig denen überlegen sind, die kein so gutes Selbstwertgefühl haben. Sie meinen es nur.[53]

Die Konsequenzen dieser Verblendung sind nicht schön. Natürlich wird man nicht zwangsläufig ein totalitärer Diktator, bloß weil man ein starkes Selbstwertgefühl hat. Aber bei Kindern passiert Folgendes: Es ist wahrscheinlicher, dass sie hemmungsloser sind, Risiken gerne ignorieren und sich früher auf sexuelle Aktivität einlassen. Typische Wortführer und

Schulhof-Tyrannen sind sich tendenziell auch ihrer Sache sicherer und haben weniger Bedenken als andere Kinder.[54] Bei den Erwachsenen mit starkem Selbstwertgefühl ist es nicht besser. In bestimmten von Politologen entworfenen Videospielen, in denen reale geopolitische Konflikte simuliert wurden, verloren die Teilnehmer umso öfter, je sicherer sie sich ihrer Sache gewesen waren. Überhebliche »Führer« haben schon oft überstürzte Attacken geritten, die zu Repressalien führten, die für beide Seiten verheerend waren (möge uns dies zur Warnung dienen, wenn wir eine Wahlkabine betreten).[55] Mit ein bisschen Selbstreflexion können wir diese Tendenzen im Herzen und im Geiste auch bei uns sehen:

Übung: Die Wohltaten der Bescheidenheit

Nehmen Sie sich kurz Zeit, um sich an einen Moment zu erinnern, in dem Sie mit sich ziemlich zufrieden waren. Vielleicht hatten Sie in der Schule ein Erfolgserlebnis oder waren romantisch verliebt. In diesem Hochgefühl des Erfolges haben Sie sich da anderen überlegen gefühlt, die nicht das Gleiche Glück hatten wie Sie? Haben vielleicht auch über andere geurteilt, die weniger erfolgreich waren? Es kann peinlich sein, das wahrzunehmen, aber viele Menschen werden tatsächlich ein bisschen frostiger, wenn sie an der Spitze stehen – nehmen von dem Leid um sie herum ein bisschen weniger wahr. Wenn Sie sich an so eine Reaktion erinnern: Seien Sie nett zu sich. Für diese Art von Gefühlskälte sind wir alle anfällig, wenn unsere Selbsteinschätzung uns high macht. Versuchen Sie aber, das nächste Mal, wenn es passiert, einmal ihren Preis zu sehen.

Denken Sie als Nächstes an die Wohltaten der Bescheidenheit. Erinnern Sie einen Moment, wo Ihre Selbsteinschätzung eine Stufe tiefer hing. Vielleicht ist Ihnen etwas misslungen, haben Sie eine Enttäuschung, eine Zurückweisung erlebt oder haben sich geschämt. Zwar passiert es schnell, dass wir uns dann zurückziehen und in unseren Schmerz verkriechen, aber oft ermöglicht uns so ein Zusammenbruch auch, das Leid der Mitmenschen mitfühlender wahrzunehmen. Versuchen Sie, Ihren nächsten Crash als eine solche Gelegenheit zu nehmen – eine Chance, an all die anderen Menschen auf der Welt zu denken, die ähnlichen Schmerz erleiden, weil sie mit sich unzufrieden sind. Stellen Sie sich vor, dass Sie auf sie zugehen, sie umarmen und ihnen sagen, dass Sie wissen, wie es sich anfühlt.

Ich nehme an, aus dem bisher Gesagten haben Sie entnommen, dass auch meine Selbsteinschätzung mit beachtlicher Regelmäßigkeit hoch und runter geht. Und obwohl ich wie alle anderen so angelegt bin, die Höhen vorzuziehen, ist mir klar geworden, dass die Tiefen wertvoller sind. Wenn mich eine Enttäuschung schmerzt, wache ich auf und nehme das Leid um mich herum lebhafter wahr. Ich denke: »Ich kann nicht glauben, dass ich mich so schlecht fühle, bloß weil ich nicht in dem Projektteam bin – mein Freund hat seinen Job verloren!« Oder: »Jetzt beklage ich mich, dass ich mir die Wade gezerrt habe und ein paar Wochen nicht joggen kann – was sollen die Leute mit gravierenden Behinderungen oder Krankheiten sagen?« Traurig, aber wahr: Wenn es mir gut geht, bin ich, genauso wie es die Studien nahelegen, weniger empfänglich für das Leid um mich herum.

Was lernen wir daraus? Statt sofort einem neuen Kick nachzujagen, versuchen Sie doch einmal, die nächste Enttäuschung als Chance willkommen zu heißen, Ihr Herz für jeden zu öffnen, dem oder der ebenfalls etwas wehtut.

Auf der Suche nach Ruhm und Ehre

Na gut, dann führt also ein gestärktes Selbstwertgefühl vielleicht nicht zum Erfolg oder dazu, dass man ein besserer Mensch wird, aber macht es uns denn unglücklich? Wahrscheinlich ja. Die Zeichen mehren sich, dass zumindest die Amerikaner seit dem Anschwellen der Selbstwertgefühl-Kampagnen materialistischer, egozentrischer und narzisstischer geworden sind – Eigenschaften, die zur Unzufriedenheit beitragen, wie sich in der Forschung regelmäßig zeigt. Zwar ist Korrelation nicht gleich Kausalität, aber es könnte gut sein, dass die Selbstwertgefühl-Bewegung unser Elend noch vergrößert, statt uns zufriedener und produktiver zu machen.

Wie wir sehen werden, sind von diesen Entwicklungen am meisten junge Menschen betroffen. Aber wie alt Sie auch immer sind: Achten Sie einmal darauf, während Sie die nächsten Seiten lesen, inwiefern Sie von der wachsenden gesellschaftlichen Ichbezogenheit ebenfalls beeinflusst sind – und versuchen Sie festzustellen, von wo und von wem der Einfluss kam. Dies wahrzunehmen wird Ihnen helfen, nachteilige Impulse, die Ihnen zum nächsten Ego-Booster raten, abzuwehren, wenn sie Ihr Herz und Ihren Geist kapern wollen.

Mehr als je zuvor träumen junge Menschen heute davon, im Lotto zu gewinnen, »Influencer« zu werden und mit dreißig reich zu sein. Immer mehr glauben, der Weg zu Wohlbefinden und Zufriedenheit führe über das Sammeln von Streicheleinheiten fürs Selbstwertgefühl.

In einer der größten Studien ihrer Art erfasste das »Pew Center for People and the Press« Hunderte von jungen Erwachsenen, geboren um die Jahrtausendwende herum (als die Selbstwert-Bewegung Fahrt aufnahm), was ihre Ziele im Leben seien.* Die Resultate sind vor allem durch den

* Das »Pew Center for People and the Press« ist ein nichtstaatliches Meinungsforschungsinstitut mit Sitz in Washington D.C., USA (Anm. d. Übers.).

Kontrast zur vorherigen Generation (Zahlen in Klammern) auffällig: 81 Prozent (vs. 62 Prozent) sagten, sie wollten reich werden; 51 Prozent (vs. 29 Prozent), sie wollten berühmt werden; aber nur 10 Prozent (vs. 33 Prozent) sagten, sie wollten spiritueller werden.[56] Die großen Zuwächse gehören dem Aufbau des Selbstwertgefühls.

Auf der anderen Seite des Atlantiks sieht es ebenfalls düster aus. Bei einer Umfrage in Großbritannien wurden Teenager gefragt, »was das Beste auf der Welt« sei. Am häufigsten wurde genannt: »prominent sein«, »gut aussehen« und »reich sein«.[57]

An der Cornell-Universität hat ein Historiker persönliche Tagebücher aus einem Zeitraum von hundert Jahren analysiert. In den neunziger Jahren des 19. Jahrhunderts beschlossen junge Frauen meistens, sich mehr für andere zu interessieren und sich nicht ausschließlich auf das eigene Leben zu konzentrieren. Ihre Ziele waren, etwas zur Gesellschaft beizutragen, ihren Charakter zu entwickeln und gegenseitig befriedigende Beziehungen zu haben. Ein Jahrhundert später hießen die Ziele: Abnehmen, sich eine neue Frisur zulegen oder neue Kleider, neues Make-Up, neue Accessoires kaufen.[58]

Tut mir leid, diese Trends (ob sie nun von der Selbstwert-Bewegung tatsächlich verursacht sind oder nicht) lassen für unsere kollektive Zukunft nichts Gutes ahnen. Aber wir tun gut daran, sie uns anzuschauen: Die Chancen, uns aus toxischen Selbstwert-Propagandabotschaften zu befreien, steigen rapide, wenn wir sie erkennen können.

Spieglein, Spieglein an der Wand – wer ist die Schönste im ganzen Land?

Zur selben Zeit, in der sich unsere Ziele in Richtung Reichtum, Ruhm und äußerliches Erscheinungsbild verlagert haben, schwelgen wir in unserer Selbsteinschätzung mittlerweile in den höchsten Tönen. Das ist der erwähnte Lake-Wobegon-Effekt, aber auf Anabolika. 1951 stimmten lediglich 12 Prozent der Vierzehn- bis Sechzehnjährigen der Aussage zu: »Ich bin wichtig.« 1989 waren es 80 Prozent.[59] Im Jahre 2012 gingen 58 Prozent der High-School-Schüler davon aus, dass sie studieren oder eine Berufsfachschule besuchen würden – doppelt so viele wie 1976. Trotzdem blieben die tatsächlichen Einschreibequoten unverändert bei 9 Prozent.[60] Volle zwei Drittel der High-School-Schüler erwarten, in ihrem künftigen Job zu den 20 Prozent an der Spitze zu gehören.[61] Da dürfte es die eine oder andere Enttäuschung geben …

In manchen Kulturen wird es belohnt, sich der Gruppe anzupassen. Auf der ganzen Welt warnen die religiösen Traditionen davor, sich für etwas Besseres zu halten. Im Amerika der erfolgreichen Selbstwert-Kampagnen ist dies definitiv nicht der Fall. Wie viele von uns haben kein Problem damit, sich für »durchschnittlich kompetent« zu halten? Mag schon sein, dass wir in manchen Bereichen durchschnittlich sind, aber nur, wenn wir in anderen herausragen. Mit dieser Idee, »Durchschnitt« könnte vielleicht nicht reichen, ist das Elend vorprogrammiert – denn wir können nicht alle ständig an der Spitze des Rudels laufen, und dann erhöhen wir auch noch ständig unsere Anforderungen. Und das kann uns, wie wir sehen werden, jede Freude am Bejahen unserer wunderbaren Gewöhnlichkeit verderben.

Wie konnte das passieren?

Sozialpsychologen haben einen ganzen Geschäftszweig daraus gemacht, diese Entwicklung zu erklären. Zusätzlich zu der Selbstwertgefühl-Propagandabewegung hat auch das Ideal eines kantigen Individualismus, vor allem in Amerika, seinen Teil dazu beigetragen. »Authentisch sein« und »Nummer eins sein wollen« gehen Hand in Hand. Eigentlich kann man sagen: Die Idee, wir alle hätten ein »wahres Selbst« in uns, das darauf wartet, entdeckt zu werden oder sein volles Potenzial zu entfalten, ist etwas typisch Amerikanisches.

Das steht in scharfem Kontrast zu einigen anderen Kulturen. Der südafrikanische Bischof Desmond Tutu erzählte einmal, in vielen afrikanischen Sprachen könne man die Frage »Wie geht es dir?« nicht in der ersten Person Singular beantworten. Die Antwort laute entweder »Uns geht es gut« oder »Wir haben es gerade schwer«. Da ist was Wahres dran: Wie sich herausgestellt hat, ist es tatsächlich ein wirkungsvolles Mittel gegen die Sorge, nicht gut genug oder nicht besonders genug zu sein, wenn man zu einem »Wir« gehört (dazu gleich mehr).

Vergleich: Mein Inneres, dein Äußeres

Wieder eine unruhige Nacht hinter mir. Fühle mich wie gerädert, habe Dünnpfiff und befürchte eine schlechte Beurteilung von meinem Chef. Freundin wird sich wahrscheinlich von mir trennen. Haufenweise neue Pickel, trotz der neuen Salbe.

Nicht gerade der typische Social-Media-Post. Auf Facebook oder Instagram verbringt im Gegenteil jeder, den wir jemals gekannt haben, gerade einen tollen Urlaub in der Karibik, genießt tolles Essen, wird befördert, sieht fantastisch aus und macht Party ohne Ende.

Google-Suchanfragen erzählen uns dagegen etwas über die *wirklichen* Gedanken und Gefühle. Sie wissen ja bestimmt, dass Google jedes

Stichwort, das Sie eintippen, mit dem zu ergänzen versucht, was meist danach folgt. Jetzt habe ich gerade »Ist es normal, … zu wollen?« eingegeben, und Google hat gefunden: 1. »allein sein«, 2. »töten«, 3. »Single sein«, 4. »fremdgehen« und 5. »den ganzen Tag schlafen«. Vorschlag Nummer 2 nutzend, gab ich dann ein: »Ist es normal, … töten zu wollen?« Und Google fand: 1. »seinen Freund«, 2. »seine(n) Ex«, 3. »süße Tiere«, 4. »seinen Bruder«, 5. »seine Familie«.

Die häufigsten Formulierungen, die Menschen auf Facebook für ihre Ehepartner gebrauchen, lauten: »Der/die Beste«, »Bester Freund, beste Freundin«, »Wahnsinn«, »der/die Tollste« und »so süß«. In anonymen Google-Suchanfragen lauten die Worte, die am häufigsten zusammen mit »mein Ehemann« eingegeben werden, »fies«, »nervig«, »Vollidiot« und »schwul«.[62]

Wir lügen uns in den sozialen Medien auf so viele Arten etwas vor, um gut auszusehen und vor uns selber gut dazustehen, dass man sie unmöglich alle erfassen kann. Das hochintellektuelle *Atlantic*-Magazin und der eher unbedarfte *National Enquirer* haben eine ähnlich hohe Auflage und werden ähnlich oft gegoogelt. Und doch hat *Atlantic* 27 Mal mehr Facebook-Likes.[63] Der beliebteste Pornofilm im Internet ist anscheinend *Great Body, Great Sex, Great Blowjob* – mit mehr als 80 Millionen Aufrufen. Facebook-Likes hat er aber nur ein paar Dutzend, meistens von Pornostars. Dies alles hat den Statistiker Seth Stephens-Davidowitz zu der Schlussfolgerung veranlasst:[64]

> In der Facebook-Welt scheint der durchschnittliche Erwachsene glücklich verheiratet zu sein, in der Karibik Urlaub zu machen und die *Atlantic* zu studieren. In der realen Welt sind viele Menschen wütend, schielen in der Supermarkt-Warteschlange auf den *National Enquirer*, ignorieren die Anrufe ihres Partners, mit dem oder der sie schon jahrelang nicht mehr geschlafen haben … In

der Facebook-Welt postet ein Mädchen 26 glückstrahlende Fotos vom tollen Wochenend-Trip mit ihrem Freund. In der realen Welt googelt sie gleich danach: »Mein Freund will keinen Sex mit mir.« Und ihr Freund schaut (vielleicht zur gleichen Zeit) »Great Body, Great Sex, Great Blowjob«.

Das Endresultat dieser ganzen Selbstüberhöhungs-Propaganda: Wir fühlen uns alle unvollkommen, weil wir unsere tatsächliche Erfahrung mit dem geschönten Social-Media-Image von anderen vergleichen. In Verbindung mit dem Suchtpotenzial der Kicks für das Selbstwertgefühl, die in jedem neuen Like oder Follower stecken, verstrickt uns unsere Zeit auf Facebook oder Instagram immer tiefer in das Gefühl, nicht gut genug zu sein – wir sind weniger erfolgreich als andere und verpassen den ganzen Spaß. Und das macht uns natürlich noch süchtiger nach Streicheleinheiten.

Wir sehnen uns danach, das perfekte Selfie zu posten (was erklärt, warum *Selfie* 2013 das Wort des Jahres war[65] und eine Google-Suchanfrage mir heute 10.100.000 Videos zum Thema »Wie man ein tolles Selfie macht« geliefert hat). Die zunehmende Bildschirmkommunikation über Zoom und FaceTime hat zu einer Explosion von *Zoom-Dysmorphie-Störungen* geführt – die Menschen bemühen kosmetische Maßnahmen gegen das, was sie auf dem Bildschirm als Makel in ihrem Gesicht wahrnehmen.[66] Und wenn Sie gerade auf Partnersuche sind, dann können Sie mit Match, Tinder oder Bumble den ganzen Tag auf der Selbstwert-Achterbahn rauf und runter fahren.

So beunruhigend diese Reaktionen alle sind, es gibt doch einen Silberstreif am Horizont. Wenn Sie unzufrieden sind, weil Sie sich auf Facebook oder Instagram mit jedem und jeder vergleichen, den/die Sie jemals kennengelernt haben, Sie sich Sorgen um Ihr Erscheinungsbild auf Zoom machen oder Sie der Besuch auf Dating-Seiten ohne Ende stresst, dann sind Sie nicht allein. Es ist kein Beleg für Ihre Unzulänglichkeit, sondern das natürliche Resultat der Kollision von moderner Technik mit unserer evolutionär eher primitiv gestrickten Primaten-Natur. Und in diesem Boot sitzen wir alle.

Glücklicherweise gibt es Gegenmittel gegen die von den sozialen Medien geschürte Sucht nach Selbstwert-Kicks, und wir werden sie uns gleich anschauen. Zunächst aber könnten Sie einmal versuchen, sich die Höhen und Tiefen bewusst zu machen, die Sie beim Konsum sozialer Medien erleben. Und wenn Sie feststellen, dass er Sie eher deprimiert, erwägen Sie eine Reduktion Ihrer Bildschirmzeit. Und jedes Mal, wenn Ihnen flau wird, weil Ihr Post kein Like hat; weil Sie sehen, wie jemand anderes erfolgreich ist; oder wenn sich niemand für Ihr neues Profilbild interessiert – denken Sie einen Moment an all die anderen Leute auf der Welt, die auf Social Media sind und genau in diesem Moment denselben Schmerz erleben. Vielleicht fühlen Sie sich nicht mehr so allein.

Selbstkontrolle, nicht Selbstwert

Roy Baumeister, weltweit wohl der erfahrenste Experte zum Thema Selbstwertgefühl, hat in einem Überblicksartikel den Forschungsstand so resümiert: »Nach all diesen Jahren, ich muss es leider sagen, lautet meine Empfehlung: Vergesst das Thema Selbstwert-Gefühl und konzentriert euch auf Selbstkontrolle und Selbstdisziplin.«[67] Die Selbstwert-Bewegung scheint nach hinten losgegangen zu sein. Statt unsere Kultur mit zufriedenen, produktiven Bürgern zu bereichern, hat sie uns beigebracht, mühelose Erfolge zu erwarten und zutiefst enttäuscht und beschämt zu sein, wenn unsere Leistungen den (oft übersteigerten) Erwartungen nicht gerecht werden. »Normal« zu sein, »Durchschnitt«, oder gar, Gott behüte, »gewöhnlich«: in einer Welt, die nur auf Stars, Promis und Reiche schielt, ist man damit gescheitert.

Was können wir in dieser misslichen Lage tun? Wenn wir mit der Erziehung von Kindern zu tun haben, dann sollten wir uns gut überlegen, ob wir ihr Selbstwertgefühl fördern wollen. Das heißt nicht, dass wir Kinder für ihre Leistungen nicht loben. Aber es heißt, eine neue Gewohnheit zu entwickeln und Werte zu betonen: wie zum Beispiel, dass man hart arbeiten muss, wenn man ein Ziel erreichen will; dass man auf andere Rücksicht nimmt und sich klarmacht, dass alle mal gewinnen, mal verlieren und das Leben einmal nach Wunsch verläuft und ein andermal wieder nicht. Es bedeutet auch, auf eine andere Weise zu ihren Herzen zu sprechen – ihre schmerzlichen Enttäuschungen zu lindern, indem wir sie wissen lassen, dass auch wir uns schlecht fühlen, wenn wir erfolglos sind oder nicht bekommen, was wir möchten. Wir könnten sie sogar zu impfen versuchen gegen die toxischen Aspekte der sozialen Medien, die uns nicht nur nach Streicheleinheiten fürs Selbstwertgefühl süchtig machen, sondern auch anfällig für endlose Vergleiche zwischen unserem Innenleben und den Hochglanzbroschüren der anderen.

Wie können wir verhindern, dass diese kulturellen Einflüsse uns als Erwachsene in Besitz nehmen? Zusätzlich zu einer Neubewertung unseres Strebens nach einem guten Selbstbild und unseres Verhältnisses zu den sozialen Medien könnten wir auch ein scharfes Auge auf alles haben, was uns vermitteln will, wir sollten Spitze sein. Je klarer wir solche Signale sehen, desto eher haben wir die Chance, gegen den Strom zu schwimmen. In den nächsten Tagen könnten Sie einmal das folgende Gedanken-Verwandlungsprojekt ausprobieren:

Übung: Gegen den Strom schwimmen

Versuchen Sie im Laufe der kommenden Woche einmal, aufmerksam zu werden, wenn Sie sich durch irgendeinen Auslöser in etwas verstricken, was die Selbstwertproblematik anheizt. Das könnte ein Moment sein, in dem Sie gelobt werden: wenn andere Ihnen sagen, wie wunderbar Sie sind. Oder es könnte ein Moment der Kritik oder der Ablehnung sein: wenn andere Ihnen gegenüber uninteressiert oder ablehnend wirken.

Vielleicht hören Sie innere Stimmen, wie etwa »Ich bin was Besonderes, mir steht mehr zu« oder das Gegenteil: »Ich bin nicht gut genug.« Beobachten Sie die Gefühle, die mit jedem dieser Urteile aufkommen.

Nehmen Sie wahr, wann Sie sich den anderen voraus oder aber den anderen unterlegen fühlen. Versuchen Sie besonders auf Glaubenssätze aufmerksam zu sein, wie kompetent, gut, nett oder speziell Sie sein sollten – in Bereichen, die Ihnen wichtig sind. Versuchen Sie, Enttäuschung, Ablehnung, Misserfolg oder Momente, in denen Sie sich schämen, als Scheinwerfer auf die Illusionen zu benutzen, die Sie in den eigenen Ansprüchen gefangen halten.

Je klarer wir diese Kräfte wirken sehen, desto weniger werden sie uns einfangen können. Und je weniger sie uns einfangen können, desto zufriedener und freundlicher werden wir sein können – zu uns selber und zu anderen.

Eine andere Möglichkeit, wie wir uns gegen die Ansprüche wehren können, immer überdurchschnittlich sein zu müssen: sich regelmäßig daran zu erinnern, dass wir alle im selben Boot sitzen, und die gemeinsame Menschlichkeit anzunehmen. Auf diesem Spielfeld ist es schön, *nichts* Besonderes zu sein, sondern zu wissen, dass wir in unserem Schmerz nicht alleine sind.

Natürlich gibt es Situationen, wo ein Erfolg im Wettbewerb über etwas Wichtiges entscheidet und wir unser Bestes geben müssen. Aber es gibt auch viele andere Gelegenheiten, wo es wirklich in Ordnung wäre, Durchschnitt zu sein oder sich an einer Aktivität einfach zu freuen, ohne sie zu beurteilen. Wie anders könnte Ihr Leben sein, wenn Sie in solchen Momenten nichts Überdurchschnittliches oder Besonderes sein müssten? Wenn Sie sich liebenswert und wertvoll fühlten so, wie Sie sind, und sich nicht beweisen müssten? Wie anders könnte Ihr Leben sein, wenn Sie Ihre Zeit und Energie nutzen würden, um Ihre Interessen zu verfolgen und sich darauf zu konzentrieren, was Ihnen wirklich wichtig ist? Hier ist eine kleine Übung als Vorgeschmack auf diese Freude des Gewöhnlich-Seins.

Übung: Die Gewöhnlichkeit wählen

Rufen Sie sich ein paar Herausforderungen der letzten Woche ins Gedächtnis zurück. Wann haben Sie sich dabei besonders genötigt gefühlt, gute Arbeit zu liefern? Wann haben Sie versucht, netter, schlauer, stärker, großzügiger, cleverer, lustiger, sorgfältiger, attraktiver oder sonstwie überdurchschnittlich zu sein? Bei welcher Tätigkeit haben Sie versucht, einem inneren Idealbild Ihrer selbst gerecht zu werden?

Was wären die Konsequenzen davon gewesen, in diesen Situationen ganz gewöhnlich oder durchschnittlich zu sein? Hätten Sie weniger Geld verdient, wären Sie weniger beliebt gewesen oder hätten sonst etwas verpasst? Hätte das, über das momentane kleine Tief in Ihrem Selbstwertgefühl hinaus, wirklich etwas ausgemacht? Wären Sie zur Selbstkritik verdammt gewesen?

Fokussieren Sie sich nun auf Aktivitäten, in denen es sich bei etwas Nachdenken klar zeigt, dass es nicht um ein Erfüllen von Ansprüchen oder um Wettbewerb geht. Vielleicht Momente mit Freunden oder dass Sie anderen helfen oder einfach aus Spaß etwas tun, was Sie interessiert. Ist es einfacher, bei solchen Dingen Durchschnitt, normal, gut genug zu sein?

Und schließlich: Haben Sie auch Momente, in denen Sie einfach nur mit etwas beschäftigt sind, zum Beispiel ein Eis essen, einen Film schauen oder beim Schwimmen das kühle Wasser auf dem Körper spüren? Wenn Sie einfach ohne zu urteilen präsent sind? (Je mehr wir uns mit unserer Gewöhnlichkeit anfreunden, desto häufiger werden diese Momente.)

Erlauben Sie sich in den kommenden Tagen, die Situationen wahrzunehmen, in denen es völlig in Ordnung wäre, gewöhnlich zu sein, genau so zu sein, wie Sie sind, und probieren Sie es aus.

Wenn Inna sich fürs Gewöhnliche entschied, blieb sie Samstagabend zu Hause und putzte ihr Aquarium – ein Hobby, das ihr seit Teenagertagen Freude machte und gut tat. Für Zev war es, mit seinen Kindern Fangen zu spielen und etwas für sich zu tun, indem er ausgiebig joggen ging. Cindy verbrachte einen Nachmittag damit, einen Roman zu lesen. Gewöhnliche Leute, freie Menschen, die sich gewöhnliche Dinge erlauben und weder sich noch anderen etwas beweisen müssen.

So eine Einstellung kann ein wunderbares Mittel gegen die Social-Media-Achterbahn sein. Antoine zum Beispiel war gerade vierzig geworden und trieb sich wieder in der Online-Dating-Szene herum, nachdem er und sein Freund sich nach vier Jahren getrennt hatten. Seine Meinung über sich selber schwankte heftig – reagierte ein aufregender Typ auf ihn, dann fühlte er sich als toller Hecht; behandelte man ihn wie Luft, dann fühlte er sich wieder so wie damals in der neunten Klasse, wenn er allein zu Hause saß. Wenn er dann noch einen Post seines Ex sah, der etwas Cooles gemacht hatte, wollte er sich nur noch in ein Mauseloch verkriechen.

Die Höhen waren toll, aber die Tiefen waren schrecklich. »Was stimmt nicht mit mir?« »Wieso habe ich überhaupt kein Selbstvertrauen?« »Werde ich mich jemals wieder geliebt fühlen?« Er begann zu sehen, dass er sein ganzes Leben lang ein Einzigartigkeits-Junkie gewesen war, auf der Jagd nach dem Gefühl, besser zu sein als andere, beliebter, beim Sport, bei der Arbeit – praktisch bei allem. Aber in diesem Dating-Universum war es ganz klar unmöglich, dauernd zu gewinnen.

Also experimentierte Antoine damit, die Vorstellung loszulassen, etwas Besonderes zu sein, ein Ideal erfüllen zu können. Er experimentierte damit, seine Freunde und seine Familie wissen zu lassen, wie unsicher er sich fühlte, und versuchte sich bewusst daran zu erinnern, dass er ein einfach menschliches Wesen war wie alle anderen, die sich durchs Leben kämpfen. Er begann sich regelmäßig zu fragen: »Was würde ich jetzt tun, wenn ich nichts zu beweisen hätte?« – und das dann zu tun. Die Antworten waren unterschiedlich: spazieren gehen, die Wohnung aufräumen, Abendessen machen, einen Freund anrufen. Er fühlte sich zwar verletzlicher, aber ihm wurde auch innerlich wärmer, er hatte weniger Angst vor dem nächsten ablehnenden Linkswischer auf Tinder*, war offener, mehr mit Freunden, Familie, Kollegen, ja sogar Fremden verbunden. Vielleicht musste er nicht gewinnen, um zufrieden zu sein.

Wir werden in den kommenden Kapiteln noch mit weiteren Möglichkeiten experimentieren, wie wir die Wohltaten einer bewusst gelebten Gewöhnlichkeit genießen können. Zuerst sollten wir unsere Aufmerksamkeit aber noch einmal auf ein paar ältere soziale Triebkräfte richten, die uns vielleicht abschrecken und in Denkweisen der Ichbezogenheit gefangen halten. Diese Triebkräfte sind viel älter als die Selbstwert-Bewegung und die sozialen Medien. Eine besonders weit verbreitete und besorgniserregende, im Jahre 1899 zu ersten Mal beim Namen genannt, ist nicht nur im Menschen, sondern auch in anderen Spezies tief verwurzelt – sogar Pfauen fallen drauf rein. Schauen wir einmal, ob auch Sie schon ihr Opfer geworden sind.

* Die Bewegung, mit der man auf dem Smartphone einen Kontaktvorschlag löscht (Anm. d. Übers.).

7 Statussymbole und anderer Konsum-Terror

Wir kaufen Dinge, die wir nicht brauchen,
mit Geld, was wir nicht haben, um Leute
zu beeindrucken, die wir nicht mögen.

WILL ROGERS

Von Luxusautos hörte ich das erste Mal, als ich acht Jahre alt war. Wir standen in der Einfahrt unseres Vorstadt-Anwesens auf Long Island, und mein Vater, der gerne andere belehrte, verkündete: »Das da ist ein Cadillac. Das ist ein Statussymbol. Das kaufen sich die Leute, um anderen Leuten zu zeigen, dass sie genug Geld haben, sich einen zu kaufen.«

Mein Papa war ungewöhnlich. Er hatte Volkswirtschaft unterrichtet und betrachtete die Welt mit den Augen eines Wissenschaftlers. Es kam uns beiden also vollkommen normal vor, dass er fortfuhr: »1899 hat ein gewisser Thorstein Veblen ein Buch geschrieben, das ›Theorie der feinen Leute‹ hieß. Er war der erste Wirtschaftswissenschaftler, der den Ausdruck ›demonstrativer Konsum‹ gebrauchte. Veblen hatte gemerkt: Sobald sie genug Geld haben, um ihre materiellen Bedürfnisse zu stillen, fangen die Menschen an, Dinge einfach nur zu kaufen, um anderen

Menschen zu zeigen, dass sie sie kaufen können. Damit wollen sie ihren Sozialstatus erhöhen.«[68]

Ich habe erst Jahre später verstanden, dass nicht viele Väter auf solche Art mit ihrem achtjährigen Sohn reden. Aber ich bin dankbar für Papas Einsichten. Sie haben dieses Buch mit inspiriert. Ich bin sicher süchtig nach allen möglichen sozialen Vergleichen, mein Selbstwertgefühl geht ziemlich regelmäßig rauf und runter, und ich bin für Scham oder Ablehnung genauso anfällig wie jeder andere – aber in die Falle des demonstrativen Konsums bin ich nie getappt. (Allerdings ist diese Beobachtung der Köder für die nächste Falle, denn es ist ja einfach, die lächerlichen Strategien zu durchschauen, mit denen andere ihr Selbstbild ausstaffieren, und sich wunder wie scharfsinnig und klarsichtig vorzukommen, weil man »auf so was« ja »nicht reinfällt«.)

Demonstrativer Konsum ist überall. Unser Gehirn ist so angelegt, und wir sind von Werbung umgeben, die unsere Gefühle, wer wir sind und wie wir gesehen werden wollen, ausnutzt. Das Resultat ist, dass Millionen Menschen über ihre Verhältnisse leben oder sich mit unmöglichen Arbeitszeiten abfinden, weil sie sich genötigt sehen, für sich oder ihre Lieben Statussymbole zu kaufen. Ob das Markenturnschuhe sind, Designer-Handtaschen, trendige Jeans, das neueste iPhone oder Luxusautos (Cadillacs sind allerdings out – heute brauchen Sie einen Jaguar, Porsche oder Lamborghini): Demonstrativer Konsum ist überall.

Ganz besonders amüsieren mich die Kategorien, die die Fluggesellschaften erfunden haben, um aus unserer Prestige-Sucht Kapital zu schlagen. So wartete ich zum Beispiel eines Tages auf den Beginn des Boardings für meinen Flug. Als Erstes kamen die Passagiere der ersten Klasse dran. Gut, sie hatten für ihre Plätze viel mehr bezahlt, also durften sie als Erste rein. Als nächstes wurden die Passagiere der Kategorie »Executive Platinum Plus« aufgerufen, gefolgt vom nackten »Platin« ohne was dazu, danach von »Gold« und »Silber« und schließlich von mir – einem der acht restlichen Prols, die sich auch noch an Bord quetschen durften. Ja, es ist einfacher mit dem Handgepäck, wenn man früher zusteigen darf, aber was den Rest angeht, wird ein Statussymbol verkauft – loyale Kunden bekommen das Gefühl, privilegiert zu sein. Die hochrangigen Passagiere durften sich sogar auf der *bevorzugten* Seite des Flugsteigs anstellen. Gott sei Dank hatte ich, obwohl bei der Airline schlecht angesehen, die »Preferred-Rewards-Platinum-Honors«-Kreditkarte meiner Bank dabei und konnte es daher wagen, mich in der Öffentlichkeit zu zeigen …

Es ist ganz natürlich

Einmal flog ich Business Class nach Asien, und wider besseres Wissen fühlte ich mich ein paar Stunden lang tatsächlich als etwas Besonderes, wobei ich mir deswegen gleichzeitig wieder lächerlich vorkam. Apropos Fliegen: Ich war erleichtert zu hören, dass zum einen nicht nur demonstrativer Konsum etwas universal Menschliches ist, sondern dass sogar Vögel darauf reinfallen.

Auch schon einmal gewundert, warum männliche Pfauen diese riesigen, in allen Farben leuchtenden Schwanzfedern haben? Das Wachstum dieser Federn verbraucht eine Menge biologischer Ressourcen, behindert die Bewegung und lockt Fressfeinde an. Also warum sind sie entstanden? Wie um alles in der Welt können gigantische Federn dem Überleben des Pfauen dienen?

Es stellt sich heraus, dass die Federn im Grunde eine Form des demonstrativen Konsums sind. Sie signalisieren den Pfauenweibchen: »Ich bin so außerordentlich stark und gesund, dass ich es mir leisten kann, alle meine Ressourcen in meine Schwanzfedern zu stecken und trotzdem zu überleben.«[69]

Der Raubwürger, ein Vogel, der in der Negev-Wüste lebt, ist uns noch ähnlicher. Bevor die Brutzeit beginnt, sammeln die Männchen Essbares, zum Beispiel Schnecken, und nützliche Gegenstände wie Federn und Stoffstücke – insgesamt rund 90 bis 120 solcher Dinge. Dann hängen sie diese an Dornenzweige und Äste in ihrem Revier, um ihren Reichtum zu demonstrieren.[70] Die Weibchen prüfen diese Sammlungen, wählen die Männchen mit den beeindruckendsten Sachen und lassen die Männchen ohne Ressourcen links liegen. (Kein Wunder, dass Partner*innensuche so schmerzhaft ist.)

Warum tun wir das?

Wie bei den Pfauen und den Raubwürgern ist unser Drang, durch Zurschaustellung materiellen Reichtums sozialen Status zu gewinnen, darauf angelegt, unsere DNA weiterzutragen. Die Männchen geben an, und die Weibchen scharen sich um die Angeber, um ihre Fortpflanzungsaussichten zu steigern. Es ist deshalb nicht überraschend, dass, historisch gesehen, Fischer die Größe ihres Fangs übertrieben, Bauern mit der Größe ihres Gemüses geprahlt und Jäger sich mit der Größe der erlegten Tiere gebrüstet haben.[71] (Leider hat uns die zunehmende Geschlechtergerechtigkeit von diesen Dingen, die uns so sehr beschäftigen, noch nicht befreit. In einer kürzlichen Studie mit über 3000 Probanden und Probandinnen aus 36 Ländern legten Frauen bei der Partnerwahl immer noch höheren Wert auf gute finanzielle Aussichten, während Männer mehr Wert auf das Äußere legten, egal, ob in der Gesellschaft, in der sie lebten, starke Gleichberechtigung mit guten Verdienstchancen für Frauen herrschte oder nicht.)[72]

Wenigstens taten die Fischer, Bauern und Jäger nach außen kund, dass sie notwendige Ressourcen auch liefern konnten. Aber viele unserer heutigen Statussymbole signalisieren, wie die Federn des Pfaus, Status und Mannestugend ja genau dadurch, dass sie so nutzlos, überflüssig oder selten sind, dass nur die Reichen oder Mächtigen das nötige Kleingeld dafür übrig haben.

Mein Freund Gustavo war ein Arbeiterkind, war als Kind schon übergewichtig und hatte jahrelang das Gefühl, es einfach nicht zu packen. Als er schließlich mit dreißig das erste Geld verdiente, holte er sich teure Klamotten, kaufte einen Sportwagen, ging in schicke Bars und kam sogar an den einen oder anderen Promi ran. Aber nichts von alldem konnte ihm auf Dauer seine Minderwertigkeitskomplexe nehmen. »Ich wollte immer noch ausgefallenere Sachen und noch tolleren Urlaub. Aber erst, als ein Drittel meines Gehalts für Überziehungszinsen draufging, merkte ich, dass ich auf die Bremse treten musste. Und ich kam mir so blöd vor.«

Mit vierzig landete Gustavo dann einen Treffer. Er lernte eine Frau kennen, die auf ihn einging, psychologisch feinfühlig war und sich für Spiritualität interessierte. Von ihr ermutigt, begann er zu meditieren und mehr auf seine Gefühle zu hören. Am Anfang war das nicht schön: »Aus meiner Kindheit war noch so viel Scham und Traurigkeit da. Es war mir peinlich, dass ich arm war – und dazu auch noch dick!« Als er aufhörte, seinen Schmerz mit Statussymbolen lindern zu wollen, begann er, sich am einfachen Da-Sein mehr zu freuen. »Zum ersten Mal in meinem Leben habe ich Gefallen an den einfachen Sachen im Leben gefunden: den Vögeln draußen, einem Abend mit Freunden, zu Hause kochen statt ins Schickimicki-Restaurant gehen.« Er verkaufte den Sportwagen und brachte seine Finanzen in Ordnung. »Ich fühle mich wie ein Vollidiot, dass ich auf diesem Konsum-Trip war. Ich bin froh, dass er vorbei ist.« Er und seine Freundin heirateten, gaben ihre Jobs auf, reisen nun um die Welt und lehren Meditation – sie leben frugal, sind glücklich, posten aber auf den sozialen Medien nichts, was ihre Freunde, die zu Hause im Großraumbüro in abgeteilten Kabuffs sitzen, neidisch machen würde.

Das soll nicht heißen, dass wir uns jetzt alle einer freiwilligen Austerität verschreiben müssen, um zufrieden sein zu können. Man kann auf vielen verschiedenen Ebenen Konsument sein und trotzdem blühen und gedeihen. Ob reich oder arm: Es kann nicht schaden, wenn wir die Art, wie wir konsumieren, und unseren Lebensstil unter die Lupe nehmen – damit wir auf eine Weise handeln können, die nicht so auf unser Selbstbild fixiert ist oder darauf, dass andere uns unbedingt mögen sollen.

Demonstrativer Konsum hat viele Gesichter

Die andere Seite der Medaille ist die: Viele, die die hierarchische Natur des demonstrativen Konsums stört und die jedes Marketing misstrauisch beäugen, geben auf andere Arten an. Wir tragen ältere, alltagstaugliche Sachen, keine trendigen Marken-Klamotten, fahren ganz bewusst ein »Nicht-Luxus-Auto« und müssen nicht beim Dinner im schicken Restaurant oder in der Lobby des teuren Hotels gesehen werden. (Das ist jetzt meine Ergänzung, die angesichts meiner Erziehung sicher nicht verwundert.) Aber solche Akte *demonstrativer Askese* verstricken uns ebenfalls in soziales Vergleichen – wir drehen halt nur den Maßstab um und fühlen uns denen überlegen, die ihre Markenklamotten spazieren führen.

Vielleicht möchten Sie folgende kleine Übung ausprobieren, um sich beider Seiten des Spiels mit Namen »demonstrativer Konsum« mehr bewusst zu werden.

Übung: Demonstrativen Konsum (oder sein Gegenteil) erkennen

Nehmen Sie sich ein bisschen Zeit, um über Ihre Konsumgewohnheiten nachzudenken. Haben Sie schon einmal daran gedacht, wie andere Sie sehen würden, wenn Sie ein bestimmtes Kleidungsstück, Auto, Haus, Appartment oder Ähnliches besäßen? Welche Rolle haben solche Gedanken bei Ihren Entscheidungen gespielt? Haben Sie schon einmal erwogen, was andere denken könnten, wenn Sie in einem bestimmten Restaurant essen gehen, in einem bestimmten Hotel übernachten oder ein bestimmtes Urlaubsziel wählen würden? Haben Sie sich schon einmal Sorgen gemacht, andere Leute könnten Sie für nicht fein genug halten? Nicht exklusiv genug? Für zu billig? Wie beeinflussen Ihre Entscheidungen beim Geldausgeben Ihr Selbstgefühl?

Waren Sie schon einmal zufrieden oder gar stolz, wenn Sie ein Besitzstück oder eine Aktivität einer bestimmten Person vorführen konnten, haben sich bei einer anderen Person dafür aber geschämt?

Untersuchen wir als Nächstes die Entscheidungen mit dem größten emotionalen Einfluss. In der ersten Spalte der folgenden Grafik machen Sie eine Liste von Dingen, die Sie erworben oder getan haben und die Ihnen insgeheim (oder auch nicht) ein gutes Selbstgefühl gegeben haben, weil sie irgendwie Ihren Status, Ihre Privilegien, Ihre Tugenden oder Ihre Talente demonstrierten. (Wenn Sie mehr Platz benötigen, finden Sie mit dem Code nd5o7k unter *www.arbor-online-center.de/begleitmaterial* zusätzliches Material.)

In der zweiten Spalte notieren Sie das Gefühl, das die Handlung begleitete, und in der dritten, welches Kriterium im Selbstbild (welches für Sie wichtige Attribut) dabei im Spiel war.

Akt demonstrativen Konsums	Gefühl	Angesprochener Bereich im Selbstbild
1.		
2.		
3.		

Als Nächstes listen Sie Entscheidungen auf, mit denen Sie vielleicht anderen beweisen wollten, wie *wenig* Ihnen am Angeben liegt, wie besonders frei Sie vom Prestigedenken sind (indem Sie zum Beispiel ein altes Auto fahren oder in einer einfachen Kneipe essen gehen). Notieren Sie in der zweiten Spalte wieder das Gefühl und in der dritten das Kriterium im Selbstbild, mit dem Ihre Entscheidung zu tun hatte.

Akt demonstrativer Bescheidenheit	Gefühl	Angesprochener Bereich im Selbstbild
1.		
2.		
3.		

Vielleicht haben manche Ihrer Entscheidungen gar nichts mit Statusdenken zu tun. Auch sie kann man untersuchen – vor allem, weil sie uns einen Weg in die Freiheit zeigen. Wann motivieren andere Interessen Sie zum Geldausgeben? Welche Dinge kaufen oder tun Sie vor allem, weil sie ästhetisch schön sind, nützlich oder Ihr Leben bereichern? Notieren Sie diese Entscheidungen und die Gefühle, die sie auslösen.

Käufe, die nichts mit dem Selbstwertgefühl zu tun haben	Ausgelöste Gefühle
1.	
2.	
3.	

Mir persönlich hat diese Übung einen kleinen Dämpfer verpasst. Ich habe bemerkt, dass trotz der frühen Schulung durch meinen Vater ein großer Teil meiner Kaufentscheidungen mit Themen des Selbstwertgefühls zu tun hat und auf den ersten beiden Listen landet, obwohl eher demonstrative Bescheidenheit mein Ding ist. Ich habe sogar entdeckt, dass ich mich zugleich gut und schlecht fühlen kann: dass ich nämlich gleichzeitig zu vornehm und zu prolohaft wirken könnte (fühle mich cool und stilbewusst, weil ich viel herumgereist bin, und schäme mich, dass ich so privilegiert bin). Je klarer ich meinen demonstrativen Konsum und meine demonstrative Bescheidenheit sehe, desto weniger Macht haben sie und desto freier bin ich, andere, vernünftigere Kauf- (oder Nicht-Kauf-)Motive in den Blick zu nehmen.

Signale der Klassenzugehörigkeit

Aus der Sozialpsychologie wissen wir, dass wir uns binnen Minuten, nachdem wir anderen Menschen begegnet sind, ein Urteil über deren Klassenzugehörigkeit bilden.[73] Die Kriterien haben sich im Lauf der Zeit geändert, aber das Signalisieren ist geblieben. Vor hundert Jahren schätzten wohlhabende Weiße eine ungebräunte Haut über alles, da sie zeigte, dass sie keine Feldarbeit leisten mussten; heute gehen sie ins Sonnenstudio und riskieren Hautkrebs, um zu signalisieren, dass sie genug Freizeit haben, um sich in der Sonne aufzuhalten. Große Muskeln zu haben bedeutete einst, dass man Arbeiter war; heute bedeutet es, dass man Zeit, Geld und Disziplin hat, sich fit zu halten. Welche Rolle spielt die Klassenzugehörigkeit in Ihrem Selbstbild und den sozialen Vergleichen, die Sie treffen?

Übung: Meine Klassen-Autobiographie

Versuchen Sie zu erinnern, wann Ihnen zum ersten Mal Ihre ökonomische oder soziale Klassenzugehörigkeit bewusst wurde – wann Sie zum ersten Mal bemerkten, dass andere Leute mehr oder weniger hatten als Ihre Familie. (Meine früheste Erinnerung ist, dass meine Mutter wieder in ihren Beruf als Lehrerin zurückkehrte und meine Eltern eine Pflegemutter engagierten, die zu Hause auf mich aufpasste. Sie benutzte den

Bus, um zu uns zu kommen, während wir ein Auto hatten. Mir war der Unterschied unangenehm.)

Schweifen Sie nun weiter und reflektieren Sie über spätere Phasen Ihres Lebens, in denen soziale Klassenunterschiede in gewissen Momenten Gefühle auslösten. Vielleicht stoßen Sie auf ein paar der schmerzhafteren Momente; ob Sie sich anderen über- oder unterlegen fühlten; privilegierter oder weniger privilegiert; und auf Ihre Emotionen in jeder Situation. (Mir waren beide Positionen unangenehm – in der höheren Position schuldbewusst und den Neid anderer fürchtend; in der niedereren Position fürchtend, man würde auf mich herabsehen.)

Erinnern Sie sich nun an die Signale, die Sie vielleicht ausgesandt haben, um Ihre Klassenzugehörigkeit zu verschleiern oder zu beschönigen (vielleicht haben Sie versucht, Ihre Position nicht zu verraten oder sich ganz ungezwungen zu geben, obwohl Sie sich fehl am Platze fühlten).

Wir können Klassenunterschiede zwar nicht verschwinden lassen, aber ihren Einfluss verringern, indem wir uns unserer Wertungen bewusst sind und wahrnehmen, wie sie unser Selbstbild beeinflussen. Das macht es leichter, mit anderen auszukommen.

Die Alternative, nämlich in sozialen Klassenvorstellungen zu verharren, verursacht eine Menge unnötiges Leid. In meiner Laufbahn als Psychologe habe ich viele Patienten erlebt, die in wirtschaftlich benachteiligten Familien aufwuchsen und es durch Bildungs- oder geschäftliche Erfolge in wohlhabendere Kreise schafften. Ich war immer wieder berührt, wie hartnäckig und schmerzhaft die Gefühle solcher Menschen sind, nicht dazuzugehören, weniger wert zu sein.

Joes Eltern hatten die High School absolviert, legten Wert auf harte Arbeit und sparten, um ihn auf eine konfessionelle Schule schicken zu können. Er kam mit dem wissenschaftlichen Lernen gut klar, war fleißig und schaffte es in die Verwaltung einer Universität.

Das Problem war: Er liebte die geistige Welt der Gedanken und Ideen, fühlte sich aber sozial fehl am Platz. Der Großteil des Lehrkörpers, die Kollegen in der Verwaltung und die Studierenden kamen aus wohlhabenderen Kreisen, und er bemerkte immer wieder, dass er gewisse Anspielungen nicht verstand oder durch sein Verhalten auffiel. Das gab ihm jedes Mal einen Stich, er schämte sich und dachte, dass sie auf ihn herabsehen würden, wenn sie wüssten, wo er herkam – als sei er ein Hochstapler und würde alles nur vortäuschen.

Nach Jahren vergeblicher Anpassungsversuche sagte Joe irgendwann zu einem Kollegen: »Weißt du, mein Vater war Zimmermann, und niemand aus meiner Familie hat studiert. Ich fühle mich hier bei den Handwerkern oft wohler als mit euch Verwaltungsleuten.« Dass er es aussprach, veränderte sein Denken. »Mann, ich bin gern in meiner alten Wohngegend. Es ist egal, was man anhat, und man kann seine Meinung sagen. Es ist egal, was man arbeitet – man ist ein Nachbar, also kann man auch zum Barbecue kommen.« Zwar fühlt er sich manchmal immer noch fehl am Platz, aber seither fühlt er sich wohler in seinem Beruf, fühlt sich nicht mehr minderwertig.

Die meisten meiner Patienten, die, so wie Joe, in diesem Bereich Freiheit gefunden haben, haben sich in einem ersten Schritt ihr Unbehagen eingestanden. »Schreiben habe ich immer gehasst – ich habe Angst, ich benutze ein falsches Wort.« – »Ich kann es nicht leiden, wenn Leute über ein Buch oder Theaterstück reden, von dem ich noch nie was gehört habe.« Es geht ihnen auch oft besser, wenn sie mit ihrer Herkunft offener umgehen. »Dieses Wort höre ich zum ersten Mal in meinem Leben.« – »Nee, ich glaube, meine Eltern sind kein einziges Mal im Theater gewesen.«

Natürlich ist es schwerer, sich in der eigenen Identität und Herkunft wohlzufühlen, wenn man abwertenden Bemerkungen oder Mikro-Aggressionen ausgesetzt ist. Das kann sich gegen soziale Schicht, Rasse, Ethnie, Geschlecht, Nationalität oder sexuelle Orientierung richten – die Liste ist lang, und es kann wichtig sein, diese Dinge beim Namen zu nennen. »Wissen Sie, ich fühle mich abgewertet, wenn Sie so über Arbeiter reden.« – »So eine Bemerkung macht mir Unbehagen.« Es geht nicht darum, dass wir nicht unterschiedlich wären – es ist der Glaube und die Aussage, eine Klasse oder Gruppe sei *besser* als eine andere, was so deprimierend ist. Sich mit anderen zu verbinden, die eine oder mehrere Identitäten mit uns teilen, und zusammen die Aussagen zu untersuchen, die über diese Identitäten getroffen werden: Das kann helfen, sämtliche Annahmen zu Über- oder Unterlegenheit aus dem Weg zu räumen.

»Mögest du sehr beschäftigt sein«

Vor ein paar Jahren schrieb einmal ein Anthropologe aus Thailand an seinen amerikanischen Kollegen. Er beendete den Brief mit dem Satz: »Mögen Sie sehr beschäftigt sein.« Der Amerikaner war irritiert und rief seinen Kollegen an, um zu fragen, was er meinte. Der thailändische Professor erklärte: »Ich habe den Eindruck, dass es in Ihrer Kultur ein Statussymbol ist, wenn man viel zu tun hat. Die Patienten warten auf den Arzt, die Anwälte warten auf den Richter, die Vizechefs warten auf den Chef. Ich wollte nur nett sein und Ihnen einen hohen Sozialstatus wünschen.«

Damit kommen wir zu einem weiteren Bereich verrückter Statussymbole. Die Klage, man habe zu viel zu tun, ist in der Kunst bescheidener Angeberei heute der Klassiker. »Wie geht's?« – »Ganz gut, aber zwischen den vielen Fernseh-Interviews und den Gipfeltreffen bleibt mir einfach zu wenig Zeit für die Familie.«

Ich gehe regelmäßig in diese Falle. Aus Angst, eine Gelegenheit zu verpassen, plane ich zu viele professionelle Termine. Das hält mir meine Selbstwert-Krisen ziemlich zuverlässig vom Leib – für eine gewisse Zeit. Wenn ich Mords-Stress habe, meine To-do-Liste abzuarbeiten, und für alltägliche Tätigkeiten keine Zeit mehr bleibt, dann darf ich mich wichtig fühlen. Aber wie bei jeder Wichtigtuerei hält das gute Gefühl nicht lange vor. Früher oder später kommt die Enttäuschung und der Knall – und ich merke, dass all meine Geschäftigkeit mich in der Tat daran gehindert hat, genug Zeit für Familie und Freunde zu haben.

Prüfen Sie das einmal anhand der eigenen Erfahrung. Haben Sie sich schon einmal wichtig gefühlt, weil Sie so beschäftigt waren? Weil Andere Sie brauchen oder etwas von Ihnen erwarten? Weil Sie nicht genug Zeit für alltägliche Tätigkeiten oder Vergnügungen haben? Fühlen Sie sich weniger bedeutend oder wichtig, wenn Sie mehr freie Zeit haben? Sich solcher Muster bewusst zu sein, kann es Ihnen erleichtern, gelegentlich auch einmal »nein« zu einer neuen Verpflichtung zu sagen und mehr offenen Raum zuzulassen – damit wir Dankbarkeit für die kleinen Dinge kultivieren können, reichere Verbundenheit schaffen und uns neuen Erfahrungen öffnen können.

Menschliche Federn

Warum ändern sich modische Stile so oft? Wie kommt es, dass wir einen Film auf Anhieb zeitlich einordnen können, nur aufgrund der Kleidung der Schauspieler? Und warum verwenden wir so viel Zeit und Geld darauf, für einen bestimmten Anlass die passende Garderobe auszusuchen?

Natürlich brauchen wir Kleidung, um trocken und warm zu bleiben, aber die Auswahl unserer Garderobe geht darüber weit hinaus. Sie hat viel damit zu tun, wie wir auf andere wirken wollen. Wir wollen mit der Wahl unserer Kleidungsstücke Sexpartner anziehen, potenzielle Klienten, Kunden oder Arbeitgeber beeindrucken, ja sogar Verfolgung aus dem Wege gehen (wenn wir Mitglieder einer Randgruppe sind).[74]

Mit den jeweils neuesten Modetrends nicht Schritt zu halten kann auch bedeuten, dass wir nicht cool sind, nicht wissen, was angesagt ist, nicht »dazugehören«. Haben Sie sich schon einmal schlecht gefühlt, weil

Sie altmodisch waren? Unsicher gewesen in Sachen Kleidungsstil, besorgt, wie andere Sie beurteilen werden? Unsicher, ob Sie für einen Anlass zu elegant oder zu wenig elegant angezogen sind?* Scharen von Modeberatern machen uns zuerst Angst vor diesen Fettnäpfchen, um uns dann zu helfen, wie man sie vermeidet.

Und dann sind da noch die »Trendsetter«. Nehmen wir zum Beispiel die Hipster. Sie leben gerne in heruntergekommenen Wohngegenden, essen komisches Zeug und tragen Klamotten, die andere grässlich finden – oberflächlich betrachtet, sieht das nicht nach einem sicheren Weg zu hohem Sozialstatus aus. Der Psychologe Steven Pinker erklärt es so:

> Trendsetter sind Mitglieder höherer Schichten, die sich den Stil niederer Schichten zu eigen machen, um sich von der Mittelschicht abzuheben. Diese wiederum würde um nichts in der Welt den Stil niederer Schichten annehmen, weil sie Gefahr laufen würde, mit ihnen verwechselt zu werden.[75] Der Stil sickert nach unten durch und schickt die hippen Leute auf die Suche nach dem nächsten Schocker.

Lernen lässt sich daraus, dass niemand gegen solche Einflüsse immun ist. Was wir anziehen, wo wir wohnen, was wir essen – praktisch signalisiert alles, was wir tun, in gewissen Aspekten auch unseren Sozialstatus. Ich bezweifle, dass es uns gänzlich gelingen wird, das zu überwinden. Zwar genießen Mönche und Nonnen durch ihre standardisierte Garderobe eine gewisse Freiheit, und manche Schulen erleichtern durch die Pflicht zur Schul-Uniform den Kindern das Leben (finanziell und psychologisch), aber Status-Indikatoren lassen sich überall unterbringen. Wann und wo sind Sie dabei? Hier ist eine Übung, um das besser zu erkennen.

---

* Im Original »overdressed« bzw. »underdressed« (Anm. d. Übers.).

Übung: Anderen unter die Kleider schauen

Wenn Sie das nächste Mal unter Leute gehen, versuchen Sie darauf zu achten, auf welche Weise Sie auf Statussignale anderer Leute reagieren. Nehmen Sie wahr, wann Sie auf der Grundlage ihres Erscheinungsbildes andere positiv beurteilen (»die sind harmlos«, »die sind wie ich«, »die sind seriös«, »die sind wichtig«) oder negativ (»die sind gefährlich«, »das ist einer von ›denen‹«, »die sind eklig«). Seien Sie nachsichtig mit sich – wie wir gesehen haben, ist diese Art von Werturteilen etwas sehr Menschliches (andererseits aber auch den Vögeln bekannt).

Sobald Sie ein Urteil bemerkt haben, denken Sie einen Moment darüber nach, dass dieser andere Mensch ein Sohn oder eine Tochter ist, Hoffnungen und Träume gehabt hat, Erfolge und Misserfolge, Freud und Leid erlebt hat, genau wie Sie. Er oder sie ist ein gewöhnliches menschliches Wesen, verletzlich, aber er/sie tut sein Bestes.

Jedes Mal, wenn Sie sich dabei ertappen, dass Sie sich selber oder andere auf der Grundlage des äußeren Erscheinungsbildes beurteilen, können Sie sich an unser aller gemeinsame Menschlichkeit erinnern. Es ist ein großartiges Mittel gegen Schickimicki-Allüren und das unschlüssige Herumstehen vor dem Kleiderschrank.

Ein weiterer Ansatz ist es, negative Urteile über das eigene Äußere absichtlich zu riskieren, um herauszufinden, ob es wirklich wichtig ist (vor einem Vorstellungsgespräch oder einem wichtigen Termin vielleicht keine gute Idee, aber es kann sehr erhellend sein, wenn nicht viel auf dem Spiel steht):

Als Pete auf der Hauptschule war, bekam er schlimme Akne. Andere Kinder riefen ihn »Hey, Pizzagesicht«, und er zog sich zurück und wurde depressiv. Als Heranwachsender begann er, die neueste Mode zu tragen und sich sorgfältig zu pflegen. Nun, in mittleren Jahren, Akne längst kein Thema mehr, war Pete gestresst, weil er viel kostbare Freizeit auf Kleiderkauf und -pflege verwendete und jeden Morgen ewig vor dem Spiegel stand, um ja gut auszusehen. Dann schlang er meist schnell sein Frühstück hinunter, sagte Frau und Kindern flüchtig »Hallo« und hastete zur Arbeit. Seine heranwachsende Tochter klagte, vor einer schulischen Veranstaltung sei *sie* es, die warten müsse, bis er fertig sei. Irgendetwas stimmte in diesem Bild nicht.

Also versuchte Pete ein Experiment. An freien Tagen ging er absichtlich unrasiert und ungekämmt aus dem Haus und trug alte Sachen. Am Anfang machte ihn das nervös – was würden die anderen denken? Aber nach kurzer Zeit stellte er fest, dass es überhaupt keine Rolle spielte. Er durfte trotzdem noch in den Supermarkt und in den Baumarkt. Die anderen Leute waren mit sich selber beschäftigt, und es war ziemlich egal, wie er aussah. Es half ihm, weniger pingelig zu sein, und er hatte mehr Zeit für seine Familie. Jetzt war er es, der jammern konnte, er müsse immer auf seine Tochter warten.

Die Kluft wächst

Ende des 19. Jahrhunderts sagte der Industrielle J.P. Morgan, er würde nie in eine Firma investieren, deren Direktoren mehr als das Sechsfache des Durchschnittslohnes ihrer Mitarbeiter verdienten.[76] Ende 1982 verdiente ein durchschnittlicher Geschäftsführer in den USA das 42-fache des durchschnittlichen Arbeiterlohns;[77] noch aktueller ist der Fall des Direktors von JPMorgan Chase, der 395 Mal so viel verdient wie ein typische Mitarbeiter seiner Firma.[78]

Was hat das mit dem Kampf um Selbstbilder zu tun, mit sozialer Rangordnung, demonstrativem Konsum und Statussymbolen? Wenn

Einkommensunterschiede größer werden, so erweist es sich, wird die soziale Distanz größer, und die soziale Schichtenbildung spielt eine größere Rolle in unserem Leben. Wenn es mehr Ungleichheit gibt, fühlen wir uns miteinander auch weniger verbunden, spüren unsere gemeinsame Menschlichkeit weniger und müssen unseren Platz in der Hierarchie mehr betonen.[79] Und dadurch werden Statussymbole viel wichtiger.

In weniger individualistischen Kulturen mag es ein wenig anders aussehen. Vor ein paar Jahren stand ich einmal auf dem Bahnhof im japanischen Kyoto. Ich wollte gerade die Rolltreppe betreten, als ein Mann in einer tadellos gebügelten weißen Uniform mit einer ebenfalls weißen Werkzeugtasche auftauchte. Er entnahm ihr diverse Bürsten, Tücher und Putzmittel und ging an die Arbeit – nämlich den Handlauf der Rolltreppe zu putzen. Noch nie zuvor hatte ich eine professionelle »Rolltreppen-Handlauf-Reinigungskraft« gesehen.

Es ist zwar unmöglich, zu wissen, was in jemand anderem genau vorgeht, vor allem bei Angehörigen einer anderen Kultur, aber dieser Mann verhielt sich so, als habe diese Arbeit Würde und er sei entschlossen, sie gut zu machen. Irgendwie war es ihm wichtig, bei der Sauberhaltung des Bahnhofes seinen Beitrag zu leisten.

Könnten wir von dieser Einstellung (zumindest dem, was ich wahrnahm) etwas lernen? Die folgende kleine Übung kann uns helfen zu sehen, wie durch eine Veränderung im Denken, im Kopf, auch das Herz sich verändert:

Übung: Würdevoll arbeiten

Wenn Sie das nächste Mal eine Arbeit machen müssen, die nicht besonders attraktiv ist, bei der Sie Widerwillen verspüren, weil Sie meinen, sie sei unter Ihrer Würde, probieren Sie folgendes. Ob es Badputzen ist, Papierkram, das Ausfüllen von Formularen oder was auch immer, was das Gefühl auslöst: Seien Sie als Erstes achtsam. Wenden Sie Ihre Aufmerksamkeit den Empfindungen bei dieser Aufgabe zu. Wenn es Geschirrspülen ist, nehmen Sie wahr, wie die Seifenlauge sich anfühlt. Wenn es das Müll-Raustragen ist, wenden Sie Ihre Aufmerksamkeit den körperlichen Empfindungen des Bückens und Tragens zu.

Halten Sie dann inne, um über den Zweck der Aufgabe nachzudenken: wie sie in bescheidener Weise zum Wohle des Ganzen beiträgt. Versuchen Sie, sich darauf zu fokussieren, wie Ihre Arbeit und Ihre Rolle im Moment Ihrer Familie, der Gemeinschaft oder der Umwelt von Nutzen sind, statt sie im Hinblick auf Ihren Wert oder Status zu deuten.

Dalia war unsicher, ob sie sich für die Organisation des Elternsprechtages melden sollte. Sie wollte die Schule ihrer Kinder unterstützen und mochte die Gemeinschaft der anderen, aber niedere Arbeiten waren ihr ein Greuel: »Ich war doch nicht auf der Uni, um jetzt Briefe zuzukleben!« – »Ich habe Besseres zu tun, als Backformen zu spülen.« Sie fand sich in einer Ecke wieder, in der sie dachte, andere Mütter, die in der Arbeitswelt wichtige Positionen bekleideten, würden mit solchen Sachen nicht behelligt. Aber dann erinnerte sie sich, dass es ja ihre Entscheidung gewesen war und sie in der glücklichen materiellen Lage war, sich überhaupt um ihre Kinder kümmern zu können.

Also versuchte Dalia, sich mehr auf die anstehenden Aufgaben einzulassen. Sie merkte, dass das Selbstwert-Thema hochkam, erinnerte sich dann aber selbst daran, was ihr wichtig war, und ließ sich von ihren Werten leiten. »Ich übte, meine Aufmerksamkeit den Backformen zuzuwenden und beim Spülen ganz bei der Sache zu sein.« Sie ermahnte sich: »Es geht nicht nur um mich. Es geht darum, meine Kinder und den Rest der Gemeinschaft zu unterstützen. Es ist okay, nichts Besonderes zu sein.« Damit fühlte sie sich viel besser.

Wir müssen was dagegen tun

Es ist nicht überraschend, dass, wenn die ökonomische Ungleichheit wächst, auch unsere Fixierung auf materiellen Erfolg wächst. Der große Knüller auf YouTube und Instagram sind sogenannte »Beutezug-Videos« (»haul videos«), in denen Menschen das Ergebnis ihrer letzten Shopping-Tour vorführen. In einer Umfrage unter 18- bis 23-Jährigen in den USA gaben 91 Prozent an, sie hätten mit der Massenkonsumgesellschaft kein oder kaum ein Problem.[80] In einer anderen Studie unter heranwachsenden Mädchen berichteten 93 Prozent, shoppen sei ihre Lieblingsbeschäftigung.[81] Und es betrifft nicht nur junge Menschen. Viele reiche Leute in den USA kaufen sich riesige Villen und fahren gigantische SUVs – und wehe dem, der sie auf der Fahrt zum Einkaufszentrum überholen will!

Wenn wir zufriedener und gesünder sein wollen, müssen wir uns gegen diese Trends wehren. Studien zeigen: Wenn wir uns auf materielle Werte konzentrieren, haben wir mehr Konflikte mit anderen, vergleichen uns mehr mit anderen und lassen uns vom intrinsischen Wert dessen, was wir tun, meist weniger motivieren.[82] Unsere Gesundheit ist schlechter, wir haben weniger Mitgefühl für andere und weniger positive Emotionen wie Freude, Enthusiasmus, Dankbarkeit und Zufriedenheit. Wir sind nervöser und deprimierter, haben Kopfschmerzen und

Magenbeschwerden, erleben geringere Vitalität, trinken mehr Alkohol, rauchen mehr und schauen mehr fern.

Sie würden dieses Buch nicht lesen, wenn Sie nicht aus eigener Erfahrung wüssten: Es ist schmerzhaft, sich weniger wert zu fühlen als andere. Das hat vor allem eine faszinierende Studie deutlich gemacht: Menschen wurden gebeten, sich vorzustellen, sie lebten in einer ärmeren Gesellschaft, in der es ihnen schlechter ginge als heute, wo sie aber trotzdem noch zu den Reicheren gehören würden. Fünfzig Prozent der Probanden sagten, sie würden bis zur Hälfte ihres Einkommens hergeben, um besser dazustehen als andere.[83] Und dann ist da noch die Geschichte aus Russland über einen Mann, dessen Nachbar eine Ziege hat. Der Mann begegnet einer guten Fee, die ihm einen Wunsch gewährt. Er denkt einen Moment nach und sagt dann: »Die Ziege meines Nachbarn soll sterben.« Ganz klar: Wir brauchen Hilfe!

… und Darwin bringt sie uns

Vor rund 6 bis 7 Millionen Jahren teilte sich der Baum der Evolution in zwei Spezies von Affen: Schimpansen und Bonobos. Beiden stehen wir genetisch nahe.[84] Schimpansenhorden werden von einem dominanten Männchen angeführt, der sich durch Größe, Stärke und die Fähigkeit, Allianzen zu schmieden, auszeichnet. Dem Muster folgend, das wir im zweiten Kapitel diskutiert haben, verschafft die Dominanz Zugang zu knappen Ressourcen. Die Primatologen Frans de Waal und Frans Lanting formulieren es so:[85]

> Schimpansen durchlaufen komplizierte Rituale, in denen ein Individuum dem anderen seinen Status mitteilt. Vor allem zwischen erwachsenen Männchen sieht das so aus, dass ein Männchen sich buchstäblich im Staub wälzt und hechelt und grunzt, während das

andere breitbeinig über ihm steht und eine drohende Haltung einnimmt, um klarzumachen, wer über wem rangiert.

Bei Bonobos ist es anders. Es gibt weniger Konflikte zwischen benachbarten Gruppen, Weibchen sind mindestens genauso wichtig wie Männchen, und Dominanzhierarchien sind nicht so ausgeprägt.

Bonobos sind auch beim Sex ganz groß. Sie sind sexuell sehr aktiv, wozu auch gegenseitige Masturbation gehört, querbeet durch jedes Alter und Geschlecht. Sie benutzen Sex nicht einfach nur zur Fortpflanzung, sondern auch zum Spannungsabbau in Situationen, die sonst womöglich Konflikte verursachen. Wie de Waal sagt: »Sex ist der Klebstoff der Bonobo-Gesellschaft.«[86] Ganz besonders gefällt ihnen der Sex während des Fütterns, wo er ihnen anscheinend hilft, Konflikte zu vermeiden. Es überrascht daher wenig, dass bei kooperativen Aufgaben Bonobos viel besser sind als Schimpansen.

Wie zu erwarten war, hat sich die Wissenschaft sehr für die genetischen Unterschiede zwischen Schimpansen und Bonobos interessiert. Wie sich herausgestellt hat, scheinen viele Verhaltensunterschiede mit einem bestimmten Abschnitt der DNA zusammenzuhängen, der für die Regulierung des sozialen, sexuellen und Elternverhaltens wichtig ist.

Die gute Nachricht ist: Menschen haben tatsächlich mehr vom Bonobo als vom Schimpansen.[87] Wenn wir es schaffen, unsere kooperativen Impulse zu kultivieren statt unsere Statusgeilheit – also unseren mitfühlenden inneren Wolf zu füttern –, dann sind wir weniger um Statussymbole besorgt, kommen besser miteinander aus und fühlen uns weniger gestresst, erschöpft und unzufrieden. Womöglich retten wir nebenbei auch noch unseren Planeten, denn der demonstrative Konsum von Statussymbolen vergeudet wertvolle Ressourcen und vergrößert den ökologischen Fußabdruck.

Wie können wir unsere Bonobo-Natur kultivieren? Eine Reihe von Ansätzen haben wir in diesem Kapitel angesprochen. Es gibt aber noch einen weiteren Weg, mit Statusfragen lockerer umzugehen (auch denen, die mit demonstrativem Konsum zu tun haben), und er beruht auf einer Bemerkung von Ram Dass, dem Harvard-Psychologen, der zu einem bekannten spirituellen Lehrer wurde:[88]

Übung: Wir sind wie Bäume

Wenn wir im Wald spazieren gehen, sehen wir alle möglichen Bäume. Manche sind hoch, manche niedrig, manche krumm, andere gerade. Manche verrotten am Boden, manche fangen erst an zu wachsen. Uns wird klar, dass jeder Baum aufgrund vieler Faktoren so ist, wie er ist – er hat nicht genug Licht bekommen, er ist alt, der Same landete auf einer Lichtung. Wir akzeptieren den Baum und den Wald so, wie sie sind, ohne jede Menge vergleichende Wertungen anzustellen.

Aber sobald wir unter Menschen sind, verlieren wir diese Perspektive. Wir stürzen uns in ein »Du bist viel zu das«, »ich bin viel zu dies«, »Du bist besser«, »ich bin besser«. Wir vergleichen uns mit anderen und beurteilen sowohl uns selber als auch andere als gut oder schlecht, überlegen oder unterlegen.

Schließen Sie nun eine Zeit lang die Augen und wenden Sie sich dem Atem zu. Wenn der Geist ein wenig zur Ruhe gekommen ist, erinnern Sie sich an einen Moment, wo Sie im Wald spazieren gegangen sind. Was war zu sehen, zu hören, zu riechen? Spüren Sie, dass Sie diese Vielfalt pflanzlichen und tierischen Lebens annehmen. Fühlen Sie Ihren nicht-wertenden Gleichmut.

Erwägen Sie nun, wie wir alle den Bäumen sehr ähnlich sind. Die Flutwelle der Evolution hat uns alle hierher gespült. Die Zufälligkeiten unserer Geburt, unseres Erbmaterials, kulturelle Einflüsse, unser Glück und Pech im Leben: All das hat uns geformt, zu dem gemacht, was wir sind. So gesehen ist das, was wir sind und tun, nicht die Schuld oder das Verdienst von irgendjemandem.

Versuchen Sie, diese Einstellung immer wieder zu erneuern, wenn Sie im Laufe des Tages auf andere Menschen treffen. Wenn sich im Geist ein Urteil bildet, fragen Sie sich einfach: »Wie ist dieser Mensch wohl zu dem geworden, was er oder sie ist?« – »Würde ich über einen Baum im Wald genauso urteilen?«

Wir können uns von der Tyrannei des sozialen Vergleichens und dem dazugehörigen Kampf, immer mithalten zu müssen, befreien: indem wir uns auf frischer Tat ertappen, wenn wir unseren Status zur Schau stellen und andere beurteilen; und indem wir uns bewusst auf die Gemeinsamkeiten mit anderen fokussieren. Da wir Menschen uns von unterschiedlichen Typen des Vergleichens abhängig gemacht haben, ist es hilfreich, sich der eigenen Urteile bewusst zu sein, weil wir dann sehen, welche bei uns »die Knöpfe drücken«, und damit arbeiten können. Und indem wir unsere Fähigkeit zum Mitgefühl ins Spiel bringen, können wir Konkurrenz durch Verbundenheit ersetzen – wie die glücklichen Bonobos.

Aber es kann schwer sein, das Bewerten und Urteilen loszulassen, teilweise auch deshalb, weil man so schnell süchtig wird nach diesem »guten Gefühl« – eben auch dem, sich anderen überlegen zu fühlen. Ganz natürlich, dass wir die Höhen anstreben, denn sie fühlen sich so viel besser an als die Tiefen. Glücklicherweise gibt es, wie wir im nächsten Kapitel sehen werden, probate Methoden des Entzugs, die uns sogar diese Sucht überwinden helfen können.

8 Die Sucht nach Bestätigung therapieren

Mit dem Rauchen aufzuhören ist einfach.
Ich hab es schon hundert Mal gemacht.

MARK TWAIN

Haben Sie schon einmal eine Meeresschnecke gesehen? Manche sind sehr hübsch, so hübsch eben eine gigantische Schnecke ohne Häuschen sein kann. Aber sie sind nicht sehr intelligent. Sie haben nur rund 20.000 Nervenzellen, und Menschen haben 100 Milliarden.[89] Aber: Meeresschnecken sind intelligent genug, um süchtig werden zu können!

Die Fähigkeit eines Organismus, süchtig zu werden, beruht auf dem fundamentalsten aller Lernprinzipien: nämlich, Erlebnis A schöner zu finden als Erlebnis B. Sogar Bakterien haben das drauf – einem Nährstoff nähern sie sich, einem Gift gehen sie aus dem Weg. Aber um eine Sucht zu entwickeln, brauchen wir noch eine Geistesgabe: die Erinnerung. Um eine Gewohnheit zu erzeugen, müssen wir uns erinnern können: »Das letzte Mal, als ich das gemacht habe, ging es mir gut (oder schlecht).« Damit aus der Gewohnheit dann eine Sucht wird (und sie nicht einfach eine von vielen »angelernten Verhaltensweisen« bleibt), brauchen wir noch ein weiteres Element: dass es sich kurzfristig gut anfühlt, langfristig schlecht.

Wie wir jetzt ein ums andere Mal gesehen haben, passen die Kicks für das Selbstwertgefühl perfekt in das Suchtmuster. Ob es die Likes in den sozialen Medien sind, das tolle neue Auto, der Sieg für die eigene Mannschaft, die neue Liebesaffäre oder der Glaube, dass wir ein Heiliger sind: Wir fühlen uns großartig. Kurzfristig. Aber bald haben wir uns entweder an den neuen Status gewöhnt, rutschen eine Stufe tiefer oder verausgaben uns völlig beim Versuch, unsere Stellung zu halten. Was ist die Lösung? Natürlich, der nächste Kick! Und so weiter, ohne Ende.

Glücklicherweise gibt es, wie bei jeder Sucht, einen Ausweg. Am ersten Schritt haben Sie schon gearbeitet – sich der vielen Möglichkeiten bewusst zu werden, sich in die Versuche, ein gutes Selbstgefühl zu erzeugen und ein schlechtes zu vermeiden, zu verstricken. Hoffentlich haben Ihnen die vorigen Kapitel auch schon einen Hoffnungsschimmer gezeigt, wie sich die Befreiung anfühlen könnte. Der nächste Schritt ist nun, das Wissen über Süchte zu nutzen, um sich aus der Selbstbeurteilungs-Falle weiter freizustrampeln.

Lernen, sich gut zu benehmen

Ein fundamentales Lernprinzip bei Tieren ist mittlerweile seit über hundert Jahren bekannt: Folgt einem Verhalten eine angenehme Erfahrung, wird ein Tier das Verhalten tendenziell wiederholen; folgt eine unangenehme Erfahrung, wird das Verhalten vermieden.[90]

Als kognitiv hoch entwickelter *Homo sapiens sapiens* (»die wissen, dass sie wissen« oder »weise Menschen«) denken Sie jetzt vielleicht, dass wir diesem Lernprinzip nicht unterliegen – aber da lägen Sie falsch. Durch tierisches Lernen kann man uns konditionieren, fast alles zu machen, oft unbewusst (wir sind also doch nicht ganz so *sapiens*).

Auf den Leim gehen

Erinnern Sie sich an die Übung im 1. Kapitel, als ich Sie einlud, ein Hoch in der Selbstbewertung und den folgenden Absturz zu erinnern und die begleitende körperliche Reaktion wahrzunehmen? Der Kick fühlt sich natürlich besser an als der Absturz. Und diese Situation, dass nämlich ein Gefühl so viel besser ist als ein anderes, ist für die Ausbildung einer Sucht das perfekte Medium.

Seit Jahrzehnten arbeitet die Wissenschaft daran zu klären, wie das neurobiologisch vor sich geht. Schon in den fünfziger Jahren zum Beispiel pflanzten James Olds und Peter Milner von der McGill-Universität (in Montreal) Elektroden in die Septum-Region im Gehirn von Ratten. Sie entwarfen eine Versuchsanordnung, in der die Ratten durch das Drücken einer Taste einen schwachen Strom in diese Region schicken konnten. Die Ratten lernten schnell, dies mit Begeisterung zu tun, oft bis zu 2000 Mal am Tag, offensichtlich, weil es sich so gut anfühlte.[91] So sehr gelüstete es sie nach dieser Selbst-Stimulation, dass sie über dem Drücken der Taste sogar das Essen vergaßen und von der Apparatur abgehängt werden mussten, damit sie nicht verhungerten!

Später fanden Forscher heraus, dass in ein benachbartes Belohnungszentrum, den »Nucleus accumbens«, der Neurotransmitter *Dopamin* ausgeschüttet wird – als Reaktion auf alle möglichen Arten suchtgefährlichen Verhaltens, von der romantischen Liebesaffäre bis zum Gebrauch von Drogen wie Amphetaminen, Kokain und Opiaten. Diese Region wird auch durch positive Verstärker wie Essen, Wasser oder Sex aktiviert, und, für uns von besonderem Interesse: durch *Streicheleinheiten für das Selbstwertgefühl.*[92]

»Dazugehören« wollen

Alles, worauf wir uns verlassen, um uns gut zu fühlen, kann zur Suchtfalle werden. Aber vielleicht der potenteste Booster überhaupt, der, der uns allem Anschein nach mehr süchtig macht als alle anderen, ist: gemocht zu werden, bewundert zu werden, respektiert zu werden. Unser Wunsch, andere mögen gut von uns denken, ist biologisch verankert. Wir sind soziale Tiere. In prähistorischer Zeit kam es einem Todesurteil gleich, allein zu sein, und um als kleine Kinder zu überleben, mussten sich Erwachsene um uns kümmern. Unser mächtiges, universales Verlangen, geliebt zu werden, rührt von diesen fundamentalen Bedürfnissen her. Dazu kommt, dass beliebten Individuen im Allgemeinen noch weitere Ressourcen sowie Chancen für den Fortpflanzungserfolg zufließen. Unser Hunger danach, von Anderen positiv gesehen zu werden und uns geliebt zu fühlen, sitzt tief und beginnt früh.

Psychologen haben festgestellt, dass Kinder mit vier Jahren die beliebtesten unter ihren Gleichaltrigen zuverlässig identifizieren können.[93] Spätestens in der High-School-Cafeteria entschied dann die Beliebtheit darüber, wer zusammen saß, und mit denen außerhalb der eigenen Clique sprach man nicht und hatte man auch keine Liebesaffäre. Wie ein Jugendlicher kürzlich sagte: »Wenn du beliebt bist, wenn jeder über dich redet, dann kannst du jede zur Freundin haben. Du kannst mit jedem befreundet sein. Ja, das ist schon toll.«[94]

Glaubt man den Sozialpsychologen, dann gibt es zwei Wege zur Beliebtheit.[95] Der eine hat mit Statusmerkmalen zu tun: bekannt zu sein, bewundert zu werden, Macht zu haben und mit dem gut ausgestattet zu sein, was für die jeweilige Gruppe zählt. Für jüngere Jugendliche könnte das heißen, physisch stark zu sein, sportlich, hübsch, lustig, frech, clever oder reich (ein Swimming Pool hinterm Haus oder ein Motorrad können da wahre Wunder bewirken). Bei den Heranwachsenden verschwinden diese Kriterien nicht, aber außerdem ist man auch noch sexy, wagemutig, sexuell aktiv, mit einem hoch angesehenen Jungen oder Mädchen befreundet oder ist in einer Führungsposition (zum Beispiel Kapitän der Football-Mannschaft).

Der zweite Weg zur Popularität ist *nett zu sein*. Dazu gehört: freundlich zu sein, vertrauenswürdig und jemand, mit dem man einfach gern zusammen ist. Nette Kinder (und Erwachsene) stellen Fragen, haben Humor, verhalten sich fair; sind generell zufrieden, höflich und geduldig; und sie können gut teilen. Um das Thema »Adoleszenz ist einfach die Hölle« noch abzurunden: Nett zu sein ist für Jüngere viel wichtiger als für Pubertierende, für die der Status wichtiger ist.[96]

Die Forschung hat aber ergeben, dass Menschen, die auf der Suche nach Beliebtheit äußerliche Belohnungen suchen wie etwa Ruhm, Macht, Reichtum und Schönheit, mehr ängstliche Unruhe, Depression und Unzufriedenheit erleben – langfristigen Schmerz. Diejenigen, die enge, fürsorgliche Beziehungen suchen, persönliche Entwicklung anstreben und gerne anderen helfen – intrinsische Belohnungen und Qualitäten, die mit dem Nett-Sein assoziiert sind –, sind tendenziell glücklicher und physisch gesünder.[97] Hier liegt eine wichtige Botschaft verborgen: Man kann »in« sein, ohne »überlegen« sein zu müssen. Man kann es auch authentische Beziehung nennen, und es ist eine der Wohltaten der Gewöhnlichkeit.

Gedopte Popularität

Natürlich fühlt es sich großartig an, für die Theateraufführung oder die Schulmannschaft ausgewählt zu werden, mit den coolen Kids abzuhängen und eine tolle Freundin oder einen tollen Freund zu haben. Wer für die Theateraufführung oder die Schulmannschaft abgelehnt wird und keine Freundin oder Freund abkriegt, fühlt sich grässlich. Es überrascht nicht, dass schon ein bisschen sozialer Erfolg oder Beliebtheit uns süchtig machen können.

Und nun, nachdem wir uns Jahrhunderte lang mit konventionellen Mitteln süchtig nach Beliebtheit gemacht haben, haben wir Menschen Zugang zu einem super-mächtigen, konzentrierten, kurzlebigen, extrem süchtig machenden Weg zur Beliebtheit – der uns langfristig mit tödlicher Sicherheit Elend bringt. Wir nennen ihn *soziale Medien.*

Sie kennen die Geschichte vielleicht: Anfang der 2000er Jahre schrieb ein Harvard-Student im zweiten Studienjahr die Software für eine Website namens »Facemash«. Über das Computersystem der Uni besorgte er sich Fotos von Studenten, stellte sie paarweise auf die Seite und forderte die Benutzer auf, die »tollere« Person zu wählen. Die Seite generierte in den ersten vier Stunden online 450 Besucher und 22.000 Fotoklicks.[98] Die Harvard-Verwaltung brauchte ein paar Tage, um sie zu schließen, Material für ein Ausschlussverfahren zu sammeln und den Schöpfer der Seite, Mark Zuckerberg, zu relegieren. Facebook war geboren.

Es mag schon sein, dass Facebook uns wirklich miteinander verbindet, aber sein am meisten süchtig machendes Merkmal ist die Wirkung auf unser Selbstwertgefühl. Ungefähr 3,6 Milliarden Menschen verbringen Stunden damit, die Posts anderer Leute auf Facebook, Instagram und YouTube zu liken. Zuckerberg erkannte sehr früh, dass die Menschen sehr schnell süchtig werden, Likes zu bekommen, und dass man das in ein Milliardengeschäft verwandeln kann.

Da es sehr einfach ist, das, was mit Sozialen Medien erlebt wird, im Labor zu reproduzieren, ist die Forschung zur Gehirnaktivität der Benutzer geradezu explodiert. 2016 zum Beispiel untersuchten Psychologen an der UCLA (Universität von Kalifornien, Los Angeles) die Gehirnaktivität von Teenagern, die eine fiktive Instagram-Chronik sahen.[99] Sie bestand aus Fotos, die die Teilnehmer selbst eingereicht hatten, und dazu Fotos von »Gleichaltrigen«, die in Wirklichkeit von den Forschern stammten und die mit zufälligen Like-Zahlen versehen waren.

Wie reagierten die adoleszenten Gehirne darauf, wenn ihre Fotos geliked wurden? Mit einer Aktivierung des Nucleus accumbens (desselben Belohnungszentrums, das durch Kokain oder Sex aktiviert wird) sowie einer Gehirnregion, die feuert, wenn wir über das Verhältnis von uns selbst zu anderen nachdenken. Wie ein Heranwachsender sagte, als er gefragt wurde, warum eine erfolgreiche Präsenz in den Sozialen Medien so wichtig sei: »Das ist wie berühmt zu sein … Es ist cool. Jeder kennt dich, und du bist irgendwie der wichtigste Mensch an der Schule.«[100]

Warum bringt uns das, so wie jede Sucht, langfristig nur Elend? Das High, das wir haben, wenn wir mit großem Zeitaufwand hinter Likes für die photoshop-geschönten Ansichten aus unserem Leben her sind, Likes von Leuten, die wir womöglich noch nie getroffen haben, ist wirklich ein High (so wie Zucker es bewirkt). Aber es kann uns einsam machen, uns die Gelegenheiten rauben, mit realen Menschen echte Verbindung zu haben; die Chance, zu lieben und geliebt zu werden.

Genesung von der Selbstwert-Sucht

Erfolgreiche Entzugsprogramme beginnen typischerweise damit, dass das Problem *erkannt* wird. Das ist oft nicht einfach. Alkoholiker, die mit anderen Alkoholikern sozialen Umgang haben, betrachten ihr Trinken vielleicht nicht als exzessiv, und Politik-Junkies (so wie ich) denken vielleicht, man müsse eben ganze Abende lang Kabelfernsehen schauen, wenn man gut informiert bleiben will. Ganz ähnlich sehen vielleicht Menschen, die süchtig nach Kicks fürs Selbstwertgefühl sind (also so *ziemlich alle)* das Leid nicht, das dabei verursacht wird. Wir sind wie Fische im Wasser. Schließlich schauen ja alle den ganzen Tag aufs Handy (96 Mal beim Durchschnitts-Amerikaner).[101]

Jedes Mal, wenn uns ein Klingelton einen Post, eine Textnachricht oder eine E-Mail ankündigt, werden wir ein bisschen aktiviert: Ist es eine Nachricht, die mir ein gutes Gefühl gibt, ein Gefühl, beliebt zu sein – oder die nächste Enttäuschung? Die sozialen Medien wären bei Weitem nicht so fesselnd, wenn sie nicht die Chance böten, Likes, Freunde und Follower zu sammeln. Das Problem ist: Jedes Mal, wenn wir positive Aufmerksamkeit bekommen, werden wir wieder ein bisschen süchtiger nach dem Kick. Die Dopamin-»Spritze«, die unseren Nucleus accumbens aktiviert, lockt uns in die Falle: Wir verlangen mehr.

Die Sucht erkennen

Wie könnten wir unsere Abhängigkeiten klarer sehen? Die Übungen in den früheren Kapiteln helfen dabei. *Was ist mir wichtig?* und *Auf der Selbstbewertungs-Achterbahn* im ersten Kapitel, dazu die Einladung im zweiten Kapitel, den eigenen inneren Primaten zu untersuchen, können uns die Details und das Ausmaß unseres Selbstwert-Problems erkennen helfen. Achtsamkeit zu üben und sie auf die Selbstbewertungen zu lenken, so wie in *Der achtsame Ritt auf der Selbstwert-Achterbahn* im dritten Kapitel, kann unsere Aufmerksamkeit verfeinern, während *Emotionen im Körper lokalisieren* im vierten Kapitel hilft, uns auf die Gefühle einzustimmen, die jedes Hoch und Tief begleiten. Falls Sie diese Übungen noch nicht ausprobiert haben, könnten Sie zurückblättern und auf Erkundungstour gehen. Die Flüchtigkeit jedes Erfolges, die durchgeknallten Botschaften unserer Kultur, den Sog des demonstrativen Konsums zu untersuchen: Das kann uns ebenfalls helfen, unsere speziellen Süchte klarer zu sehen (Kapitel 5 – 7). Wir müssen einen klaren Kopf und ein offenes Herz haben, um hilfreiche Gewohnheiten entwickeln zu können.

Es ist auch hilfreich zu verstehen, wie süchtig machende Gewohnheiten entstehen. Eine zentrale Rolle spielt die Wiederholung. Es gibt eine hübsche Metapher für diesen Prozess, die sich gut in die moderne Neurobiologie einfügt. Sie stammt aus einer Lehrrede, die der Buddha vor 2500 Jahren hielt:

> Stellt Euch einen Kutscher vor, der über eine staubige Ebene fährt. Auf der ersten Fahrt erzeugt der Wagen Spurrillen in der Erde. Dadurch wird es etwas wahrscheinlicher, dass der Wagen bei der nächsten Fahrt denselben Weg einschlägt. Wenn das passiert, werden die Spurrillen tiefer und werden zu einem eingefahrenen Gleis. Dann wird es noch wahrscheinlicher, dass der Wagen auf weiteren Fahrten derselben Route folgt.

Die Entstehung von Gewohnheiten folgt der Wagen-Metapher, aber mit ein paar wichtigen Änderungen, von denen uns jede prädisponiert, nach Kicks fürs Selbstwertgefühl süchtig zu werden. Erstens: Folgt auf ein Verhalten Lustgewinn oder Schmerzlinderung, dann vertiefen sich die Spurrillen rapide (es fühlt sich eben wirklich gut an, gut drauf zu sein!). Zweitens: Wenn wir Instinkte geerbt haben, die uns für das Verhalten prädisponieren, vertiefen sich die Spurrillen ohne viel praktische Übung (und wir sind biologisch geprägt, unseren Status erhöhen und gemocht werden zu wollen). Und schließlich: intermittierende, unvorhergesehene Belohnungen, wie etwa ein Gewinn am Spielautomaten, machen die Spurrillen besonders haltbar (und Kicks für Selbstwertgefühl treten eher intermittierend auf).

Obwohl es also eine Herausforderung sein wird, sich von den Kicks zu lösen, ist die gute Nachricht doch die: Es ist möglich, sich zu befreien.

Mit Triggern arbeiten

Wirksame Therapien für jede Art von Sucht, vom Rauchen bis zur Spielsucht, nutzen alle dieselben Grundprinzipien. Nachdem das Problem erkannt und anerkannt ist, ist der nächste Schritt, die Auslöser (neudeutsch »Trigger«) zu identifizieren, die zu dem problematischen Verhalten führen, und zu schauen, ob man die Situationen reduzieren kann, in denen man ihnen begegnet.

Wie könnte das im Falle der Sucht nach positiven Selbstwertgefühlen aussehen? Das kommt auf unsere jeweiligen Trigger an. Manchmal brauchen wir eine Streicheleinheit direkt, nachdem wir eine Enttäuschung erlebt haben, uns abgelehnt oder beschämt fühlen oder irgendwie versagt haben. Solche Momente lassen sich nicht vermeiden, aber wir müssen uns nicht auch noch absichtlich den vielen Möglichkeiten zur Selbstverurteilung aussetzen.

Übung: Den Auslösern aus dem Weg gehen

Wir haben gesehen, wie soziale Medien unsere Vergleichs-Mentalität in Gang setzen und wie unser Selbstwertgefühl oft steigt oder fällt, wenn wir online gehen. Wenn die Neuronen Dopamin ausschütten, fühlen wir uns wirklich gut – für den Moment. Damit die eingefahrenen Gleise sich nicht weiter vertiefen, könnten wir versuchen, Facebook, Instagram oder das Dating-Portal nur noch ein Mal pro Tag zu besuchen und Textnachrichten und E-Mails nur noch jede Stunde (statt jede Minute) abzurufen. Haben Sie per E-Mail zu einer Party eingeladen? Probieren Sie, ob Sie mit dem Abrufen der Antworten warten können, bis Sie wirklich wissen müssen, wie viele Leute tatsächlich kommen.

Mit allen anderen Versuchungen können wir es genauso machen. Wenn Ihr Selbstwertgefühl jedes Mal steigt oder fällt, wenn Sie auf die Waage stehen, dann wäre es eine Idee, sich nur noch ein Mal pro Woche zu wiegen. Finden Sie sich ständig vor dem Spiegel wieder, um die Haare oder das Outfit zu checken? Versuchen Sie, es nur morgens zu machen. Wenn Sie selbstständig arbeiten, versuchen Sie, nicht ständig auf Umsatzzahlen zu schauen.

So wie bei anderen Süchten beschließen wir manchmal, unsere Online-Zeiten zu begrenzen – und stellen fest, dass wir sie trotzdem überschreiten. Es ist einfach zu verführerisch. Und so ein Kick fürs Selbstwertgefühl kann ja den Schmerz eines Absturzes sofort ausradieren (momentan zumindest). Ich kann nicht zählen, wie oft ich mich geschlagen oder inkompetent gefühlt habe, bis wieder ein Sieg, eine Bestätigung oder ein Zeichen der Zuneigung auftauchte und meinen Schmerz wegwischte. Die Suche nach Kicks fürs Selbstwertgefühl ist einfach so eine perfekte Kombination aus instinktiver Veranlagung und angelerntem Verhalten, dass wir oft Hilfe brauchen, unsere Gelüste eher zu tolerieren als gegen sie durchzugreifen.

Alan Marlatt, Suchtexperte an der Universität von Washington in Seattle, hat dazu eine großartige Übungspraxis entwickelt, die sich »urge surfing« nennt (etwa: »auf den Gelüsten surfen«).[102] * Er hatte bemerkt: Immer wenn wir einen Impuls zu einer Handlung haben, spüren wir das als eine Gruppe von Empfindungen im Körper. Diese mit einem Verlangen oder Drang verbundenen Empfindungen sind seltsamerweise andere als die, die dafür als Trigger fungieren. Zum Beispiel könnten wir also

---

* Im Original die englischen Worte »craving« und »urge«, die sich nicht einheitlich übersetzen lassen und deshalb beide, je nach sprachlichem Kontext, als »Gelüst«, »Drang«, »Impuls« oder »Verlangen« übersetzt werden (Anm. d. Übers.).

zuerst den Hunger im Bauch spüren und dann den Drang, zum Kühlschrank zu gehen, als körperliche Anspannung, vielleicht im Brustkorb, Schulterbereich oder anderen Bereichen. Jede(r) spürt einen Drang oder ein Verlangen auf verschiedene Weise, aber es hat gewöhnlich eine sensorische, physische Komponente.

Zum Impulse-Surfen gehört ein achtsames Fokussieren auf den Bereich des Körpers, in dem wir den Drang, etwas zu tun, fühlen. Wir entdecken, dass Gelüste wie Wellen sind. Sie bauen sich auf, erreichen einen Höhepunkt und flauen wieder ab. Je bewusster wir das beobachten können, desto größere Freiheit entwickeln wir, zu wählen, ob wir dem Drang entsprechend handeln sollen oder nicht.

Sie können mit dem Impulse-Surfen immer experimentieren, wenn Sie den Drang verspüren, auf dem Handy schon wieder Textnachrichten oder Emails zu checken, zu schauen, was es in den sozialen Medien Neues gibt, Umsatzzahlen zu überwachen oder überhaupt alles, was Ihr Selbstwertgefühl heben soll. Es ist eine großartige kleine Übung, die Ihre Gewohnheiten verändern kann.

Übung: Auf dem Impuls surfen*

Schließen Sie die Augen und verbinden Sie sich mit dem Atem. Nehmen Sie dabei die Empfindungen im Körper wahr – wo es etwa eine Anspannung oder ein Unbehagen gibt und wo es sich angenehm oder entspannt anfühlt.

* Übernommen aus: Pollak, Susan: Reclaim Your Brain.
Sie finden diese Übung auf *www.arbor-online-center.de/begleitmaterial/*
Verwenden Sie den Code *nd5o7k,* um sie kostenlos herunterzuladen oder zu streamen.

Erinnern Sie sich nun an eine Situation, in der Sie auf Handy, Tablet oder Computer checken wollten, ob etwas gekommen ist, was Sie gefühlsmäßig aufbaut. Vielleicht hatten Sie Angst, etwas zu verpassen; vielleicht wollten Sie wissen, wie ein bestimmtes Projekt läuft, wollten sehen, ob Ihre Lieblingsmannschaft gewonnen hat. Oder Sie hatten das Gefühl, Sie müssten auf eine Textnachricht oder eine E-Mail gleich antworten, um bei anderen nicht in Ungnade zu fallen.

Bleiben Sie bei diesem Drang, nachschauen zu wollen, und halten Sie genau in dem Moment inne, wo das Gefühl den Höhepunkt erreicht, kurz bevor Sie nach dem Gerät greifen. Bleiben Sie bei dieser Welle des Verlangens. Fühlen Sie sie im Körper. Versuchen Sie, auf diesem schmalen Grat die Balance zu halten. Atmen Sie entspannen Sie sich liebevoll in die Erfahrung.

Seien Sie sich der körperlichen Empfindungen bewusst. Legen Sie die Hand auf den Bereich, wo Sie sie fühlen. Nehmen Sie Anspannung, Druck oder eine andere Empfindung wahr? Ist Angst dabei? Wie viel Raum nimmt die Empfindung ein? Begleiten Sie den Impuls mit dem Atem. Lassen Sie sich vom Atem verwöhnen. Wenn das Verlangen zu intensiv wird, legen Sie die Aufmerksamkeit wieder ein paar Zyklen lang auf den Atem.

Nehmen Sie wahr, dass der Drang, nach Ihrem Gerät zu greifen, vielleicht intensiver wird, wenn Sie dabei bleiben. Probieren Sie, ob Sie bei der Welle bleiben können, statt sie zu bekämpfen oder sie auszuagieren. Reiten Sie einfach liebevoll auf der Welle Ihres Erlebens.

Nutzen Sie den Atem als Surfbrett, um stabil zu bleiben. Sie wissen, dass die Wellen kommen und gehen, steigen und fallen. Sie können die Wellen nicht kontrollieren, aber Sie können das Surfen lernen. Versuchen Sie, ob Sie auf dem Drang, Ihr Gerät zu checken, surfen können.

Zum Schluss reflektieren Sie einen Moment: Wie würden Sie Ihre Zeit gerne verbringen, statt auf der Suche nach etwas, was Sie aufbaut, Handy, Tablet oder Computer zu checken?

Versuchen Sie, ob Sie das Impulse-Surfen den ganzen Tag über anwenden können, nicht nur um die abhängig machende Zeit vor dem Bildschirm zu begrenzen, sondern auch, um sich weniger zu Dingen getrieben zu fühlen, von denen Sie sich Bestätigung erhoffen.

Megan, eine 32 Jahre alte Grafik-Designerin, wurde vom Internet-Dating allmählich in den Wahnsinn getrieben. Sie hatte mit ihrer Freundin neun Monate zuvor Schluss gemacht, wollte wieder eine Partnerin finden, wollte aber nicht in Kneipen und Bars gehen. Sie arbeitete meist zu Hause, weshalb Möglichkeiten, andere Frauen zu treffen, sich selten ergaben. Also probierte sie es mit »*Match.com*«. Was für eine Achterbahn! Jedes Mal, wenn eine interessante Frau sie kontaktierte, stieg ihre Stimmung. Voller Selbstvertrauen und Optimismus dachte sie: »Großartig. Ich bin toll. Ich bin attraktiv. Ich habe bestimmt bald wieder eine Beziehung.« Aber wenn es dann still blieb oder jemand sich sang- und klanglos nicht mehr meldete, ging ihre Stimmung in den Keller. »Ich habe keine Zukunft. Ich werde nie eine Familie haben. Ich bin zu dick.« Manchmal stieg und sank ihre Stimmung mehrmals täglich, und sie fühlte sich getrieben, immer wieder ihre Nachrichten abzurufen. Sie sehnte sich nach positiven Nachrichten, aber die kamen nur sporadisch – so wie Gewinne am Geldspielautomaten.

Es brauchte Zeit und Mühe, aber mit Hilfe des Impuls-Surfens konnte Megan diesen regelmäßigen Drang, auf Match nachzuschauen, fühlen und ihn in den meisten Fällen einfach kommen und gehen lassen, ohne ihn in die Tat umzusetzen. Sie beschloss, auf Nachrichten nur noch einmal am Tag zu antworten: nach der Arbeit und bevor sie ins Fitnessstudio ging. Der Sport half ihr, die guten oder schlechten Gefühle zu relativieren, und sie konnte sich in dem positiven Gefühl erden, dass sie sich etwas Gutes tat, statt völlig auf die Kicks aus den sozialen Medien angewiesen zu sein.

Obwohl es bei jeder Sucht helfen kann, sich den Triggern weniger auszusetzen, hat diese Strategie doch ihre Grenzen. Was das Selbstwertgefühl angeht, sind die Trigger buchstäblich *überall* (es sei denn, Sie leben auf einer einsamen Insel). Jedes Mal, wenn wir mit einem anderen Menschen in Kontakt kommen oder eine neue Aufgabe angehen, fängt im Kopf das Beurteilen an. Glücklicherweise gibt es zur Behandlung einer Sucht noch andere Ansätze, die wir nutzen können.

Sich mit dem Schmerz anfreunden

Alles, was in der Kette vom Stimulus bis zum Verstärker die Suchtsequenz unterbricht, ist hilfreich. Vielen ist es schon aufgefallen: Eine Streicheleinheit fürs Selbstwertgefühl zu suchen, dazu fühlen wir uns vor allem dann getrieben, wenn wir eine Enttäuschung erlebt haben – ein Freund oder eine Freundin wirkten distanziert, unser Kind hat etwas angestellt, wir haben Schuldgefühle, weil wir einen Anrufer nicht zurückgerufen haben. Wenn wir uns damit vertraut machen, bei dem Unbehagen solch einer Enttäuschung *zu bleiben* – die Fähigkeit unseres Herzens zu stärken, sich dem Schmerz zu öffnen –, dann werden wir nicht mehr so verzweifelt nach einem Ausweg aus dem Schmerz suchen müssen.

Erinnern Sie sich an die Übung in Kapitel 3, während der Achtsamkeitspraxis die Aufmerksamkeit auf ein Jucken oder einen Schmerz zu lenken? Wie ein Unbehagen erträglicher wird, indem wir ihm unsere Aufmerksamkeit zuwenden, bei ihm bleiben und wahrnehmen, dass es sich mit der Zeit verändert? Dasselbe können wir mit den Körper-Empfindungen tun, wenn wir uns selbst gerade nicht gut finden. Ich lade Sie ein, das als eine Meditation auszuprobieren – es könnte Ihnen helfen, sich ein bisschen besser gegen den nächsten Absturz zu wappnen.

Übung: Die Wunde annehmen*

Nehmen Sie eine wache und würdevolle Haltung ein, Rückgrat so aufrecht wie möglich, und legen Sie die Aufmerksamkeit auf die Empfindungen beim Ein- und Ausatmen. Versuchen Sie, den Empfindungen beim Atmen über ganze Zyklen hinweg zu folgen. Lassen Sie Gedanken kommen und gehen, indem Sie die Aufmerksamkeit, wenn sie abgeschweift ist, immer wieder liebevoll zum Atem zurückbringen.

Lassen Sie nun eine Erinnerung zu an ein kürzliches Ereignis, wo Sie sich schlecht gefühlt haben – vielleicht einen Moment, wo Sie versagt haben, sich geschämt haben, abgelehnt gefühlt haben. Für den Anfang etwas Milderes, nicht völlig Überwältigendes. Nehmen Sie wahr, wie sich die Enttäuschung im Körper anfühlt. Legen Sie fürsorglich und liebevoll die Hand auf diesen Bereich.

Atmen Sie nun einfach mit diesen – oder in diese – körperlichen Empfindungen. Wir versuchen nicht, sie wegzubekommen, sondern die Fähigkeit zu steigern, die Empfindungen einfach zu *fühlen*. Versuchen Sie, den Empfindungen freundlich zu begegnen, mit einer Einstellung von »ist schon in Ordnung, jeder fällt mal hin«.

Wenn Sie eine Aversion spüren – »Ich hasse das«; »Hoffentlich ist das bald vorbei«; »Diese Übung ist doof« – lassen Sie diese Gedanken kommen und gehen und kehren mit der Aufmerksamkeit sanft wieder zu den körperlichen Empfindungen der Enttäuschung und Verletzung zurück.

Wenn das Unbehagen abflaut, versuchen Sie, es wieder ein bisschen aufzuputschen. Vielleicht müssen Sie sich an eine andere Verletzung erinnern oder bei der ersten mehr ins Detail gehen. Die Idee ist,

* Sie finden diese Übung auf *www.arbor-online-center.de/begleitmaterial/* Verwenden Sie den Code *nd5o7k*, um sie kostenlos herunterzuladen oder zu streamen.

das Unbehagen während der ganzen Übung aufrechtzuerhalten, sodass Sie Vertrauen in Ihre Fähigkeit entwickeln können, dabei zu bleiben und trotzdem freundlich zu sich zu sein.

Viele Menschen haben, wenn sie diese Übung ausprobieren, am Anfang eine starke Aversion gegen den emotionalen Schmerz – nicht umsonst sind wir daraufhin angelegt, im sozialen Vergleich Spitze sein zu wollen, gemocht zu werden und generell uns selber gut zu finden. Vielleicht spüren Sie einen Impuls, einen neuen Kick zu suchen, damit das Gefühl weggeht. Wenn Sie aber diese Übung regelmäßig machen, werden Sie sehen, dass der Schmerz einer Niederlage in Wirklichkeit, so wie jede andere Emotion, aus einer Gruppe von körperlichen Empfindungen besteht, die von Gedanken und/oder Bildern begleitet werden. Überraschung: Wenn wir uns ohne Widerstand den Empfindungen öffnen, neigen sie dazu, sich zu verwandeln, und womöglich müssen wir sie sogar wieder ein bisschen aufputschen.

Es war Isabellas erste Stelle nach der Uni: Vertriebsfrau für Gewerbe-Immobilien. Sie hatte alle Tests bestanden, war aber jedes Mal, wenn ein Deal scheiterte, voller Selbstzweifel. »Ich hätte ihn nicht so drängen sollen.« – »Ich hätte es mir denken können, dass der Eigentümer den Ausbau nicht will.« Aber sie war zäh, und ein paar Minuten nach einer schlechten Nachricht arbeitete sie schon wieder am nächsten Projekt. Allerdings machte ihr das alles großen Stress, weil sie auf Biegen und Brechen den nächsten Erfolg brauchte.

Also probierte Isabella, ob sie es ertragen könnte, ein Weilchen bei ihren Gefühlen des Versagens zu bleiben, bevor sie wieder Gas gab. Am Anfang war das schwer. »Ich hatte Angst, ich würde aufgeben, wenn ich nicht sofort weitermachte. Und ich wollte dieses flaue Gefühl im Magen wirklich weghaben.« Aber als sie sich ein paar Minuten Zeit nahm, um einfach nur bei den schmerzhaften Empfindungen zu bleiben, freundlich zu sich zu sein und sich zu erinnern, dass wir alle im Leben haufenweise Misserfolge und Enttäuschungen erleben, konnte sie ein wenig entspannen. Mehr noch: Sie stellte fest, dass sie, indem sie sich ein wenig Zeit genommen hatte, um den Verlust zu betrauern, unverkrampfter und mit klarerem Kopf zurück an die Arbeit ging. Ihrem Schmerz nachzuspüren half ihr auch zu sehen, von welchen Bausteinen ihres Selbstwertgefühls sie besonders abhängig war. »Ich glaube, ich will halt einfach das erfolgreichste Kind in der Klasse sein.« – »Ich will, dass alle mich für super-tüchtig halten.«

Je beherzter wir schmerzhafte Gefühle wie Scham, Misserfolg oder Ablehnung annehmen und je freundlicher wir in diesem Prozess zu uns selber sein können, desto weniger werden wir uns getrieben fühlen, wieder etwas zu arrangieren, was unseren Schmerz wegnimmt. In den kommenden Kapiteln werden wir weitere Übungen ausprobieren, die uns dabei helfen können; unter anderem auch verschiedene Möglichkeiten, liebevoll zu uns selber zu sein, wenn wir leiden, und Möglichkeiten, die Wunden und Enttäuschungen von heute zu benutzen, um die Wunden aus der Vergangenheit zu heilen.

Nicht-toxische Freuden

Die Befreiung aus der Sucht nach Kicks fürs Selbstwertgefühl erfordert eine dreifache Anstrengung: im Kopf, im Herzen und in den Gewohnheiten. Wir haben über die Reduzierung der Trigger-Situationen gesprochen, über das Erlernen von Frustrationstoleranz und über das Surfen auf den Impulsen, unseren Gelüsten nachzugeben: alles Wege, aus abhängig machenden Endlosschleifen freizukommen. Aber es gibt noch einen weiteren nützlichen Weg: auf der staubigen Ebene neue, gesündere Furchen zu ziehen; Alternativen zu unserem abhängig machenden Verhalten zu praktizieren, die positivere Konsequenzen haben.

Wenn Sie die Gewohnheit haben, die Frustrationen des Tages mit Alkohol zu »behandeln«, könnten Sie es mit einem Spaziergang im Park versuchen, Yoga zu machen, zu meditieren oder einen Freund zu besuchen. Wenn Kekse Ihre Droge sind, könnten Sie eine Obst-Sucht aufbauen. Wenn Sie mit dem Rauchen kämpfen, könnten Sie es mit Kaugummi versuchen. Wenn Sie sich getrieben fühlen, auf Facebook oder Instagram nach Likes Ausschau zu halten, rufen Sie einen Freund oder eine Freundin an oder hängen mit Ihrer Familie ab. So machte es Megan, wenn sie nach dem Besuch bei Match ins Fitnessstudio ging – sie fand einen nachhaltigeren Weg zum Wohlbefinden als das Warten auf ein neues, Glück verheißendes Date.

Aber warum wenden wir uns nicht von vornherein solchen Freuden und Vergnügungen zu? Warum stürzen wir uns stattdessen so oft auf das süchtig machende Verhalten? Hier sind wieder einmal unsere biologischen Dispositionen am Werk.

Es scheint nämlich mindestens zwei Arten des Glücks zu geben. Die eine ist das Glück der Begeisterung – das Anfluten von Dopamin im Nucleus accumbens, das Fließen von Adrenalin in den Adern. Dies ist das Glück, das Genussmittel liefern, Alkohol, romantische Liebesaffären, wilde Abenteuer, Sex und die vielfältigen Streicheleinheiten für das Selbstwertgefühl. Es kann großen Spaß machen und muss nicht unbedingt nachteilig sein. Es beruht auf Lustgewinn; Psychologen nennen es »Hedonia«.

Bei der anderen Form des Glücks, »Eudaimonia«, geht es um eine tiefere Erfüllung im Leben. Es ist ein Zustand des Wohlbefindens, der Sinnerfüllung und Befriedigung statt nur ein Gefühl unmittelbaren Lustgewinns. Wir erleben Eudaimonia, wenn wir einem kranken Freund die Hand halten, uns an einer Blume freuen oder beim Betreten einer Kirche oder eines Tempels ehrfürchtig erschauern – kein aufregendes High, sondern ein Moment voll tiefer Bedeutung. Es ist das Glück, das aus dem Annehmen des Gewöhnlichen kommt.

Viele nicht-toxische Alternativen zu abhängig machendem Verhalten fördern diese zweite Form des Glücks. Sie führen eher zu Zufriedenheit statt zu Begeisterung und entstehen, wenn wir das tun, was, wenn wir unseren Werten folgen, am wichtigsten ist. Interessanterweise hat schon der Buddha (wie es scheint, ein früher Experte in Sachen Sucht-Therapie) von diesen zwei Arten des Glücks gesprochen. Er sagte: »Was andere Glück nennen, nennen die Edlen (= Erwachten) Leiden. Was andere Leiden nennen, hat sich den Edlen als Glück erwiesen.« Er behauptete, basierend auf seiner persönlichen Erfahrung mit Achtsamkeits- und anderen Praktiken: Der Friede und die Befriedigung, die im Gegenwärtig-Sein liegen, im vollen Einlassen auf das Erleben im Hier und Jetzt – ob angenehm oder unangenehm –, erwiesen sich letzten Endes als erfüllender als die Suche nach Lustgewinn.

Da hedonistisches Glück relativ leicht zu haben ist (im Kühlschrank oder im Internet steht es immer zur Verfügung) und so schnell abhängig macht, ist es sehr leicht, sich darin zu verstricken. Das soll nicht heißen, dass an tollem Sex, Eiscreme, einem Drink, einem Lottogewinn oder einer Eins im Zeugnis etwas falsch ist. Wir müssen nicht zu Asketen werden. Es geht eher darum, dass, wenn wir nicht aufmerksam sind und die Suche nach hedonistischem Lustgewinn auf Kosten von Alternativen geht, wir am Ende womöglich unzufriedener dastehen. Und so, wie wir für Bier, Kekse oder Zigaretten Ersatzgewohnheiten entwickeln können, wenn sie problematisch geworden sind, so kann das auch im Bereich des Selbstwertgefühls hilfreich sein.

Ein besonders effektiver Ersatz ist das volle Auskosten der Gegenwart. In dem Maße, wie wir mithilfe der Achtsamkeitspraxis aus unserem Gedankenstrom heraustreten und eine Art »hochauflösendes Bewusstsein« entwickeln können, werden wir dazu tendieren, uns voller auf das Hier und Jetzt einzulassen, und werden Befriedigung und Erfüllung erleben, ohne eine großartige Figur abgeben zu müssen. Das kann alles Mögliche sein: den Geschmack eines Apfels zu genießen oder mit der Natur oder Gott Zwiesprache zu halten (wobei wir immer auf der Hut sind, nicht in ein »Schau mal, wie spirituell ich bin« zu verfallen, was eher wieder eine Dopaminspritze wäre).

Und dann ist da noch die alles verwandelnde Magie menschlicher Beziehungen – vielleicht das stärkste Gegengift gegen die Sucht nach Selbstbestätigung. Verbundenheit in Beziehungen schafft zuverlässig physisches und mentales Wohlbefinden und reduziert gleichzeitig unsere Sorge um sozialen Status und Beliebtheit dramatisch. Sie ist eine reichhaltige, befriedigende, sinnstiftende Alternative zu unserer Egozentrik und steht uns ganz normalen Menschen zur Verfügung. Und das Großartige ist: Sie zu kultivieren ist nicht schwer.

TEIL IV

Aufbruch ins Freie

ERPROBTE WEGE INS ZUFRIEDEN-SEIN

9 Kontakt aufnehmen, nicht Eindruck schinden

Sie können in zwei Monaten mehr Freunde gewinnen, wenn Sie anfangen, sich für andere Leute zu interessieren, als wenn Sie zwei Jahre lang versuchen, andere Leute für sich zu interessieren.

DALE CARNEGIE[103]

Wann war das letzte Mal, wo Sie wirklich ausgerastet sind, die Kontrolle verloren haben? Sich so aufgeregt haben, dass Sie nicht mehr klar denken konnten? Sehr wahrscheinlich, dass es in einer Beziehung passiert ist, als jemand etwas sagte oder tat, was Sie verletzte, ärgerte oder ängstigte.

Wann war das letzte Mal, wo Sie sich sicher gefühlt haben, geliebt, warm und zufrieden – unbesorgt, wie Sie aussahen, ob Sie ein guter Mensch sind, erfolgreich oder ein Versager, beliebt oder nicht? Sehr wahrscheinlich, dass es *auch* in einer Beziehung passiert ist, als Sie eine tiefe Verbindung zu jemandem hatten.

Beziehungen sind der Ort, wo Verletzungen des Selbstwertgefühls am meisten wehtun und wo die Versuche, das Selbstbild zu wahren, am hirnlosesten sind. Aber sie sind es auch, die uns aus der Selbstwert-Achterbahn retten können und den Weg zu einem erfüllten Leben darstellen. Es hängt alles davon ab, welche Art von Beziehung wir anstreben.

Auf Liebe eingestellt ...

Unser Bedürfnis nach Verbundenheit reicht tief. Ganz grundsätzlich wollen wir uns alle sicher und geliebt fühlen. Es war schlicht lebensgefährlich, in der afrikanischen Savanne aus dem Stamm verstoßen zu werden, und wenn wir als Babys keine Bezugspersonen haben, die auf unsere Bedürfnisse reagieren, sind wir geliefert. Während Psychologen sich früher darauf konzentrierten, wie Autonomie und Unabhängigkeit gefördert werden können, weist uns die Wissenschaft heute unmissverständlich darauf hin, dass sichere soziale Bindungen für ein lebenslanges Wohlbefinden weitaus wichtiger sind. Sie sind das zentrale Element in einer gelingenden Elternschaft, aber auch die geheime Würze in der Psychotherapie, wo sie der belastbarste Indikator für gute Behandlungserfolge sind.[104] Ihre Bedeutung für unser Wohlbefinden ist so zentral, dass unser Nervensystem evolutionär Wege gebahnt hat, auf denen eine sichere soziale Bindung unsere Stressreaktion besänftigen kann.[105]

Das Leben ist oft hart, aber, wie ein türkisches Sprichwort sagt: »In guter Gesellschaft wird einem kein Weg zu lang.« Wie können wir die Art von Bindung und Beziehung entwickeln, die zu Wärme und Zufriedenheit beiträgt, dem Leben Sinn gibt und uns den Weg leichter macht? Wie könnten wir die Beziehungen, die uns in den Wahnsinn treiben, transformieren? Schauen wir uns doch einmal an, was der Treibstoff für die gestörten ist.

Liebes-Romantik: Raketentreibstoff fürs Selbstwertgefühl

Erinnern Sie sich, wie es war, als Sie zum ersten Mal die Leidenschaft und Romantik der Liebe zu kosten bekamen? Wie diese erste Berührung, dieser erste Kuss war? Wie Sie den nächsten Anruf, die nächste SMS, das nächste Date kaum erwarten konnten?

Was war der Treibstoff für diese Magie? Wie kommt es, dass, obwohl wir ansonsten in einer facettenreichen und komplizierten Welt leben, wo wir an anderen Menschen alles Mögliche mögen oder nicht mögen, in der romantischen Liebe ein anderer Mensch plötzlich perfekt sein kann? Wie wird alles an diesem anderen Menschen – Haare, Hände, Füße, Lachen, Lächeln, die ganze Persönlichkeit – so wunderbar?

Natürlich half der romantische Enthusiasmus unseren Vorfahren zweifellos bei der Paarung, was für das Überleben unserer Spezies wichtig war; aber ein starkes Element einer intensiven romantischen Verliebtheit ist ihre Wirkung auf unsere Selbsteinschätzung. Und so funktioniert's: Wenn ich dich wertvoll und begehrenswert finde (du bist attraktiv, cool, clever, sexy, reich, vertrauenswürdig, freundlich, lustig oder sonst irgendwie besonders) und du *mich* willst, dann muss *ich* auch ganz schön toll sein. Alle meine emotionalen Verletzungen und Unsicherheiten seit der Kindheit sind plötzlich wie weggewischt. Ich bin nicht mehr der picklige Nerd, der beim Sport immer als Letzter in die Mannschaft gewählt wird, der in der Cafeteria alleine dasitzt oder sich am Samstagabend zu Hause langweilt. Wenn du toll bist und findest, dass ich auch toll bin, dann gehört all mein Leiden an mir selbst der Vergangenheit an.

Für Joey war das wie ein Zaubertrank. Seine Kindheit war ziemlich gut gewesen, er hatte Erfolg in der Schule und hatte liebevolle Eltern. Aber ab der Pubertät wurde klar, dass etwas nicht stimmte. Alle anderen Kinder schossen in die Höhe, nur er nicht. Es dauerte nicht lange, und er war der Kleinste in der Klasse. Seine Eltern stellten ihn mehreren Ärzten vor, und die sagten: »Manche Kinder bleiben eben klein.«

Joeys Selbstwertgefühl stürzte ab. Er verkroch sich in sein Zimmer. Wenn er mit anderen Kindern zusammen war, fühlte er sich als kümmerlicher Wicht. Er interessierte sich für mehrere Mädchen, dachte aber immer: »Nie im Leben mögen die mich.«

Als er erwachsen war, kauft Joey teure Autos und Klamotten, trank erlesene Weine, reiste um die Welt und sprach irgendwann mehrere Fremdsprachen fließend. Aber er fühlte sich trotzdem zu klein – bis er Melanie traf. Sie sah hinreißend aus, war lustig und kontaktfreudig. Kaum zu glauben, aber sie verliebte sich in ihn, obwohl sie größer war. Was für eine Wendung! »Zum ersten Mal seit meiner Kindheit fühlte ich mich cool und selbstsicher.«

Newton hatte recht

Warum ist diese Art von romantischer Lösung für unsere Selbstwert-Probleme nicht von Dauer? Warum haben wir so viele Höhen und Tiefen? Der Ärger geht gewöhnlich dann los, wenn irgendetwas unsere Idealisierung unterbricht. Vielleicht hast du meine Gefühle verletzt, weil du auf meine Textnachricht nicht geantwortet hast, nichts Schönes für meinen Geburtstag geplant hast, nicht über meine Witze gelacht hast. Vielleicht drückst du die Zahnpastatube immer in der Mitte oder klappst den Klodeckel nicht runter. Und ich frage mich: »Womöglich bist du doch nicht so großartig, wie ich dachte?«

Sobald ich denke, dass du doch nicht so großartig bist, wie ich dachte, löst es nicht mehr alle meine Probleme, dass ich dich begehre. Wenn ein gewöhnlicher Sterblicher, eine gewöhnliche Sterbliche (oder etwas noch Schlimmeres!) mich mag, na ja, dann ist das eben nicht mehr so die tolle Hilfestellung für mein Selbstbild.

Noch schlimmer ist, wenn ich dich weiter idealisiere, aber du mich nicht mehr magst. Von »Ich bin großartig, weil ich einen tollen Partner, eine tolle Partnerin habe« springe ich zu »Ich bin ausgemustert«.

Es gibt zahllose weitere, höchst brüchige romantische Muster im Hinblick auf unser Selbstwertgefühl, auf die wir verfallen können: etwa, dass wir uns selber kleinmachen, um den Partner zu überhöhen und damit ihn (oder sie) halten zu können; oder dass wir tyrannisch und kontrollierend sind und damit versuchen, Partner oder Partnerin davon abzuhalten, dass er oder sie uns verlässt.

Ist es Ihnen auch schon so gegangen, dass ein fünfminütiger Wortwechsel mit dem oder der Liebsten Ihnen den ganzen Tag verdorben hat? Bei den allermeisten von uns braucht es nicht viel, nicht einmal in stabileren romantischen Beziehungen, um von »Du bist wunderbar, und ich fühl mich großartig, wenn ich mit dir zusammen bin« zu »Du taugst nichts, und ich fühl mich miserabel, wenn ich mit dir zusammen bin« zu springen. In dem Maße, wie unsere Beziehungen darauf beruhen, dass sie *unser* Selbstwertgefühl aufputschen sollen, sehen wir den Partner oder die Partnerin nicht klar. Stattdessen beziehen wir uns auf Projektionen und Bilder des Gefährten, der Gefährtin, die blitzartig umschlagen können.

Das passierte auch Joey und Melanie. Nachdem sie rund ein Jahr zusammen gewesen waren, begann er – obwohl sie hinreißend aussah, lustig und kontaktfreudig war – zu denken: »Die Hellste ist sie ja nicht gerade.« Er war in einer Familie aufgewachsen, die die Menschen als entweder intelligent oder nicht intelligent abstempelte, und er begann den Verdacht zu hegen, dass sie zur zweiten Gruppe gehörte. Sie schaute ja tatsächlich diese Doku-Soaps! Als die Zweifel an Melanie sich verfestigten, kam Joeys Unsicherheit zurück. Wieder kam er sich zu klein vor, und beim Gedanken, wieder auf Partnersuche zu gehen, wurde ihm unwohl.

Süchtig nach dem Kick

Wie wir gesehen haben, ist alles, was uns schnell und effektiv vom Schmerz zur Lust befördert, ein Sucht-Kandidat. Es ist deshalb keine Überraschung, dass Menschen überall von ihrem/ihrer Liebsten besessen sind und ständig an ihn oder sie denken. Vor einem Date sind wir völlig aus dem Häuschen und nach einer Trennung verkriechen wir uns. Wir machen alberne, leichtsinnige Sachen, um an unseren Beziehungen festzuhalten. Und wir sind rückfallgefährdet: Jahre, nachdem eine verrückte Liebesaffäre zu Ende gegangen ist, finden wir uns plötzlich vor dem Bildschirm wieder und suchen auf Facebook unsere alte Liebe (und fahren nebenbei unser Leben an die Wand).

Wenn man einen Gehirn-Scan von Menschen macht, während sie sich Bilder des oder der Geliebten anschauen, zeigt eine Dopamin produzierende Region, die mit dem Nucleus accumbens verknüpft ist (dem Zentrum, das von den Likes in den sozialen Medien oder Drogen wie Kokain aktiviert wird) eine gesteigerte Aktivität. Je attraktiver der/die Partner(in), desto mehr Aktivität.[106]

Wir sind also biologisch prädisponiert, nach romantischer Liebe süchtig zu werden. Das ist auch total sinnvoll, weil es auf unwiderstehliche Weise zwei fundamentale Bedürfnisse bedient: sich selber gut zu finden (das hebt unseren Status in der Primatenhorde) und gemocht zu werden (damit wir nicht in die Wildnis verstoßen werden). Aber so wie bei jeder Sucht gibt es einen Ausweg. Wir können eine andere, eine stabilere Art von Liebe entwickeln, die sogar ein mächtiges Gegengift gegen genau die Art von Problemen mit dem Selbstwertgefühl und dem sozialen Vergleichen darstellt, die uns nach romantischer Liebe süchtig machen.

Adieu, Cupido!

Nachdem er sich von Melanie getrennt hatte, durchlebte Joey eine Reihe turbulenter, schmerzhafter Beziehungen. Sie folgten einem vorhersehbaren Muster. Er fühlte sich einsam und unzufrieden, obwohl er mehrere Frauen hatte, denn alle hatten irgendeinen sehr unromantischen Makel. »Ihr fehlt es einfach an Stil und Niveau.« – »Die Chemie stimmt nicht.« – »Sexuell macht sie mich einfach nicht so an.« Oft traf er dann eine, die richtig toll schien, und sein Selbstgefühl stieg und fiel, je nachdem, ob sie ihn zu mögen schien. Ganz verzagt wartete er auf irgendeine Nachricht, fühlte sich unschlagbar, wenn er sie bekam – um dann wieder abzustürzen, wenn sie nichts mehr von sich hören ließ.

Nach ein paar Jahren voller Höhen und Tiefen traf er Kim. Sie war nicht besonders atemberaubend oder brillant, was ihn zuerst ernüchterte. Aber sie hatte etwas Verlockendes. Sie war außergewöhnlich ehrlich und introspektiv und verlangte dasselbe von ihm. Er begann sich auf vielfältige Weisen neu zu öffnen, die er vorher nicht gekannt hatte, und spürte eine Verbindung, die nicht auf der Idee beruhte, dass er oder sie etwas ganz Besonderes sei. »Es ist komisch – sie mag mich sogar mehr, wenn ich zugebe, dass ich traurig oder ängstlich bin.« – »Wir schauen uns stundenlang in die Augen und sind einfach ehrlich.« Aber die größte Überraschung war: »Wir haben ein tolles Sexualleben, obwohl etwas dabei anders ist. Es ist, als würden wir verschmelzen und ich aufhöre, an mich zu denken. Wir spielen, experimentieren und kuscheln viel.«

Die vielen Formen der Liebe

Joey war nicht der Erste, der diese andere Form der Liebe entdeckte. Die alten Griechen nannten die leidenschaftliche, süchtig machende Liebe – die, die unsere Belohnungszentren feuern lässt, sich wie eine Achterbahn anfühlt und so eng mit unserem Selbstwertgefühl zusammenhängt –

Eros. Sie hatten einen Gott desselben Namens, Sohn der Aphrodite, der Göttin der sexuellen Liebe und der Schönheit. Eros (oder Cupido, wie ihn die Römer nannten) war ziemlich boshaft und machte damals, so wie heute, Göttern und Sterblichen eine Menge Probleme, weil er seine Pfeile wahllos in arglose Herzen schoss.

Folgendes hat sich herausgestellt: Wenn Menschen in einer leidenschaftlichen romantischen Liebesbeziehung stecken, zeigen sie mehr Aktivität in einer Gehirnregion namens *posteriorer zingulärer Kortex (PCC),* die mit ego-zentriertem, bewertendem Denken assoziiert ist.[107] *Eros* ist also ganz schön selbst-zentriert – was wiederum dazu passt, dass er so eng mit unserem Selbstwertgefühl zusammenhängt. Wir denken viel an unseren romantischen Liebespartner, aber so wie bei anderen Abhängigkeiten gibt es oft einen unausgesprochenen, ja sogar ungesehenen Subtext: *Was kannst du für mich tun?*

Alle anderen, von den Griechen beschriebenen Arten der Liebe sind Wege zu einer sicheren Verbundenheit. Dazu gehören die Zuneigung zwischen Eltern und Kindern, die Liebe in einer Freundschaft sowie die *agape*, selbstlose Liebe, die allen Menschen entgegengebracht wird – und die in der christlichen Tradition zur Gottesliebe wie auch zu Gottes Liebe für uns wird. Diese Arten der Liebe sind es, die (in verschiedenem Maße) in Beziehungen aktiviert werden, die nicht so an unser Selbstwertgefühl gekoppelt sind.

In Studien hat sich gezeigt, dass sowohl Mütter, die für ihre Kinder sorgen, wie auch nicht-obsessiv Liebende weniger Aktivität im posterioren zingulären Kortex aufweisen, wenn sie an ihre Kinder oder Liebhaber denken. Und wenn Menschen die Meditation der liebevollen Güte praktizieren, in der sie liebevolle Gefühle erzeugen, indem sie anderen Gutes wünschen, dann werden die durch die leidenschaftlich romantische Liebe aktivierten Belohnungspfade beruhigt.[108] Es sieht so aus, dass wir, so wie Joey, auf eine Art lieben lernen können, die weniger süchtig machend ist, weniger auf uns selber fixiert, befriedigender – und zu weniger Verrücktheiten führt.

Das soll alles keineswegs heißen, dass romantische Liebe oder Sex nicht Spaß machen oder aufregend sein sollen oder können. Es geht nur darum, dass sie, wenn wir die Sorge um unser Selbstwertgefühl ein wenig mäßigen können, eine Gefühlsqualität tieferer und dauerhafterer Verbundenheit bekommen. Welche Rolle haben Probleme des Selbstwertgefühls in Ihren intimen Beziehungen gespielt? Haben Sie Wege zu tieferer Geborgenheit und Verbundenheit gefunden?

Übung: Liebe und Selbsteinschätzung trennen

Nehmen Sie sich zunächst einen Moment Zeit, die Augen zu schließen, sich achtsam dem Atem zu widmen und Ihre Aufmerksamkeit in die Gegenwart zu bringen.

FRÜHE LEIDENSCHAFT

Denken Sie nun an eine Ihrer ersten, leidenschaftlichsten Liebesbeziehungen zurück (ja, genau die!). Erinnern Sie sich, wie Ihre Gefühle sich veränderten, als der/die Liebste Interesse an Ihnen zeigte. Was waren zu jener Zeit die Bausteine Ihres Selbstwertgefühls? Was waren Ihre größten Unsicherheiten? Was geschah mit diesen Unsicherheiten, als Ihr(e) Partner(in) Zuneigung zeigte?

Erinnern Sie sich nun, wie es war, als der/die Liebste Ihnen gegenüber wütend war, abweisend oder gleichgültig. Was passierte mit Ihrem Selbstgefühl? Was passierte mit Ihren Unsicherheiten?

ANDERE LIEBE

Schauen Sie nun, ob Sie sich an eine intime Liebesbeziehung erinnern können, in denen die Sorge um das Selbstbild eine kleinere Rolle spielte. Erinnern Sie sich, wie Sie sich und was Sie bei diesem Menschen fühlten. Was zog Sie zu der Beziehung hin? Was stieß Sie ab? Wie fanden Sie sich selbst, als Sie in dieser Beziehung waren? Wie fanden Sie sich selbst, wenn der/die Liebste Ihnen gegenüber wütend war, abweisend oder gleichgültig? Inwiefern war diese Beziehung anders?

IHRE LIEBE HEUTE

Sind Sie derzeit in einer Liebesbeziehung? Spielen Ihre Selbstwertprobleme dabei eine Rolle? Finden Sie sich mächtig toll, wenn Sie an das Zusammensein denken? Wenn Sie denken, Ihr(e) Partner(in) sei nicht so toll oder eher enttäuschend, haben Sie dann das Gefühl, Sie würden »abgespeist«?

Intime Verbundenheit nähren

Tut mir leid, dass ich diese Hiobsbotschaft überbringen muss, aber: Wenn in Ihrer derzeitigen Beziehung Selbstwert-Probleme eine zentrale Rolle spielen, werden am Ende alle enttäuscht sein.

Das heißt aber nicht unbedingt, dass Sie mit der falschen Person zusammen sind. Wir werden die Sorge um unser Selbstwertgefühl nicht abtöten – sie ist biologisch verankert. Und wir würden nicht mit einem Partner oder einer Partnerin zusammenleben wollen, der oder die uns im großen Ganzen nicht wertschätzen und respektieren würde. Aber es kann sehr befreiend sein, ganz bewusst die Aspekte einer Beziehung zu nähren, die sichere Verbundenheit schaffen, statt unser Ego aufzubauen.

Zwar ist jedes Paar anders, aber es gibt zuverlässige Mittel und Wege, mit Herz, Kopf und Lebensgewohnheiten zu arbeiten, die es uns erleichtern, dauerhafte und befriedigende Verbundenheit zu entdecken.

Wagen Sie es, ehrlich und verletzlich zu sein

In der Verbundenheit einer sicheren Liebesbeziehung fühlen wir uns vom Partner oder der Partnerin gesehen, gehört und verstanden. Den Schein zu wahren, die eigene Scham zu verstecken, stark wirken zu wollen – das alles stört dabei nur. Joey war schockiert, dass Kim von seinen Ängsten und Sehnsüchten tatsächlich etwas hören *wollte*, und sie fühlte sich geliebt und beachtet, wenn er sich ihre anhörte.

Nehmen Sie sich Zeit zum Reden. Riskieren Sie es, Ihrem Partner die Wahrheit zu sagen, wie Ihr Tag war – vor allem, was Ihr Herz berührt hat –, und laden Sie Ihren Partner ein, das auch zu tun. »Es hat mich verletzt, dass der Chef meine Idee nicht gut fand.« – »Ich mache mir Sorgen um meine Schwester.« – »Der Sonnenuntergang war schön, als ich heimfuhr.« Nehmen Sie Impulse wahr, sich zu verschließen, zu verkrampfen, zurückzuweichen und Gedanken und Gefühle für sich behalten zu wollen, und schauen Sie, ob Sie stattdessen aufmachen und Ehrlichkeit riskieren können. Nehmen Sie wahr, welche Gefühle Sie vom (Mit-)Teilen abhalten.

Sich hingeben

Ob man miteinander schläft oder nur Händchen hält: Zu einer tiefen Verbindung gehört es, sich einander und dem Moment hinzugeben. Das wird leichter, wenn wir unsere Aufmerksamkeit in die Gegenwart bringen (Achtsamkeitspraxis hilft) und uns bewusst erinnern, loszulassen. Das war für Joey neu und beeindruckte ihn sehr. »Meine Schutzschilde waren immer hochgefahren. Ich hielt immer etwas zurück, behielt es für mich. Aber bei Kim nicht. Weil wir uns so nahe sind, habe ich manchmal Angst, dass ich die Kontrolle verliere oder mich in Luft auflöse, aber wenn ich nachgebe, ist es toll.«

Was braucht mein Partner?

Eine wirksame Alternative zu dem Gegrübel, was eine Beziehung über einen selbst aussagt, ist es, sich darauf zu fokussieren, dem Partner bei der Befriedigung seiner oder ihrer Bedürfnisse zu helfen. Wenn Sie in einer intimen Beziehung leben, können Sie sich jetzt einen Moment Zeit nehmen und sich drei Verhaltensweisen vergegenwärtigen, die Sie zuverlässig von Ihrem Partner entfremden (wird wahrscheinlich nicht lange dauern, die Liste aufzustellen). Bei mir und meiner Frau sind es folgende: 1. Arrogant klingen. 2. Keinen Blickkontakt halten, wenn sie mir etwas Wichtiges sagt. 3. Ein Mitglied ihrer Familie kritisieren. Denken Sie jetzt an drei Verhaltensweisen, die Sie einander näher bringen. Meine Möglichkeiten: 1. Zeit nehmen und wirklich zuhören. 2. Betten machen. 3. Mit dem Kochen anfangen, bevor sie von der Arbeit kommt. Der einfache Entschluss, das eine bleiben zu lassen und das andere mehr zu tun, kann enorm helfen, Verbundenheit zu fördern.

Hier muss auch daran erinnert werden, dass das, was der Partner oder die Partnerin braucht, nicht unbedingt das ist, was wir brauchen. Der Partner braucht zum Beispiel mehr Raum, wenn er oder sie verletzt ist, während wir uns vielleicht sofort damit befassen wollen. Für den einen stellt Sex die Verbindung wieder her, während jemand anderes erst eine Verbundenheit spüren will, um Sex haben zu können. Zu einer gefahrlos-sicheren Verbundenheit gehört, dass wir unser Gegenüber fragen, was ihm Nähe ermöglicht, und entsprechend zu reagieren – was für sich schon dem Partner oder der Partnerin das Gefühl gibt, verstanden, gehört und geliebt zu sein. Und wenn jemand in dieser Kunst des Erfragens von Wünschen oder Bedürfnissen nicht so gut ist, riskieren Sie einfach, es trotzdem auszusprechen.

Verbundenheit zum Ziel machen

Mich schaudert es im Nachhinein, wenn ich an die vielen Male denke, wo ich mir wegen irgendetwas Sorgen gemacht, in erregtem Tonfall etwas zu meiner Frau gesagt und damit unsere Verbundenheit zerrissen habe. »Hast du die Zeitung jetzt abbestellt?« – »Was hat denn der Arzt gesagt?« – »Hast du die Quittung?« Jedes Mal war ich auf eine Äußerlichkeit fixiert und mir meines Tonfalls überhaupt nicht bewusst. Oft steckte hinter meiner Erregung auch eine vermeintliche Gefahr für mein Selbstbild: Ich wollte mir nicht blöd vorkommen, kein Schlamper sein, kein Dummkopf, weil ich dieses oder jenes nicht auf die Reihe bekam.

Glücklicherweise ist meine Frau eine gute Lehrerin. Sie hat mir klargemacht, dass es viel effektiver ist, gleich zu Anfang nette Worte zu finden, als verbal aggressiv zu sein und dann erst einmal die verletzten Gefühle des anderen besänftigen zu müssen.

Versuchen Sie wahrzunehmen, wenn Sie mit irgendeiner Aufgabe beschäftigt sind, was in Ihrer Beziehung passiert. Bringt Ihr Tonfall Sie beide zusammen, als Team, oder stoßen Sie bei der Verfolgung Ihres Zieles Ihren Partner eher ab? Sind Sie wegen einer Beule im Selbstwertgefühl so mürrisch? Den Schmerz zu äußern kann Sie einander näher bringen. Sich einfach zu vergegenwärtigen, dass es mindestens zwei Ziele gibt – die Aufgabe zu bewältigen und in Verbindung zu bleiben –, kann enorm helfen, Verbundenheit zu fördern.

Üben Sie Beziehungs-Achtsamkeit

Eine Technik, um auf die Beziehung eingestimmt zu bleiben, ist die Praxis relationaler oder interpersoneller Achtsamkeit. Es hilft, als Grundlage zunächst eine regelmäßige individuelle Achtsamkeitspraxis zu etablieren, sodass Sie aufmerksam wahrnehmen können, was bei Ihren Interaktionen mit dem Partner oder der Partnerin bei Ihnen beiden geschieht.

Übung: Drei Objekte der Bewusstheit

Vergegenwärtigen Sie sich: Ihre Absicht ist es, die bestmögliche Verbindung zu Ihrem Partner oder Ihrer Partnerin aufzubauen. Versuchen Sie, sich während einer Interaktion dreier Bereiche bewusst zu sein. Wahrscheinlich werden Sie es schwierig finden, sich gleichzeitig allen dreien zu widmen, lassen Sie deshalb Ihre Aufmerksamkeit am besten zwischen ihnen rotieren:

1. Nehmen Sie die Gedanken, Gefühle und Empfindungen wahr, die in Ihrem eigenen Körper und Geist auftauchen. Nutzen Sie Ihren Körper als Informationsquelle – beobachten Sie, ob Sie Anspannung oder Verkrampfung spüren und wann Sie sich entspannt und offen fühlen. Wenn Anspannung aufkommt, atmen Sie gezielt in die verspannten Bereiche, damit sie sich öffnen können.
2. Sehen Sie Ihren Partner oder Ihre Partnerin aufmerksam an. Nehmen Sie den Gesichtsausdruck auf, die Körperhaltung, Gesten. Versuchen Sie, ob Sie spüren können, was er oder sie in jedem Moment fühlt. Nehmen Sie wahr, wie Ihr eigener Körper auf Wechsel in Körpersprache, Worten und Haltung Ihres Gegenübers reagiert.
3. Nehmen Sie wahr, wie verbunden Sie sich miteinander fühlen und wie sich das laufend ändert. Das ist der Sinn dafür, dass ich mich von dir *gefühlt fühle* und du dich von mir *gefühlt fühlst.* Es mag schwer zu beschreiben sein, aber es gibt die Momente, in denen wir uns eher als ein »Wir« fühlen, und Momente, in denen wir uns eher als »ich« getrennt von »dir« fühlen. Wenn wir verbunden sind, ist uns gewöhnlich warm ums Herz, wir fühlen uns sicher und einander nah statt vorsichtig, defensiv oder distanziert.

Nehmen Sie wahr, während Sie in Achtsamkeit interagieren, was Ihnen ein Gefühl der Nähe und was ein Gefühl der Distanz gibt. Sie werden wahrscheinlich feststellen: Wenn Ihr Geist in den Bewertungs-Modus schaltet – wenn Sie sich oder den Partner/die Partnerin beurteilen –, dann fühlen Sie sich weniger verbunden. Aber wenn Sie einfach versuchen, ehrlich und bescheiden präsent zu sein, gegenseitig verstehen und verstanden werden zu wollen, dann fühlen Sie sich einander näher.

Fühler ausstrecken in die große, weite Welt

Jede Interaktion mit anderen kann eine Gelegenheit sein, entweder mit anderen Verbindung aufzunehmen oder aber in Selbstbezogenheit zu verharren. Nehmen Sie zum Beispiel Beziehungen am Arbeitsplatz. Wie oft versperrt die Rivalität in Fragen wie »wer die bessere Idee hatte«; »wer zu einem Projekt mehr beigetragen hat«; »wen der Boss mehr mag« den Weg, wo alle gemeinsam an einem Strang ziehen würden? Oder, wie ein frustrierter Kollege von mir einmal witzelte: »Das Meeting dauerte fast zwei Stunden. Alles, was gesagt werden musste, wurde in den ersten zwanzig Minuten gesagt. Nur eben nicht von jedem.«

Obwohl ein großer Teil der Weltbevölkerung zu kämpfen hat, um am Leben zu bleiben, fühlt sich der Rest von uns mit schöner Regelmäßigkeit wegen Statusfragen benachteiligt, obwohl wir besser leben als die Aristokraten und Monarchen von einst. Stellen Sie sich vor, was ein König oder eine Königin vor 200 Jahren für Zentralheizung, Klimaanlage oder Antibiotika gegeben hätte! Und die Auswahl an Lebensmitteln in einem modernen Supermarkt – sogar außerhalb der Saison – hätte sie sprachlos gemacht. Aber all das hält uns nicht davon ab, uns benachteiligt zu fühlen, wenn ein Kollege oder eine Kollegin die größere Gehaltserhöhung bekommt oder der Chef unsere Leistung nicht wahrzunehmen scheint.

Ähnliche Streitfragen ruinieren Freundschaften und Familienbeziehungen. »Du warst immer Papas Liebling!« – »Er hat immer alles gekriegt, was er wollte.« – »Ich existiere für euch ja gar nicht.« Manchmal sind wir fähig, uns zu einem »Wir« zugehörig zu fühlen, das uns erlaubt, die Leistungen von anderen zu feiern. Aber sehr oft schmälert der Erfolg der anderen unseren eigenen. Ob bei der Arbeit oder zu Hause: Mit schöner Regelmäßigkeit blockieren solche Streitfragen den Weg zur gegenseitigen Verbundenheit.

Wie könnten wir vom Konkurrenzdenken zur Verbundenheit gelangen?

Übung: Sich verbinden, nicht konkurrieren

Beginnen Sie mit ein paar Minuten Achtsamkeitspraxis, um sich aufs innere Erleben einzustimmen. Erinnern Sie sich dann an eine Zeit, in der Sie in der Familie, bei Freunden oder bei der Arbeit mit anderen konkurriert haben. Wer war der Rivale? Was war es an ihm oder ihr, was Ihr Konkurrenzdenken angestachelt hat?

Vergegenwärtigen Sie sich nun eine Situation, in der Sie in der Konkurrenz mit diesem Menschen unterlegen sind. Was fühlen Sie im Körper? Erinnert Sie das Gefühl an andere Momente in Ihrem Leben? Haben Sie mit derselben Emotion schon früher einmal zu kämpfen gehabt? Bleiben Sie einfach ein Weilchen bei diesem Gefühl.

Reflektieren Sie nun einen Moment, welche Ihrer Qualitäten, Fähigkeiten oder Eigenschaften durch die Niederlage gegen diesen Menschen entwertet wurden. Wie wichtig ist es Ihnen, in diesem Bereich besser oder gleichwertig zu sein? Wer wären Sie, wenn Sie darin nicht so toll wären? Wäre es in Ordnung, wenn Ihr Rivale gleichwertig oder besser wäre?

Angenommen, dass Sie es überleben würden, wenn Sie nicht Spitze wären: Überlegen Sie, wie Sie sich mit der anderen Person im Hinblick auf ein gemeinsames Ziel zusammentun könnten. Was ist Ihnen beiden wichtig? Gibt es eine Möglichkeit, dass Sie beide im selben Team sind?

Kitty war Grundschullehrerin und drehte wegen Aiysha, die im Klassenzimmer gegenüber unterrichtete, schier durch. Aiysha machte ständig Überstunden, entwickelte neue Projekte für die Kinder, verschönerte das Schwarze Brett am Eingang zum Klassenzimmer. Obwohl Kitty eine tadellose Lehrerin war, bei Eltern, Schülern und der Direktion beliebt, kam sie sich gegenüber Aiyshas überschießendem Arbeitseifer minderwertig vor. In Aiyshas Nähe kam sie sich vor wie früher bei ihrer älteren Schwester und deren Freunden – einfach zu gar nichts zu gebrauchen.

Was war das Selbstwert-Problem, das Aiysha aktivierte? Unschwer zu erraten. Kitty wollte sich als gute Lehrerin fühlen, aber Aiyshas Heldentaten gaben ihr das Gefühl, nicht gut genug zu sein. Wollte sie auch bis in die Nacht in der Schule bleiben, um gleichzuziehen? Nö. Gab es einen Weg, stattdessen zu Aiysha eine Verbindung zu finden, gleichzeitig aus der Selbstbewertungs-Falle zu entkommen und in einer Beziehung auf Gegenseitigkeit Unterstützung zu erhalten? Bingo!

Aiysha hatte mit ihren Projekten alle Hände voll zu tun, und da sie beide vierte Klassen unterrichteten, bot Kitty an, ihr bei einigen Projekten zu helfen. Sie planten einen Ausflug in eine Software-Firma und bauten dann zusammen eine Website für die vierten Klassen auf. Das war mit Extraarbeit verbunden, lohnte sich aber. Sich mit ihr als Freundin und Partnerin verbunden zu fühlen, machte es leichter, Aiyshas unendliche Erfolgssträhne zu akzeptieren und mit den eigenen Erfolgen zufrieden zu sein.

Manche der Hilfestellungen, die in intimen Beziehungen Verbundenheit unterstützen, helfen auch bei Freunden, Familienmitgliedern oder Kollegen. Ehrlichkeit und Verletzlichkeit zu wagen kann enorm viel bewirken, wenn wir das Gefühl haben, dass der oder die andere im Grunde gutwillig ist. Nachdem Kitty und Aiysha begonnen hatten, zusammenzuarbeiten, erzählte Kitty Aiysha von ihren Minderwertigkeitsgefühlen. Aiysha wiederum erzählte ihr, wie es ihr mit ihrer Schwester ging, einer Top-Anwältin und Karrierefrau. Sie hatten eigentlich viel gemeinsam.

Die Bedürfnisse eines anderen aufzugreifen kann ebenfalls viel bewirken. Wenn Ihr Chef gereizt und überkritisch ist, versuchen Sie doch herauszufinden, welcher Druck ihn oder sie gerade stresst und ob Sie da etwas tun könnten, statt zu grübeln, was Sie falsch gemacht haben oder ob es mit Ihnen jetzt aufwärts oder abwärts geht. (Auch durch freundlichen Humor lässt sich vieles leichter machen.) Zu erkennen, wann es eigentlich gar nicht um uns persönlich geht, kann alles verändern.

Sich der Beziehung bewusst zu bleiben, nicht bloß der gerade aktuellen Aufgabe, ist ebenfalls hilfreich. Die Übung »Drei Objekte der Bewusstheit« auf Seite 206 lässt sich überall machen. Versuchen Sie, sich bewusst zu machen: Was geschieht in Ihnen und Ihrem Gegenüber? Versuchen Sie vor allem zu spüren, was mit Ihrem Gefühl für die Beziehung passiert; was Sie beide eher zusammen, und was Sie eher auseinanderbringt.

Auf solche Weise den eigenen Fokus zu verlagern ist besonders dann hilfreich, wenn Sie vor einer Begegnung nervös sind, bei der es um viel geht (Vorstellungsgespräch, erstes Date, Begegnung mit den Schwiegereltern in spe und so weiter). Nehmen Sie die Beziehung in den Blick, statt alles daran zu setzen, ja einen guten Eindruck zu machen. Oder, wie die Dichterin Maya Angelou sagt: »Was Du gesagt hast, werden die Leute vergessen. Was Du getan hast, werden die Leute vergessen. Aber sie werden nicht vergessen, was für Gefühle Du in ihnen ausgelöst hast.«[109]

Hindernisse für die Beziehung überwinden

Weil es so schmerzhaft ist, sich minderwertig oder unterlegen zu fühlen, haben die meisten Menschen Schutzmechanismen entwickelt, die verhindern, dass sie mit anderen gefahrlos Kontakt aufnehmen können. Schauen wir uns doch ein paar davon an und wie wir sie überwinden können.

Menschen aggressiv verprellen

Bevor Du einen Rachefeldzug antrittst, grabe zwei Gräber.

KONFUZIUS

Andere Tiere haben einen Grund, wenn sie wütend werden. Sie reagieren aggressiv, wenn sie, ihre Jungen oder ihre Verwandten physisch angegriffen werden; wenn sie um einen Partner konkurrieren; oder wenn ein anderes Tier ihr Territorium verletzt.[110] Wir dagegen werden meistens wütend, wenn unser Selbstbild bedroht ist – wenn wir uns kritisiert fühlen, gedemütigt, hässlich, unattraktiv oder inkompetent. Wir verteidigen das mentale Idealbild unserer selbst mit derselben (oder noch größerer!) Intensität wie unsere körperliche Unversehrtheit.

Tom hatte einen sehr ehrgeizigen Vater, der die größte Firma der Stadt besaß. Er brachte Tom gnadenlos auf Vordermann. »Höher mit dem Schläger!« – »Mehr aus dem Handgelenk werfen!« Gelobt wurde er selten.

Als Tom fünfzehn war, zog die Familie um, und an der neuen Schule wurde er das Opfer von ein paar harten Jungs. Sie beschossen ihn mit zerkauten Papierkügelchen und schlugen ihm im Korridor die Bücher aus der Hand. Als die Zeit gekommen war, aufs College zu wechseln, war Tom fest entschlossen, sich um keinen Preis mehr demütigen zu lassen.

Ein paar Jahre später ging diese Entschlossenheit aber leider nach hinten los. Weil er am Arbeitsplatz immer auf der Hut vor Ungerechtigkeiten war, verlor er mehr als eine Stelle, weil er sich einfach wehren *musste*. »Wenn ihr mich nicht respektiert, könnt ihr mich am Arsch lecken, ich bin raus!« Aber mit jedem Jobverlust fühlte er sich noch mehr als Versager.

Warum werden so viele Menschen aggressiv trotz der problematischen Konsequenzen? Ein Grund: Auf Kränkungen mit Wut zu reagieren kann ein ziemlich geiles Gefühl sein. In einem Moment gerechter Empörung scheint alles so klar: Ich bin toll, du bist unmöglich, und die Welt ist in

Ordnung. In der buddhistischen Tradition wird Aggression als verführerisch beschrieben, mit *honigsüßer Spitze* und einer *giftigen Wurzel*.[111] Früher oder später finden wir heraus: An unserem Groll festzuhalten ist so, als würden wir uns selber in Brand stecken und erwarten, dass unser Gegenüber von dem Rauch belästigt wird. Wir zahlen einen viel höheren Preis als unser Feind. Und unter den größten Kosten sind die zerstörten Beziehungen.

In den kommenden Kapiteln werden wir uns anschauen, wie wir Aggression loslassen und Vergebung kultivieren können. Immer geht es dabei darum, den Schmerz oder die Angst hinter dem Zorn zu erkennen und zu bedenken, was den anderen Menschen dazu gebracht hat, so zu handeln, wie er oder sie es getan hat. Bei Tom brauchte es mehrere verlorene Stellen und das Gefühl, in seiner Karriere nicht mehr vorwärts zu kommen, bis er eine andere Strategie fand.

Toms nächster Job war in einer Firma, die von ihrem Gründer geleitet wurde, der jetzt in den Sechzigern war. Eines Tages schnauzte sein Chef ihn an, weil Tom bei einer Bestellung einen Fehler gemacht hatte. Als Tom merkte, wie in ihm Aggression aufkam, hielt er inne (er wollte nicht schon wieder einen Job verlieren) und fragte sich: »Warum macht mir das so viel aus?« – »Woran erinnert mich das?« Natürlich: Es war wieder wie in der High School. Er trat einen Schritt zurück und fragte sich: »Warum geht er mich so hart an?« Er brauchte nicht lange, um zu erkennen, dass der Umsatz zurückgegangen war, dass sie Marktanteile ans Internet verloren und dass sein Boss schlichtweg nicht bankrottgehen wollte. Die Einsicht half. Tom sah seinen Chef als den anständigen, nur eben sorgenvollen Burschen, der er war. »Es tut mir leid – ich verstehe, dass Sie im Moment so einen Mist nicht brauchen können« war alles, was nötig war, um wieder auf eine Wellenlänge mit ihm zu kommen. Wenn wir sehen können, dass das Verhalten von anderen nicht persönlich gemeint ist, müssen wir nicht aus unserem aufgestauten Schmerz heraus reagieren.

Sich durch Kritik abschotten

Ein weiteres defensives Manöver, das gefahrlose Kontaktaufnahme zuverlässig verhindert, ist es, zu verurteilen und zu richten. Ich hatte einmal eine Patientin, Susanna, die sich mit dem Bibelstudium beschäftigte. Eines Tages hatte sie eine Erleuchtung. »›Behandle andere so, wie du von ihnen behandelt werden möchtest‹ ist nicht einfach ein biblisches Gebot – es ist ein Naturgesetz!« Susanna merkte: Je mehr sie über andere richtete, desto härter urteilte sie auch über sich selbst. »Wenn ich mich eine Weile über die schlampigen Berichte der anderen aufgeregt habe, bin ich auf einmal regelrecht paranoid, ich könnte selber Fehler machen.« Auch wenn sie sich kurzzeitig wieder einen Kick verschaffen konnte, indem sie sich für etwas Besseres hielt, versetzte ihr die eigene, kritisch urteilende Haltung in der nächsten Minute wieder einen Stich. Susanna merkte, dass die Bibel selbst auf diese Gefahr hinwies: »Richtet nicht, auf dass ihr nicht gerichtet werdet!« (auch nicht von euch selbst!). Sich dieses Prozesses einfach mehr bewusst zu sein, half ihr schon. Wenn die kritische Stimme loslegte, begann sie zu denken: »Und da sind wir wieder« und nahm es nicht so ernst. Sich und die anderen als unvollkommene, gewöhnliche, sich bemühende Wesen zu sehen, machte es ihr leichter, etwas netter zu sich zu sein und mit Kolleginnen und Kollegen in Kontakt zu kommen.

Ganz oben ist es sehr einsam

Es gibt eine berühmte Geschichte aus der Tang-Dynastie:[112]

> Ein mächtiger hoher Minister Chinas befragte einen Meditationsmeister, was die buddhistische Auffassung zum Thema Egoismus sei. Der Meister starrte ihn an und sagte: »Was ist das denn für eine dumme Frage?« Der Minister, plötzlich wütend und angriffslustig,

schnauzte zurück: »Wie können Sie es wagen, so mit mir zu sprechen?!« – »Das, Euer Exzellenz, ist Egoismus«, antwortete der Meister.

Warum ist Egoismus so ein Abtörner? Wenn wir mit Leuten zusammen sind, die sich für etwas Besseres halten, fühlen wir uns gewöhnlich unterlegen, werden neidisch oder spüren, dass die Beziehung nicht erfreulich sein wird. Tatsächlich ist eine Möglichkeit, egozentrische Individuen zu identifizieren, die Prüfung der Frage, ob sie in ihrer Umgebung den Konkurrenzinstinkt wecken und dadurch alle einander entfremden. Mit eingebildeten Menschen verhandelt es sich auch schwer. Sie wollen gerne ihren Kopf durchsetzen, denn Nachgiebigkeit würde ihr Image ankratzen. Viele Studien besagen, dass Menschen mit überhöhtem Selbstwertgefühl (die sich für etwas Besonderes halten) angesichts einer symbolischen Bedrohung tatsächlich *eher* dazu neigen, aggressiv zu werden, als Menschen mit durchschnittlichem oder niedrigem Selbstwertgefühl.[113] Und wir wissen ja, wie wunderbar Aggression die gegenseitige Verbundenheit fördert …

Einbildung kann die soziale Verbundenheit auch dadurch ruinieren, dass andere zu dem Zweck herabgesetzt werden, dass man sich selber überhöhen kann. *Mansplaining* ist eine nur allzu gut bekannte, mit Geschlechterrollen befrachtete Variante davon.* Haben Sie auch schon einmal so ein Gespräch zwischen einem Mann und einer Frau gehört, in der der Typ der Frau auf eine Art und Weise etwas »erklärt«, die nichts anderes vermittelt als: »Du dumme Nuss, ich glaub einfach nicht, dass du das nicht weißt!« So etwas ist ein todsicherer Beziehungskiller.

Mit 29 hatte Maggie einen echten Lauf. Sie hatte für ihr grünes Start-up zwei Millionen Dollar Wagniskapital aufgetrieben und heuerte ein paar talentierte Leute an, um die Sache ins Rollen zu bringen. Fast

* »Mansplaining« ist ein Kunstwort aus der Gender-Debatte, zusammengesetzt aus »man« und »explaining«. Gemeint ist die lästige Neigung männlicher Zeitgenossen, anderen Menschen, vornehmlich Frauen, von oben herab die Welt zu erklären (Anm. d. Übers.).

jeder, der ihre Präsentation hörte, war beeindruckt – sie war smart, hatte Charisma und verströmte Selbstvertrauen.

Der Ärger fing an, als die Ingenieure ihr berichteten, dass die Betriebsabläufe in der Praxis nicht so gut funktionierten wie in der Theorie. Sie befahl ihnen, ja nichts nach außen dringen zu lassen, und trieb sie an, sich mehr anzustrengen. »Bringt es in Gang, oder ich muss mir eben fähigere Leute suchen.«

Erst, als die Firma abgeschifft war, sah sie ein, wie ihre Überheblichkeit alles schlimmer gemacht hatte. Der Absturz vom Superstar zum Versager war qualvoll. Als sie mit ihrem Finanzvorstand – einer der wenigen, den sie noch nicht vergrault hatte – ein Bier trinken ging, bekam sie die Wahrheit zu hören: »Sorry, Maggie, aber am Ende warst du ein echtes Arschloch. Niemand wollte mehr etwas mit dir zu tun haben. Du hast alle demotiviert.«

Das war die nächste bittere Pille. Aber als sie schließlich wieder auf die Beine kam und in eine andere Firma eintrat, hatte sie eine andere Einstellung. Sie wurde teamfähig und wollte nicht mehr der Platzhirsch sein. Nicht nur kam sie besser mit den anderen aus, es ging auch nicht mehr so sehr um ihr Selbstbild. »Egal, was passiert: Wir gewinnen zusammen, wir verlieren zusammen.«

Ganz unten ist es sehr einsam

Natürlich ist Egozentrik ein Fahrplan in die Beziehungskatastrophe, aber das Gegenteil, ein Gefühl der Minderwertigkeit, ist auch nicht gerade toll. Auch das kann uns von anderen isolieren. Wenn wir keine gute Meinung von uns selber haben, neigen wir dazu, Ablehnung zu erwarten, was die Kontaktaufnahme mit anderen sehr zuverlässig behindert. Wir benehmen uns ungeschickt, suchen zu angestrengt die Gunst oder das Interesse der anderen – oder aber wir zögern, auf andere zuzugehen.

»Die interessiert sich doch nie im Leben für mich.« – »Wenn ich jetzt anrufe, ist es peinlich – unser letztes Gespräch ist so lange her.« – »Was ich gesagt habe, klang so blöd.« – »Wir waren nie wirklich Freunde.« Ich kann nicht zählen, wie viele Möglichkeiten zur Kontaktaufnahme ich verpasst habe, bloß weil ich Angst hatte, der oder die andere könnte kein Interesse haben und ich mich dann abgelehnt fühlen würde.

Minderwertigkeitsgefühle können auch zu unklugen Beziehungsentscheidungen führen. Haben Sie auch schon einmal den Kontakt zu einem Lover oder einem Bekannten aufrechterhalten, den oder die Sie eigentlich nicht so recht mochten – nur weil Sie Angst hatten, Sie würden niemand Neues finden? Oder haben schon einmal eine weniger qualifizierte Person eingestellt, weil der besser qualifizierte Kandidat Ihnen womöglich einen Korb gegeben hätte?

Und was ist mit sozialem Gruppenzwang? Manchmal wollen wir zu einem Club oder sogar zu einer Gang gehören, um uns besser zu fühlen – sogar wenn wir die anderen Gruppenmitglieder gar nicht so recht mögen. Und beim Phänomen der Bigotterie (und der dazugehörigen Ungerechtigkeit) geht es oft um Kompensation für Minderwertigkeitsgefühle, in der Form einer Fantasie, man sei einer ganzen Rasse, einem Geschlecht, einer Altersgruppe, Nationalität oder ökonomischen Schicht überlegen.

Zu denken, wir seien besser oder schlechter als andere, raubt uns die Möglichkeit gefahrloser sozialer Verbundenheit – eines der besten Heilmittel gegen die quälende Frage, ob wir gut genug sind. Gut, sich daran zu erinnern, wenn wir wieder einmal an das eine oder das andere glauben.

Ich habe einen kleinen Schatten

In Kapitel 4 ist uns der Gedanke begegnet, dass wir Schatten- oder verdrängte Anteile haben – Aspekte unserer Persönlichkeit, die wir ungern anerkennen, verstecken wollen und gerne loswerden würden. Anstatt aber nun einfach zu verschwinden, weil wir sie eben nicht mögen, zeigen sich unsere Schattenanteile mit schöner Regelmäßigkeit in der Art und Weise, wie wir andere beurteilen – vor allem Einzelpersonen oder Gruppen, auf die wir herunterschauen –, und mit schöner Regelmäßigkeit behindern sie die zwischenmenschlichen Beziehungen.

Zum Beispiel haben viele Menschen ein Problem mit der eigenen Sexualität, Gier, Aggression und anderen weniger edelmütigen Impulsen (oder sind sich ihrer nicht einmal bewusst). Häufig werden diese Impulse auf andere projiziert, und es werden Außenseiter geschaffen, Bilder von räuberischen, gewalttätigen, wollüstigen Tierhorden, die »unsere« Frauen attackieren oder »unsere« Männer verführen. Wir sehen das in der Art, wie die Nazis die Juden dargestellt haben, wie weiße Suprematisten schwarze Afro-Amerikaner oder völkische Agitatoren Migranten darstellen (um aus den zahllosen Beispielen nur ein paar herauszugreifen).

Viele von uns tun das auch in eher persönlichen Bereichen. Vielleicht verurteilen wir übergewichtige Menschen oder solche, die ganz offensichtlich süchtig sind, als »gefräßig« oder disziplinlos – weil viele eben ungern akzeptieren, dass sie selber auch Mühe mit der Selbstdisziplin haben und sich lieber selbstgerecht überlegen fühlen. Diese Projektionen schneiden uns nicht nur von zahllosen Möglichkeiten ab, uns sozial zu verbinden, sondern sie perpetuieren auch soziale Ungerechtigkeit. Wir können anfangen, sie zu durchbrechen, indem wir unseren Schatten ehrlich anschauen.

Übung: Schattenanteile annehmen

Zu Beginn rufen Sie sich eine Gruppe oder einen Typ Mensch ins Gedächtnis, auf die oder den Sie herabsehen (keine Angst, Sie müssen das niemandem beichten). Halten Sie nun ein paar Eigenschaften oder Verhaltensweisen dieser Menschen fest, die Sie besonders missbilligen (wenn Sie mehr Platz brauchen, gehen Sie zu *www.arbor-online-center.de/begleitmaterial).* Versuchen Sie dann festzustellen, wann auch Sie selber schon einmal solche Eigenschaften oder Verhaltensweisen gezeigt haben:

Eigenschaft oder Verhaltensweise	Wann ich genauso war

Neulich sprach ich mit Steve, einem ehemaligen Nachbarn, der an der Ostküste aufgewachsen und vor Kurzem wegen einer neuen Stelle in den Süden gezogen war. Er begann loszuschimpfen, wie egoistisch und ignorant seine neuen Nachbarn seien und kein bisschen an die Umwelt dächten. Besonders angepisst war er von den Entenjägern, die in seinen Augen rücksichtslos und grausam die Natur ausbeuteten.

Da Steve normalerweise ein gutmütiger Typ war und ich spürte, dass sein Zorn die Anpassung an sein neues Umfeld behindern würde, riskierte ich die Frage: »Erinnern dich deine Nachbarn im tiefen Süden an jemanden, den du kennst, oder vielleicht sogar an etwas in dir selber?« Er schnauzte zurück: »Vielen Dank auch!« und meinte, ich solle meine psychologischen Theorien für mich behalten. Aber ein paar Minuten später hatte er sich beruhigt und sagte, es stimme – er hasse seine eigene Gleichgültigkeit. Ja, er denke sogar oft: »Die Welt versinkt im Chaos, und ich tue nicht genug dagegen.« Als er diese – seine eigene! – egoistische Seite berührt hatte, gab er zu, dass seine neuen Nachbarn eigentlich sogar viel freundlicher seien als die Menschen im Norden und dass er sich über seinen eigenen, riesigen CO^2-Fußabdruck schäme, weil er regelmäßig hin- und herfliege. Die Rolle seines Schattens zu sehen half ihm, von der Entfremdung wegzukommen, hin zu einem Gefühl der Verbundenheit.

Wenn wir einsehen, dass wir in Wirklichkeit nicht besser oder schlechter sind als irgendjemand anderes, können wir uns dabei wohlfühlen, zu einem ganz gewöhnlichen »Wir« zu gehören, statt uns Sorgen machen zu müssen, ob wir anderen über- oder unterlegen sind.

Neu-Kategorisieren der Identität

Eine andere Möglichkeit zu sehen, was wir gemeinsam haben, und uns mit anderen mehr verbunden zu fühlen, ist die Re-Evaluierung der eigenen Identität. Meine Tochter ist Politologin und hat untersucht, wie dadurch die Spannungen zwischen Sunniten und Schiiten im Nahen Osten reduziert werden könnten. Wenn die Menschen sich primär als sunnitisch oder schiitisch definieren und nicht als muslimisch, steigt die Feindseligkeit. Wenn aber religiöse und weltliche Führer betonen, wichtig sei, dass »wir alle Muslime sind«, nehmen die Spannungen ab.

Etwas Ähnliches passierte in den USA nach den Attentaten des 11. September 2001. Indem sie Angst und Schmerz, so angegriffen worden zu sein, miteinander teilten, sahen Amerikaner aus allen Lebensbereichen ihre Identität plötzlich nicht mehr darin, Mitglieder kleinerer gesellschaftlicher Subgruppen, sondern eben »Amerikaner« zu sein. Sozialpsychologen berichten, dass das (zumindest kurzzeitig) funktionierte und ethnische und andere Spannungen zwischen gesellschaftlichen Gruppen verringerte. Sie nennen diesen Vorgang *Identitäts-Neukategorisierung*.[114]

Wie schnell klar wird, können wir fast in jeder Situation eine nächste Ebene des »Wir-Gefühls« finden, die uns hilft, aus der absurden Entfremdung von Über- oder Unterlegenheit herauszukommen. Sunniten und Schiiten können wahrnehmen, dass sie beide Muslime sind; Juden, Christen und Muslime können sich als Söhne und Töchter Abrahams betrachten; die Menschen auf der ganzen Welt können wahrnehmen, dass wir alle von einer Mutter geboren wurden und wir alle menschliche Wesen sind, die um Geborgenheit, Gesundheit, Liebe und Glück kämpfen. Manchmal können wir sogar die Egozentrik der menschlichen Spezies transzendieren und sehen, dass wir alle ein Teil der Natur sind.

Das nächste Mal, wenn Sie sich in einer wertenden und verurteilenden Denkweise wiederfinden, andere schlechtmachen oder denken, wie toll Sie selber oder Ihre soziale Gruppe doch sind, können Sie mit der Frage experimentieren: »Was habe ich mit ihnen gemeinsam?« Schauen Sie, was Sie fühlen, wenn Sie Gemeinsamkeiten wahrnehmen; wie es sich anfühlt, sich mit anderen auf der nächsthöheren Ebene zu identifizieren. Wir können die Identitäts-Neukategorisierung zu den Werkzeugen hinzufügen, mit denen wir Tag für Tag zwischenmenschliche Verbundenheit fördern können.

Ein Wort der Warnung. Während wir daran arbeiten, die Urteile und Identifikationen zu lockern, die uns voneinander entfremden, müssen wir uns gleichwohl der Unterschiede bewusst bleiben. Jahrtausendelang haben privilegierte Gruppen andere unterdrückt und ungeheures Leid verursacht. Wir müssen deshalb versuchen, die Erfahrungen anderer zu verstehen, und müssen respektieren, dass sie vielleicht ganz anders aussehen als unsere. Probleme zu übertünchen, um Gemeinsamkeit zu schaffen – das funktioniert nicht; wir müssen trotz allem weiterhin die Wunden der Vergangenheit und aktuell fortdauerndes Unrecht ansprechen, damit echte Verbundenheit entsteht.

Es gibt viele weitere Wege, mit Kopf, Herz und in den Lebensgewohnheiten zwischenmenschliche Verbundenheit zu kultivieren. Dankbarkeit zu üben und der Welt etwas Gutes zu tun (was wir als Nächstes untersuchen werden) – beides hilft. Es ist kein Zufall, dass alle religiösen Traditionen der Welt in der Dankbarkeit und dem Dienst an anderen einen Weg sehen, um spirituell zu wachsen, und die moderne Wissenschaft bestätigt, dass es ein zuverlässiger Weg zum Wohlbefinden ist.

Aber die vielleicht wertvollste Ressource bei der Kultivierung gefahrloser zwischenmenschlicher Verbundenheit ist ein oft vernachlässigter, biologisch verankerter Instinkt, der im Menschen viel weiterentwickelt ist als bei anderen Spezies und der trotzdem sehr leicht deaktiviert werden kann – zu unserem eigenen Schaden.

10 Die Kraft des Mitgefühls

Wenn Du andere glücklich sehen willst, übe Mitgefühl. Wenn Du selber glücklich sein willst, übe Mitgefühl.

DER XIV. DALAI LAMA[115]

Haben Sie in letzter Zeit zufällig einmal über die Unterschiede zwischen Reptilien, Fischen, Amphibien und Säugetieren nachgedacht? Wie sich herausgestellt hat, ist allen diesen Lebewesen der Kampf um Dominanz, sozialen Rang und Sex-Appeal gemeinsam, der, wie wir gesehen haben, uns allen so viel Kopfzerbrechen macht. Aber an einem wichtigen Punkt unterscheiden sie sich – und dieser Unterschied kann helfen, uns aus Konkurrenzdenken und quälenden Selbstwert-Problemen zu erlösen und gleichzeitig zu tieferer Verbundenheit zu führen.

Die »Tend-and-befriend«-Reaktion

Säugetiere stillen ihre Jungen und ziehen sie groß. Ja, manche Säugetiere sorgen für ihre Jungen sogar ziemlich lange, nachdem sie entwöhnt sind (manchmal jahrzehntelang – wem fallen da nicht die jungen Menschen ein, die nach der Uni wieder zu Hause einziehen?). Um uns dazu zu motivieren, hat unser Gehirn einen mächtigen Schaltkreis entwickelt: das »Tend-and-befriend«-System.* Es treibt uns zur Sorge um unsere Kinder, aber auch zu dem Wunsch, für andere zu sorgen, die uns nahestehen. Es ist die treibende Kraft hinter der bereits erwähnten Tatsache, dass wir, so wie viele andere Säugetiere, für enge Verwandte (ein Kind, zwei Brüder, acht Cousins, manchmal sogar Nicht-Verwandte) Opfer bringen.

Obwohl alle Säugetiere diesen altruistischen Impuls zu einem gewissen Grad teilen, sind die Primaten, vor allem der *homo sapiens*, einen Schritt weitergegangen. Paläontologen meinen, dass unsere Fähigkeit zur liebevollen Fürsorge vor rund 50.000 Jahren, im »kulturellen Urknall«, einen gewaltigen Sprung nach vorn gemacht hat. Aus dieser Zeit finden wir die ersten Skelette von Vorfahren, die Verletzungen oder Krankheiten erlitten, die sie alleine nicht hätten überleben können – und doch erreichten sie ein fortgeschrittenes Alter. Zu derselben Zeit, als wir Künstler wurden, intelligente Werkzeuge herstellten und über uns selbst nachdachten, begannen wir auch, für geschädigte Freunde und Verwandte zu sorgen. Unser aufs Herz zentriertes »Tend-and-befriend«-System begann, den zentralen Platz im Leben einzunehmen.

Wie kann uns dieses System helfen, zu größerer Verbundenheit zu kommen, weg von unserer Egozentrik? Eine Möglichkeit ist, dass wir den Einfluss anderer Motivationssysteme, die uns im Konkurrenzverhalten gefangen halten, übertragen auf das »Tend-and-befriend«-System.

Alle Tiere haben irgendeine Version des Reagierens auf eine Gefahr. Das ist einer unserer fundamentalsten Instinkte – vor Gefahren auf der Hut zu sein und zum eigenen Schutz entweder zu fliehen, zu kämpfen

* Der Ausdruck »tend-and-befriend« (etwa »umsorgen und sich anfreunden«) hat sich in der psychologischen Fachsprache als Lehnwort eingebürgert (Anm. d. Übers.).

oder zu erstarren. Wir kennen alle das Gefühl, wie Adrenalin in unseren Adern kursiert, wenn wir angegriffen werden, und wir alle wollten schon einmal wegrennen, erstarren (wie das Reh im Scheinwerferlicht) oder uns wehren. Wenn wir uns in Sicherheit fühlen, ist dieses System still.

Alle Tiere haben auch ein zweites, zielorientiertes System. Es ist die motivierende Kraft hinter unseren Abhängigkeiten – das gute Gefühl, etwas zu essen zu finden, wenn man hungrig ist; Wärme zu finden, wenn einem kalt ist; Sex zu haben, wenn man erregt ist; oder auf Facebook oder Instagram ein Like zu bekommen. Bei den Säugetieren gehört zu diesem System vor allem der Botenstoff Dopamin – und, wie wir im achten Kapitel besprochen haben: Die Dopamin-Ausschüttung im Belohnungszentrum des Gehirns verlockt zur Sucht. Wenn wir uns *befriedigt* fühlen, ist dieses System ruhig.

Eine Herausforderung, der wir Menschen uns gegenübersehen, ist folgende: Diese drei großen Motivationssysteme – »Tend-and-befriend«, Gefahrenreaktion, Zielorientierung – sind ungleich stark. Wenn wir Gefahr wittern – wir stehen plötzlich einem Löwen gegenüber oder laufen vor einen Bus – übertrumpft unser angstbasiertes System mühelos die beiden anderen. In solchen Momenten sind uns andere Ziele egal, und es kann sein, dass wir die Bedürfnisse von anderen aus dem Blick verlieren.

Wenn wir keine unmittelbare Gefahr spüren, fühlen wir uns sicher genug, unsere Aufmerksamkeit anderen Dingen zuzuwenden: Essen, Sex, Suche nach Anerkennung, unserem Rentensparplan. »Was essen wir heute Abend?« – »Ob sie vielleicht Lust hat, mit mir zu schlafen?« – »Wie kann ich mehr Geld verdienen?«

Normalerweise öffnen wir Herz und Aufmerksamkeit erst dann für andere, wenn wir uns nicht bedroht fühlen *und* unsere grundlegenden Bedürfnisse befriedigt sind.

Natürlich gibt es Ausnahmen. Die ganz offensichtlichen betreffen unsere Kinder sowie enge Freunde und Verwandte. Sogar, wenn wir uns bedroht fühlen oder unsere grundlegenden Bedürfnisse nicht befriedigt sind, versuchen wir, für sie einzustehen. Und manchmal sind die Bedürfnisse eines Fremden so dringend, dass wir helfen, obwohl wir uns selber auch gefährdet fühlen. Aber wenn unser Bedürfnis nach Sicherheit und Befriedigung nicht gestillt ist, reicht unsere Großzügigkeit oft nicht sehr weit, und ein Fremder hat dann eben Pech.

Warum sollte es uns interessieren, welches Motivationssystem den Ton angibt? Ein Grund ist, dass die Fürsorge für andere einer gefahrlosen sozialen Verbundenheit dienlich ist, was wiederum die anderen beiden Systeme beruhigen hilft (Umarmungen können manchmal Wunder wirken, wenn wir uns bedroht oder benachteiligt fühlen). Und in den Momenten, wo wir uns um jemanden kümmern, schauen wir nicht so sehr auf Sozialstatus oder Selbstbild – wir sind auf die Bedürfnisse eines anderen fokussiert. Und schließlich fühlt sich liebevolle Verbundenheit gut an und gibt dem Leben einen Sinn. Oder wo möchten Sie leben – in einer Ellenbogen-Gesellschaft oder in einer, in der Menschen sich umeinander kümmern?

Den mitfühlenden Wolf füttern

Erinnern Sie sich an die Geschichte im zweiten Kapitel? Über den Cherokee-Großvater, der seinem Enkelsohn zur Herzensbildung anleitet? Und die Geschichte im achten Kapitel, über den Karren, der auf der staubigen Ebene Spurrillen hinterlässt? Unser Verhalten verdrahtet das Gehirn neu und verstärkt jeweils das Motivationssystem, das wir am häufigsten benutzen. Wenn wir wiederholt im Modus »Kampf – Flucht – Erstarrung« operieren oder kurzfristige Bedürfnisse verfolgen, möbeln wir diese Schaltkreise im Gehirn auf und gehen immer mehr in die Richtung unserer Ängste und Süchte. Aber wenn wir bewusst das »Tend-and-befriend«-System trainieren, können wir dieses stärken.

Es gibt viele Wege, die fürsorgliche Seite auszubauen. Gegenseitige Verbundenheit in Beziehungen zu kultivieren ist ein natürlicher Weg. Ein weiterer Ansatz, der per se der Verbundenheit dient, ist es, bewusst *Mitgefühl* zu kultivieren.

Sowohl die griechischen und lateinischen Wortstämme wie auch das deutsche »Mitgefühl« bedeuten, mit anderen zu fühlen oder zu leiden. Mitgefühl beginnt mit Empathie. Um mitfühlend zu sein, müssen wir zuerst einmal die Gefühle von anderen spüren können. Die Forschung vermutet, dass dies teilweise durch die Aktivierung der so genannten *Spiegelneuronen* geschieht; diese erlauben uns, im eigenen Körper die Gefühle zu erleben, die, wie wir imaginieren, im Körper eines anderen geschehen (wenn Sie schon einmal einen erotischen oder Horrorfilm gesehen haben, haben Sie Spiegelneuronen in Aktion erlebt).[116]

Mitgefühl erfordert eine besondere Art der Empathie – Empathie für schmerzhafte Erfahrungen oder Verluste. Es beinhaltet auch eine altruistische Intention, den Wunsch, der anderen Person möge es besser oder gut gehen. Wenn ein Freund oder eine Freundin leidet, fühlen wir seinen oder ihren Schmerz mit, und wir wünschen uns von Herzen, es möge ihnen bald besser gehen.

Es gibt viele verschiedene Übungen, die uns beim Kultivieren von Mitgefühl helfen können. Ich möchte Sie in diesem Kapitel einladen, ein paar auszuprobieren, um zu sehen, welche für Sie am effektivsten sind.

Übung: Liebevolle Güte üben*

Zu Anfang stellen Sie sich ein von Natur aus liebevolles, gütiges Wesen vor. Das könnte ein Freund sein, ein Familienmitglied, ein Mentor; eine inspirierende Gestalt der Vergangenheit wie etwa Mutter Teresa, Nelson Mandela oder Martin Luther King; ein lebender Lehrer wie etwa der Papst oder der Dalai Lama; oder eine religiöse Gestalt wie etwa Jesus, der Buddha, Moses oder Mohammed. Es kann sogar ein besonderes Tier sein oder ein Ort in der Natur, der Ihnen Gefühle liebevoller Güte beschert.

Lesen Sie jetzt den Rest dieser Anleitung, schließen Sie dann die Augen und stellen Sie sich vor, dieses Wesen sei bei Ihnen und Sie spürten seine Gegenwart. Nehmen Sie wahr, welche Gefühle in Ihrem Herzen aufsteigen. Dann fangen Sie an, diesem von Natur aus liebevollen, gütigen Wesen Gutes zu wünschen. Oft ist es gut, dazu eine Hand auf die Herzgegend zu legen und die andere Hand auf die erste, sodass Sie die Wärme und den sanften Druck Ihrer Hände auf dem Brustkorb spüren.

Versuchen Sie, im Stillen Worte zu wiederholen, die den Wunsch ausdrücken, einem anderen möge es wohlergehen. Sprechen Sie in begütigendem, fürsorglichem, liebevollem Ton. Einige traditionelle Sätze sind:

Mögest Du in Sicherheit sein,
mögest Du glücklich sein,
mögest Du gesund sein,
möge Dein Leben leicht sein.

* Sie finden diese Übung auf *www.arbor-online-center.de/begleitmaterial/*
Verwenden Sie den Code *nd5o7k,* um sie kostenlos herunterzuladen oder zu streamen.

Wählen Sie gerne auch andere Sätze, die für Sie richtig klingen – Sie versuchen einfach, ein Gefühl der Liebe und Freundlichkeit zu erzeugen. Wenn der Geist abschweift, bringen Sie ihn sanft wieder auf das von Ihnen gewählte Bild zurück.

Wenn Sie ein bisschen liebevolle Güte gegenüber Ihrem von Natur aus liebevollen, gütigen Wesen verspüren, versuchen Sie, das Gefühl auf sich selbst zu lenken. Wirksame Worte finden Sie vielleicht, wenn Sie fragen: »Was wünsche ich mir von Herzen?« – »Was würde ich aus dem Mund von anderen gerne hören?« und sich das dann selber wünschen. Es könnte Liebe sein, Güte, Verständnis, Sicherheit oder etwas anderes: »Möge ich mich so, wie ich bin, geliebt fühlen«, »Möge ich mich frei fühlen«, »Möge ich fühlen, dass ich gut genug bin«, »Möge ich mich nicht so wichtig nehmen!« Oder Sie können auch jederzeit die traditionellen Sätze wählen:

Möge ich in Sicherheit sein,
möge ich glücklich sein,
möge ich gesund sein,
möge mein Leben leicht sein.

Wiederholen Sie einfach die Sätze, die Ihnen am meisten sagen, in liebevollem, begütigendem Ton, und wünschen Sie sich Gutes. Lassen Sie dabei vielleicht die Hände auf der Herzgegend liegen.

Wenn Sie feststellen, dass Ihr Geist in einer speziellen problematischen Schleife oder Einstellung festhängt, können Sie ausprobieren, dies direkt anzusprechen. Sie könnten es zum Beispiel mit »Möge ich lernen, loszulassen« probieren oder mit »Möge Friede sein in mir«; mit »Möge ich annehmen, was auch immer kommt« oder »Möge ich den Mut haben, meine Ängste anzuschauen« oder »Möge ich lernen zu verzeihen«. Auch hier dürfen Sie gerne ausprobieren, was für Sie am meisten Leben hat.

Wenn Sie die Wünsche voll liebevoller Güte ein Weilchen auf sich selbst gelenkt haben, probieren Sie, Ihre Aufmerksamkeit auf einen Menschen zu verlagern, der Ihnen wichtig ist. Rufen Sie sich nacheinander Menschen ins Gedächtnis (und ins Herz) zurück, die Ihnen wichtig sind. Irgendwann können Sie Ihren Gesichtskreis auch auf kleine Gruppen erweitern, wie zum Beispiel die Familie oder enge Freunde. Tragen Sie sie im Herzen, wiederholen Sie die Sätze, die für Sie am meisten ausdrücken, und lenken Sie liebevolle, gütige Wünsche auf diese Menschen. Dann weiten Sie den Kreis weiter aus; Sie können übergehen zu Kollegen, Klienten, Nachbarn oder jeder anderen Gruppe, zu der Sie gehören. Irgendwann schicken Sie Ihre guten Wünsche an immer größere Kreise von Menschen, zu Ihrem Dorf, Ihrer Stadt, Ihrem Land und irgendwann an alle auf diesem Planeten.

Diese Übung kann auch auf alle Lebewesen ausgeweitet werden. In einer klassischen Version verbreitet man liebevolle Güte in einem weiten Umkreis:

Mögen alle Lebewesen in Sicherheit sein,
mögen alle Lebewesen glücklich sein,
mögen alle Lebewesen gesund sein,
möge das Leben aller Wesen leicht sein.

Manchmal fließt die Übung der liebevollen Güte sehr frei dahin, und bereitwillig fühlen wir Liebe und Fürsorge für andere. Aber manchmal fühlen wir uns auch abgeschnitten und spüren fast gar nichts. Ich persönlich habe gemerkt, dass das öfter passiert, wenn ich von Sorgen förmlich besessen bin – wenn ich ständig an meine »To-do«-Liste denke oder Pläne und Strategien zur Problemlösung entwerfe. Ich versuche, liebevolle Güte wachzurufen, aber ich bin einfach in Gedanken gefangen. In solchen Momenten hilft es mir am ehesten, wenn ich mich entweder bewege, ein bisschen Yoga mache, oder aber Achtsamkeitspraxis übe, um aus dem Gedankenstrom herauszutreten und in den Körper zu kommen, bevor ich die Übung liebevoller Güte wieder probiere.

In anderen Stimmungen können auch negative Gefühle entstehen, etwa Zynismus, Kritik oder Aggression. Oder wir stellen fest, dass wir den Kreis des Mitgefühls schon ausweiten können, aber nicht auf alle, sodass einige Menschen außen vor bleiben (abhängig von unserer Konditionierung oder unseren Ansichten). Vor ein paar Jahren führte ich bei einem

Workshop in diese Praxis ein, und ein Teilnehmer berichtete: »Ich fühle liebevolle Güte für alle fühlenden Wesen außer für Soundso (Name des Vorsitzenden einer politischen Partei).« Was auch immer im Herzen und im Kopf zum Vorschein kommt – gewöhnlich ist es am besten, für alles offen zu bleiben.

Sonst begegnen wir nämlich folgendem Problem: Was wir weghaben wollen, machen wir dadurch erst recht stark! *What we resist persists.* Der Versuch, negative Gefühle wegzuschieben, endet wie der Versuch, nicht an einen fliegenden Elefanten zu denken – plötzlich haben wir den Kopf voller geflügelter Dickhäuter! Zwar kann uns die Praxis liebevoller Freundlichkeit mit Wärme und Mitgefühl in uns in Berührung bringen, aber sie hilft uns auch erkennen, wo wir aufgrund unserer Wunden und Ängste lieber auf der Hut sind. Am besten ist es, die eigenen Grenzen zu respektieren und geduldig mit sich zu sein.

Jolene, Rechtsanwaltsgehilfin, litt sehr darunter, bei einer Beförderungsrunde übergangen worden zu sein. Sie war abwechselnd verletzt und wütend, dass ihre Chefin ihre Leistungen nicht würdigte. »Ich leiste echt gute Arbeit.« – »Ich bin länger im Büro als alle anderen.« – »Was hat sie für ein Problem – wieso erkennt sie mich nicht an?« Voller Zorn und Traurigkeit dachte sie dann, ein bisschen Liebevolle-Güte-Praxis könnte ihr guttun.

Zuerst war das auch tröstlich – die Praxis erinnerte sie an das Gefühl, das sie als kleines Mädchen in den Armen ihrer Mutter gehabt hatte. Sie fühlte sich liebenswert, obwohl ihre Chefin ihre Leistungen nicht erkannte. Aber als sie versuchte, liebevolle Güte auf andere auszuweiten, fiel ihr ständig wieder ihre Chefin ein, und die konnte sie nicht mit einschließen. »Die hat es nicht verdient. Leck mich.« Statt es erzwingen zu wollen, merkte Jolene, dass sie noch nicht so weit war, ihrer Chefin verzeihen zu können; die Verletzung und der Zorn waren noch zu frisch. Aber um sich selber zu trösten, war die Praxis für sie trotzdem nützlich.

»BACKDRAFT«

Eine weitere heikle Reaktion auf die Übung der liebevollen Güte und auf andere Praktiken des Mitgefühls ist das, was die Psychologin Chris Germer »backdraft« nennt. In einem brennenden Gebäude befühlen die Feuerwehrleute eine Tür, bevor sie sie öffnen, denn wenn sich auf der anderen Seite schwelende Glut befindet, wird die plötzliche Sauerstoffzufuhr durch das Öffnen der Tür einen Feuerball auslösen.*

Ganz ähnlich kann der Versuch, Liebe wachzurufen, unseren emotionalen Schmerz ans Licht bringen – wenn nämlich unser »tend-and-befriend«-System stillgelegt ist, weil wir zum Beispiel (in der Vergangenheit oder aktuell) nicht viel Liebe zu spüren bekommen haben. Wir werden wie das Kind, das sich gerade das Knie aufgeschürft hat und wie erstarrt dasitzt, bis ein fürsorglicher Erwachsener zu Hilfe kommt. In dem Moment, wo er das Kind hochnimmt, bricht sich – UÄÄÄÄHHH! – der ganze Schmerz Bahn.

Auch beim Backdraft ist es wichtig, zu respektieren, wo wir im Moment stehen. Wenn die Praxis der liebevollen Güte zu viel verletzte Gefühle hochbringt, müssen Sie sie nicht weiterverfolgen. Bevor Sie mit Praktiken arbeiten, die das Herz öffnen, können Sie erst einmal andere Wege suchen, sich sicher zu fühlen – vielleicht, indem Sie auf Freunde zugehen, Zeit in der Natur verbringen, spirituelle Interessen verfolgen oder sich auf andere Art für die große weite Welt öffnen.

Über Schuldzuweisungen hinwegkommen

Was unser »tend-and-befriend«-System manchmal blockiert und uns von anderen abschneidet, ist der Impuls, anderen die Schuld zu geben.

---

* Der brandtechnische deutsche Fachbegriff lautet »Rauch-Durchzündung« (Anm. d. Übers.).

Meistens hegen wir Groll gegen die, die uns vermeintlich ungerecht behandelt haben, und fühlen uns als etwas Besseres. Wenn wir die Fähigkeit zu mitfühlender Verbundenheit freisetzen wollen, hilft es, sich ganz genau anzuschauen, wie Schuldzuweisung funktioniert und wie wir mithilfe des Kopfes unser Herz besänftigen können.

Wenn uns ein sechs Monate altes Baby durch Weinen und Quengeln nächtelang wach hält, machen wir ihm deswegen normalerweise keinen Vorwurf. Wir suchen nach der möglichen Ursache – vielleicht eine nasse Windel, Hunger, Verdauungsbeschwerden, Übermüdung – und versuchen, sie zu beseitigen. Wenn ein sechsjähriges Kind sich daneben benimmt, denken wir vielleicht: »eigensinniges, verwöhntes Kind«, aber wahrscheinlich suchen wir die Ursache eher in Schulschwierigkeiten, fehlendem Mittagsschlaf, Suche nach Aufmerksamkeit oder Geschwister-Rivalität. Wenn ein 16-jähriger frecher Teenager Ärger macht, denken wir schnell: »Was für ein Stinkstiefel.«

Wann genau in der Entwicklungskurve war der Punkt, an dem wir anfingen, dem Kind für sein Verhalten die Schuld zu geben? Wann haben wir entschieden, das Verhalten des Kindes sei Resultat eines eigenen freien Willens und nicht von Ursachen und Bedingungen?

Wenn wir jemandem Vorwürfe machen, sagen wir implizit immer, dass *wir* unter denselben Bedingungen natürlich niemals so handeln würden. Wenn wir uns das genauer anschauen, dann sagen wir eigentlich: Wenn wir genau dieselbe genetische Ausstattung und Lernentwicklung hinter uns hätten wie die andere Person, hätten wir uns anders verhalten. Das ist natürlich absurd, denn wenn wir genau dieselbe genetische Ausstattung und Lernentwicklung hinter uns hätten wie die andere Person, dann *wären* wir die andere Person und würden uns natürlich ganz genauso verhalten wie sie.

Sich das klarzumachen, ist manchmal eine Hilfe, wenn durch Schuldzuweisungen eine mitfühlende Verbundenheit verhindert wird. Die

Herausforderung liegt im Timing: Wenn wir unsere Verärgerung und Vorwürfe einfach überspringen, um vorschnell in eine mitfühlende Perspektive zu gelangen, dann begraben wir vielleicht unsere realen Gefühle bloß, und sie kommen irgendwann zurück und verfolgen uns (dieser Trick wird manchmal »spiritual bypass«, spiritueller Kurzschluss genannt). Sobald wir es uns aber erlaubt haben, unsere Verärgerung und Verurteilung anzuerkennen und zu fühlen, können wir auch darüber nachdenken, was die andere Person wohl zu ihrem Verhalten bewogen haben mag. Dann können wir Vorwürfe und Schuldzuweisungen abmildern und die andere Person als gewöhnlichen Mitmenschen sehen, der sich redlich bemüht und nicht besser und nicht schlechter ist als wir.

Eine mitfühlende Perspektive zu entwickeln bedeutet nicht, dass wir Unrecht oder verletzendes Verhalten billigen. Es gibt viele Situationen, in denen es notwendig ist, andere in die Schranken zu weisen, Empörung zu artikulieren oder Unrecht wieder gutzumachen. Aber es ist ein Unterschied, ob wir gegen Unrecht vorgehen und dabei verstehen, was den anderen motiviert hat, oder ob wir dem anderen vorwerfen, er sei böse. Ersteres erlaubt uns Mitgefühl und Verbundenheit, was das Zweite nicht tut. Die Herausforderung ist, dass wir uns für zornige Gefühle öffnen und sie zur Veränderung nutzen, während wir gleichzeitig die Faktoren und Einflüsse sehen, die das Verhalten des anderen bestimmt haben. Das erlaubt uns nicht nur, Mitgefühl für den Missetäter zu haben, sondern vervielfacht auch die Möglichkeiten, mit ihm vielleicht auf konstruktive Weise zu kommunizieren.

Ein paar Wochen, nachdem sie nicht befördert worden war, erfuhr Jolene, in welcher misslichen Lage ihre Chefin war. Wie sich herausstellte, war ihre Chefin wiederum von ihrem Chef unter Druck gesetzt worden, jemand anderes zu befördern, und deshalb kam Jolene nicht zum Zug, obwohl ihre Chefin Jolenes Leistungen durchaus zu schätzen wusste. »Es half, mich in ihre Situation hineinzuversetzen. Ich glaube, sie war in der Zwickmühle – es ging eigentlich gar nicht um mich.«

Der Dalai Lama hat das Entwickeln von Mitgefühl, vor allem gegenüber denen, die uns wehtun, sehr ausführlich beschrieben. Manchmal wird er gefragt, ob er auf die chinesische Regierung wütend ist, die ihn als Terroristen betrachtet und ihn und seine Anhänger gezwungen hat, aus Tibet zu fliehen. Meistens sagt er: »Natürlich bin ich wütend auf meine Feindesfreunde!« Interessante Formulierung – die widerstreitenden Interessen werden erkannt, aber es wird nicht einfach dem anderen die Schuld gegeben. Er erzählt auch eine Geschichte über einen älteren Mönch, der nach Jahren der Haft in einem chinesischen Konzentrationslager wieder freikam.[117] Dieser Mönch erzählte dem Dalai Lama, dass er manchmal verzweifelt war und alle Hoffnung aufgab. Der Dalai Lama fragte ihn: »Du meinst, du hattest Angst, dass du nie mehr freigelassen wirst?« »Nein«, sagte der Mönch. »Ich hatte Angst, dass ich das Mitgefühl für meine chinesischen Gefängniswärter verliere.«

Ich bezweifle, dass mir das gelingen würde: als Häftling in einem Konzentrationslager von allen Schuldzuweisungen abzusehen. Aber der Mönch konnte es offenbar, aufgrund seines lebenslang geübten Mitgefühls.

Es ist nichts Persönliches

Wenn wir die Faktoren und Einflüsse nicht verstehen, die andere zu ihrem Verhalten bewegen, dann liegt das oft daran, dass wir ihr Verhalten persönlich nehmen. Ich war einmal dabei, wie der Psychologe Rick Hanson eine Übung vorschlug, die ungefähr so geht: Stellen Sie sich vor, Sie fahren in einem Kanu einen Fluss hinunter und freuen sich auf ein Picknick. Plötzlich kracht es, das Kanu kentert, und Sie und Ihr schönes Picknick landen im Wasser. Sie realisieren, dass irgend so ein unausstehlicher Jugendlicher das Kanu umgeworfen hat, um Ihnen einen Streich zu spielen. Was fühlen Sie?

Stellen Sie sich nun dieselbe Szene vor, aber mit einer Veränderung: Wenn Sie dieses Mal auftauchen und Luft holen, erkennen Sie, dass Ihr Kanu mit einem großen Baumstamm kollidiert ist. Was fühlen Sie?

In beiden Situationen sind Sie klatschnass, Ihnen ist kalt, und Ihr Essen können Sie wegwerfen. Aber wenn wir uns persönlich angegriffen fühlen, entsteht eine Schuldzuweisung, und wir fühlen uns viel mieser – wir sind voller Wut. Und wenn unser Selbstbild auf dem Spiel steht – »Was glaubst du eigentlich? Was soll das denn?« –, dann fühlen wir uns noch schlechter.

Wenn wir in der Lage sind, die Ursachen und Bedingungen zu sehen, die andere zu ihrem Verhalten bewegen, dann reagieren wir anders. Wenn ein Freund mich mies behandelt oder ein Kollege mich ignoriert, ist das vielleicht gar kein Kommentar über mich und meinen Wert. Vielleicht ist der Freund oder Kollege müde, macht sich Sorgen wegen etwas, versucht sich selber seelisch aufzurappeln oder reagiert aus einer alten Verletztheit heraus. Das macht bescheiden, aber auch frei. Wir sind nicht so wichtig. Im Drama der anderen Person spielen wir nur eine kleine Nebenrolle.

Mitgefühl für sich selber kultivieren

Es ist eine Herausforderung, gegenüber anderen liebevolle Güte oder Mitgefühl zu kultivieren und ihr Verhalten als das natürliche Resultat aus bestimmten Ursachen und Bedingungen zu sehen. Eine noch härtere Herausforderung ist es, sich selber aus diesem Blickwinkel zu betrachten. Wie reden Sie normalerweise mit sich, wenn Sie einen Fehler gemacht haben? Wahrscheinlich hätte niemand von uns noch irgendwelche Freunde, wenn wir mit denen so sprächen, wie wir mit uns sprechen: »Du Idiot!« – »Wieso hast du nicht besser aufgepasst?« – »Was hast du dir denn dabei gedacht?« – »Was bist du nur für ein Trottel!«

Es gibt viele Gründe, warum wir mit uns so hart ins Gericht gehen, wenn wir uns als Versager fühlen. Vielleicht haben wir die Stimmen von Eltern und Lehrern verinnerlicht, die uns in der Vergangenheit kritisiert haben. Vielleicht haben wir uns abschätzige kulturelle Wertungen über unsere persönlichen Eigenschaften oder unsere Identität zu eigen gemacht, vor allem, wenn wir zu einer Randgruppe gehören. Wir wollen anderen zuvorkommen und kritisieren uns selber, bevor sie es tun können. Vielleicht denken wir, wenn wir uns selber kritisieren, sind wir motiviert, es besser zu machen, und ohne Strafe würden wir faul bleiben und wieder Fehler machen. Es könnte sogar sein, dass wir uns selber kritisieren, um den Vergleich mit anderen zu umgehen – schließlich kriegt der unterwürfige Primat, der vor dem Anführer einen Kotau macht, noch ein paar Essensreste ab und vermeidet eine Tracht Prügel.

Wie wir stattdessen für uns selbst Mitgefühl entwickeln können, zeigt uns der achtwöchige Kurs »Achtsames Selbst-Mitgefühl«, den die Psychologin Kristin Neff, die in der Erforschung des Selbst-Mitgefühls Pionierarbeit geleistet hat, zusammen mit Chris Germer entwickelt hat[118] (siehe *centerformsc.org*). Sie zeigen auf: Wenn etwas schiefgeht, wir versagen oder einen Fehler machen, dann verfallen die allermeisten Menschen einer »unheiligen Dreifaltigkeit« aus *Selbstkritik, Selbst-Isolierung und Rückzug in sich selbst.* Zuerst geißeln wir uns selber und kritisieren uns rücksichtsloser, als wir es mit einem anderen Menschen jemals tun würden. Dann ziehen wir uns zurück, weil wir uns selber nicht gut finden – wir schämen uns und möchten nicht gesehen oder berührt werden. In diesen Zustand versinken wir dann, abgeschnitten von anderen, besessen von Gedanken, wie schlimm wir doch sind.

Als Gegenmittel können wir Selbst-Mitgefühl entwickeln. Statt der Selbstkritik können wir *Selbst-Freundschaft* entwickeln; statt der Selbstisolierung eine Wertschätzung für unser aller *gemeinsame Menschlichkeit*; und statt auf die schmerzhafte Erfahrung mit Rückzug auf uns selbst zu reagieren, können wir *Achtsamkeit* üben – bei unserem Schmerz zu bleiben, ihn zuzulassen, ihn zu akzeptieren. Selbstmitgefühl erfordert einen Wandel im Kopf, im Herzen, in unseren Gewohnheiten.

Um diesen Wandel herbeizuführen, gibt es viele Techniken. Die Doctores Neff und Germer haben festgestellt, dass es für den Aufbau von Selbstmitgefühl gewöhnlich am besten ist, alle drei Komponenten anzusprechen.

Selbst-Freundschaft

Es gibt viele verschiedene Wege, zu sich selber freundlich zu sein, wenn man versagt oder etwas vermasselt. Sie können sich etwas Gutes tun, indem Sie gut essen, sich bewegen, meditieren, Yoga machen und Dinge tun, die Sie besänftigen. Sie können Beziehungen suchen, die Sie unterstützen, und sich an fürsorgliche Freunde und die Familie wenden. Sie können Zeit in der Natur verbringen oder spirituell erhebende Erfahrungen suchen. Sie können Ihren Fehler oder Ihr Versagen durch verständnisvolle Wortwahl ganz bewusst in einen neuen Rahmen stellen: »Ja, es war nicht so toll, dass du die ganze Packung Vanilleeis auf einmal aufgegessen hast, aber du warst so gestresst und brauchtest es irgendwie.« – »Es stimmt, bei der Diskussion hast du dich hinreißen lassen, aber er hat wirklich deine Gefühle verletzt.« Sie können versuchen, in freundlichen Worten und sanftem Ton mit sich zu sprechen, vielleicht so, wie es das liebevoll-natürliche Wesen in der oben beschriebenen Meditation liebevoller Güte tun würde. Sie können sogar Wege finden, mit Ihren kritischen Stimmen zu sprechen, um sie zu relativieren (wie das geht, erfahren Sie im nächsten Kapitel). Und der vielleicht einfachste und wirksamste Weg, zu sich selber freundlich zu sein: sich eine Umarmung schenken lassen.

Von all den Dingen, die ich im Grundkurs Psychologie gelernt habe, war das Eindrücklichste die Geschichte von Harry Harlow und seinen

Affen aus Tuch oder Draht. Heute würden wir seine Experimente als grausame Tierversuche einstufen (sie haben die Tierrechtsbewegung mit initiiert), aber seine Studien zeigten etwas sehr Wichtiges über die frühkindliche Entwicklung auf.

Es war in den Fünfzigern, und viele Forscher untersuchten, wie es sich auf Kinder auswirkte, wenn sie ohne Liebe und Zuwendung in nüchtern-sterilen Waisenhäusern aufgezogen wurden (was im und nach dem Zweiten Weltkrieg oft der Fall gewesen war). Harlow beschloss, bei Primaten das Bedürfnis nach Zuwendung zu erforschen, und zwar, indem er für Affenbabys leblose Ersatzmütter aus Tuch oder Draht bastelte. In einer Studie hielt die Drahtmutter ein Fläschchen mit Nahrung, während die Mutter aus Tuch keine Flasche hatte. In der überwältigenden Mehrzahl der Fälle klammerten sich die Affenbabys die meiste Zeit an die Tuchmutter und gingen nur kurz, um zu saugen, zu der Draht-Äffin.[119]

Das Experiment bestätigte die These (die heute jedem einleuchtet), dass Trost durch Berührung (»contact comfort«) für die seelische Entwicklung und Gesundheit von Affenkindern ganz wesentlich ist. Und es führte zu einem Umdenken insofern, als man begann, Waisenkinder in Pflegefamilien statt in Waisenhäusern unterzubringen.

Was hat das mit Selbst-Mitgefühl zu tun? Hunderte von Studien haben gezeigt, dass auch wir – egal, wie alt wir sind – durch Berührungen aufblühen. Das ist auch nicht überraschend. Katzen schnurren, wenn wir sie streicheln; Hunde lieben es, wenn sie getätschelt werden; sogar kleine Ratten werden lebhaft, wenn sie von der Mutter liebevoll abgeleckt werden. Beim Menschen sind spezielle Nerven in der Haut sogar buchstäblich darauf programmiert, auf den Rhythmus zu reagieren, in dem instinktiv die meisten Menschen jemanden streicheln, wenn sie Zuneigung ausdrücken wollen.[120] Und diese Nerven reagieren nur auf eine Hand mit Körpertemperatur – auf eine wärmere oder kältere nicht.

Wir können uns die biologisch verankerte Empfänglichkeit für liebevolles Berührt-Werden zunutze machen, um unser »Tend-and-befriend«-System zu aktivieren und Zusammenbrüche unseres Selbstbildes zu lindern. Wenn ein fürsorglicher Freund in der Nähe ist, können wir um eine Umarmung bitten. Falls aber nicht, können wir uns auch selber umarmen und streicheln. Das fühlt sich am Anfang vielleicht albern und komisch an, aber der Körper ist auf die entsprechenden Signale programmiert, und Sie werden feststellen, dass es erstaunlich gut funktioniert:

Übung: Liebevoll umarmen und streicheln*

Das nächste Mal, wenn Sie emotional leiden (und niemand zuschaut), umarmen Sie sich selbst und streicheln sanft Ihre Arme, Ihr Gesicht – was immer Ihnen ein Gefühl der Liebe und Zuneigung gibt. Denken Sie zurück an das, was Sie als Kind getröstet hat: eine Hand auf der Wange,[121]

Erfühlen Sie, welcher Rhythmus und Druck am besten sind. Nehmen Sie wahr, welche Gefühle aufsteigen, während Sie sich sanft streicheln. Fühlen Sie sich besänftigt und getröstet? Kommen andere Gefühle auf? Ein Verlangen nach mehr?

Wenn Sie berührungsmäßig ausgehungert sind, könnte diese Übung schwierig sein – womöglich erleben Sie den bereits erwähnten Backdraft. Am Anfang könnten sich Ihre verletzten Gefühle intensivieren. Wenn die Übung sehr unangenehm wird, können Sie jederzeit aufhören – diese Übung ist nicht für jeden geeignet. Aber wenn es nicht zu intensiv wird, werden Sie feststellen, dass Sie mit der Zeit fähig werden, schwierige Emotionen zu integrieren und in dem Gefühl, getragen zu sein, zur Ruhe zu kommen.

---

* Germer, Christopher und Neff, Kristin: *Achtsames Selbstmitgefühl unterrichten – Das Handbuch für die professionelle Arbeit.* Freiburg: Arbor Verlag, 2021, S. 305.

Nehmen Sie sich Zeit und probieren Sie an verschiedenen Körperstellen verschiedene Arten des Berührens aus. Schauen Sie, was Ihnen ein Gefühl des Geliebt-Seins gibt.

Sobald Sie das im Privaten ein paar Mal gemacht haben, wird sich zeigen, dass Sie dieselben Gefühle (mit einer einfachen, eher unauffälligen Geste natürlich) auch in der Öffentlichkeit wachrufen können. Versuchen Sie zum Beispiel, einfach Ihre Hand zu halten oder zu streicheln, einen Arm oder ein Bein, auf eine eher unauffällige Weise. Es könnte sogar passieren, dass – mit ein wenig Übung – sogar die Vorstellung einer Umarmung oder Liebkosung ein ähnliches Gefühl erzeugt.

Eine verwandte Methode, sich zu beruhigen, wenn Sie aufgeregt oder selbstkritisch sind, ist das liebevolle Atmen:

Übung: Liebevolles Atmen*

Sitzen Sie bequem, entspannt und wach. Nehmen Sie ein paar tiefere Atemzüge als normal und lassen Sie den Atem langsam, durch ganz leicht zusammengepresste Lippen, ausströmen. Atmen Sie dann normal und wenden Sie Ihre Aufmerksamkeit sanft den Empfindungen des Atmens zu. Fokussieren Sie sich auf den Rhythmus des Atems. Nehmen Sie wahr, wie der Atem Sie nährt, Sie am Leben hält. Bleiben Sie eine Weile bei diesem Rhythmus.

Lassen Sie nun den Atem Sie besänftigen – als würden Sie von jedem Einatem und Ausatem mütterlich gewiegt oder liebkost. Stellen Sie sich vor, dass Sie mit jedem Einatem das einatmen, was Sie gerade brauchen –

* Germer, Christopher und Neff, Kristin: *Achtsames Selbstmitgefühl unterrichten – Das Handbuch für die professionelle Arbeit.* Freiburg: Arbor Verlag, 2021, S. 319.

Liebe, Fürsorge, Befriedigung, Hilfe. Lassen Sie beim Ausatmen ein Gefühl der Leichtigkeit und Entspannung entstehen. Fahren Sie fort, sich so zu beruhigen und zu halten, solange Sie möchten.[122]

Noahs Versuch, seine Wohnung zu renovieren, lief wieder mal schief: Die neu eingebaute Toilette war einfach nicht dicht zu kriegen. Natürlich begann er sich bald zu verfluchen: »Es kann doch nicht so schwer sein, eine Toilette zu installieren!« – »Ist das High-Tech, oder was?« – »Mann, das musst du doch hinkriegen!« Seine Frau hörte von einem Nebenraum aus seine Selbstbeschimpfung und schlug ihm vor, er solle netter zu sich sein. »Was würde wohl dein Papa sagen?« fragte sie ihn. »Wahrscheinlich würde er mir sagen, dass man die Mistdinger sowieso nie auf Anhieb dicht kriegt.« Obwohl Noah sich gegen ihre Freundlichkeit zuerst sträubte, ließ er sich von seiner Frau doch irgendwann umarmen. Er ließ die verständnisvolle Stimme seines Vaters und die Zuneigung seiner Frau zu – und kriegte die Kurve (und die Toilette dicht).

Geteilte Menschlichkeit

Um jeder Selbst-Isolierung entgegenzuwirken, kann es hilfreich sein, wenn wir uns an unsere gemeinsame Menschlichkeit erinnern (sich eine Umarmung schenken zu lassen, kann natürlich trotzdem nicht schaden). Viele Wege bieten sich hier an. Einer meiner liebsten besteht ganz einfach darin, das eigene Handeln durch die Augen eines fürsorglichen Freundes zu betrachten:

Übung: Mitfühlender Brief*

Erinnern Sie sich an etwas, was Ihnen ein schlechtes Selbstgefühl gab – einen Fehler, einen moralischen Fehltritt, eine Schwäche, ein Versagen. Wenn es einen besonders peinlichen Vorfall gibt, erinnern Sie sich genau an das, was geschehen ist, wie Sie sich damals fühlten und wie Sie sich jetzt fühlen. Erlauben Sie sich, eine Weile achtsam bei dem schwierigen Gefühl zu bleiben.

Rufen Sie sich jetzt einen klugen, gütigen, achtsamen Gefährten ins Gedächtnis. Es kann ein Mentor sein, ein Familienmitglied oder ein Freund. Er oder sie muss nicht 100 Prozent klug, gütig und achtsam sein – nur so generell eben.

Stellen Sie sich vor, Sie erzählen diesem Gefährten Ihre Geschichte, während er zuhört. Nehmen Sie wahr, wie es sich anfühlt, Ihre Geschichte jemandem zu erzählen, der wirklich Anteil nimmt.

Versetzen Sie sich jetzt in die Position des Gefährten und schreiben Sie aus seiner oder ihrer Perspektive einen Brief an sich selbst. Drücken Sie in diesem Brief das Mitgefühl des Gefährten aus; wie er Ihnen aufzeigt, dass Sie nur ein Mensch sind und wie Ihre Unzulänglichkeiten Sie mit dem Rest der Menschheit verbinden.

Nachdem Sie den Brief geschrieben haben, legen Sie ihn eine Weile beiseite und lesen ihn später.[123]

Ich hatte Gelegenheit, diese Übung mit vielen Gruppen zu machen. Bestimmte Themen tauchen immer wieder auf. Unsere klugen und mitfühlenden Gefährten sagen Dinge wie: »Ich liebe dich trotzdem«, »Wir machen alle Fehler« oder »Wir gewinnen und verlieren ständig«. Es ist erstaunlich, dass wir fast alle einen klugen, mitfühlenden Teil in uns

* Übernommen aus einem Workshop von Kristin Neff.

haben, der unsere gemeinsame Menschlichkeit erkennt – das Problem ist, dass der sich abschaltet, wenn wir uns wegen unserer Unzulänglichkeit fertigmachen.

Ein anderer Weg, gemeinsame Menschlichkeit zu erleben, ist es, für jemand anderes ein kluger und mitfühlender Freund zu sein. Denken Sie nur einmal einen Moment an jemanden, der kürzlich Scheitern, Ablehnung, Scham oder Minderwertigkeitsgefühle erlebt hat. Stellen Sie sich vor, wie dieser Mensch sich fühlt, was für Gedanken ihm oder ihr durch den Kopf gehen. Stellen Sie sich nun vor, Sie lassen diesen anderen Menschen wissen, dass Sie diese Gefühle kennen. Teilen Sie mit ihm einige Ihrer Fehlschläge oder Enttäuschungen und die Gefühle und Gedanken, die Sie dabei hatten. Und wenn Sie das Auge in Auge mit jemandem tun können – umso besser!

Achtsamkeit

Die dritte Fähigkeit, die wir zum Selbstmitgefühl brauchen, ist Achtsamkeit. Sie befähigt uns, im Erleben mit allen Sinnen, Moment für Moment, bei schmerzhaften Gefühlen zu bleiben, uns ihnen zu öffnen, sie zu akzeptieren – statt uns in selbstbezogenen Gedanken zu verlieren, wie böse oder unvollkommen wir sind. Wir werden das im nächsten Kapitel genauer erforschen.

Mitgefühl für andere

Mitgefühl für sich selbst zu kultivieren ist eine wichtige Grundlage, um gegenüber anderen mitfühlend zu sein. Der Grund: Unsere emotionalen Verletzungen bringen uns dazu, eine Wagenburg zu bauen und uns im Gefahren- oder Erfolgsdruck-Modus zu verschanzen; dadurch verlieren wir die Fähigkeit, auf andere Menschen zuzugehen und an ihrem Erleben Anteil zu nehmen. Wenn wir Wege finden, uns um die eigenen Verletzungen zu kümmern, können wir uns auch besser um andere kümmern.

Auf dieser Grundlage beruhen viele Praktiken, die darauf angelegt sind, Mitgefühl für andere zu kultivieren; sie aktivieren und fördern unser »Tend-and-befriend«-System. Eine, die bei Wissenschaftlern und Psychotherapeuten im Westen viel Aufmerksamkeit erregt hat, entstammt der Tradition des tibetischen Buddhismus. Sie heißt *Tonglen* (»Empfangen und Aussenden«); dabei nutzt man den Atem als Vehikel für die Kultivierung von Mitgefühl. Die Übung beinhaltet auch das Visualisieren, was Emotionen sehr direkt aktivieren kann. In der klassischen Form wird Tonglen so geübt: Man denkt an jemanden, der leidet, fühlt den Schmerz des Betreffenden mit und atmet diesen Schmerz ein. Dann atmet man Mitgefühl für diesen Menschen und alle anderen aus, die auf ähnliche Weise leiden. Da das manchmal ziemlich heftig werden kann, arbeitet eine alternative Form (die in dem Programm »Mindful Self-Compassion« (MSC) verwendet wird) damit, dass Mitgefühl für einen selber und die andere Person eingeatmet wird. Der Vorgang wird dadurch ein bisschen angenehmer und besänftigender. Ich habe die MSC-Übung hier folgendermaßen aufbereitet:

Übung: Versüßtes Tonglen*

Beginnen Sie mit ein paar Minuten des *Liebevollen Atmens* (Seite 241). Wenn Geist und Körper ein wenig zur Ruhe gekommen sind und Sie sich einigermaßen sicher und geborgen fühlen, denken Sie an jemanden, der

* Germer, Christopher und Neff, Kristin: *Achtsames Selbstmitgefühl unterrichten – Das Handbuch für die professionelle Arbeit.* Freiburg: Arbor Verlag, 2021, S. 432.

Ihnen wichtig ist und der leidet. Erlauben Sie sich, den Schmerz dieses Menschen zu fühlen, und nehmen Sie wahr, wo im Körper Sie ihn fühlen. Tragen Sie mit jedem Einatmen etwas Liebe, Fürsorge und Trost in sich hinein. Senden Sie bei jedem Ausatmen dem anderen Menschen Mitgefühl. Stellen Sie sich vor, dass Ihr Ausatem diesen Menschen in Wärme und Fürsorge badet, in dem, was er oder sie braucht.

Atmen Sie weiter Liebe, Geborgenheit und Fürsorge ein und senden beim Ausatmen Liebe, Geborgenheit und Fürsorge dem Menschen, der leidet. Wenn Sie möchten, weiten Sie den Kreis auf andere aus, die ebenfalls leiden. Binden Sie sich in ein Gefühl des gemeinsamen Mensch-Seins ein.

Wir haben gesehen, dass die Aktivierung des »Tend-and-befriend«-Systems dann am schwierigsten ist, wenn wir uns bedroht oder benachteiligt fühlen. Mitgefühl kann eine ziemliche Zumutung sein, wenn wir gerade eine Niederlage einstecken mussten, den Kürzeren gezogen haben, uns abgelehnt oder ausgeschlossen gefühlt haben oder kritisiert worden sind. [124]

In solchen Momenten starten wir oft den Kampf-Flucht-Modus oder den Erfolgsdruck-Modus, um das schlechte Gefühl wegzubekommen.

Die Alternative wäre der Versuch, zu sich selber freundlich zu sein. Sich eine Umarmung zu schenken. Sich selber ein bisschen liebevolle Güte zu schicken. Die eigene Situation aus der Perspektive eines liebevollen Freundes zu untersuchen. Dem können wir den Versuch folgen lassen, wiederum für dieses Konkurrenzdenken Mitgefühl zu kultivieren – Herzenswärme zu erzeugen für jeden, der gerade unser Selbstbild bedroht.

Übung: Mitgefühl fürs Konkurrenzdenken

Beginnen Sie mit der *Übung liebevoller Güte* (Seite 228. Erzeugen Sie liebevolle Gefühle für ein von Natur aus liebevolles und gütiges Wesen und wenden Sie diese Gefühle dann sich selber zu. Sie können auch etwas Besänftigendes hinzufügen und sich von Ihrem Atem von innen heraus begütigen und stillen lassen, so wie in der Übung *Liebevolles Atmen* (Seite 241).

Wenn Sie etwas von dieser liebevollen Güte, dieser Geborgenheit und Sicherheit verspüren, dann denken Sie an jemanden, dessen Erfolge oder Qualitäten bei Ihnen Neid oder Selbstzweifel auslösen. Vielleicht ist es jemand, der Fähigkeiten, Erfolge oder Beziehungen besitzt, nach denen Sie sich sehnen; der beliebter oder kompetenter ist als Sie; der Sie nie wahrzunehmen oder zu schätzen scheint; oder der bei Ihnen sonstwie Minderwertigkeitsgefühle auslöst.

Nehmen Sie die aufsteigenden Gefühle wahr. Atmen Sie in diese Gefühle hinein und bringen Sie jedem Schmerz, der sich zeigt, liebevolle Güte entgegen.

Als Nächstes – und hier könnte es schwierig werden – versuchen Sie, diesem Menschen, der bei Ihnen »die Knöpfe drückt«, Gutes zu wünschen. Wünschen Sie ihm, dass der Erfolg andauern möge; segnen Sie ihn. Stellen Sie sich vor, dieser Mensch sei Ihr Sohn oder Ihre Tochter, den oder die Sie natürlich erfolgreich und zufrieden sehen möchten.

Nehmen Sie alle Gefühle wahr, die aufsteigen – auch den inneren Darth Vader –, und seien Sie dabei freundlich zu sich. Üben Sie liebevolle Güte, sowohl für sich selbst, der Sie mit Ihrer Verletztheit zu kämpfen haben, als auch für den Menschen, dem Sie Gutes wünschen.

Diese letzte Übung ist hart, aber sie lohnt sich. Sie kann ein sehr wirkungsvolles Mittel gegen die weitverbreitete Haltung sein, die lautet: »Er ist so toll, und ich bin es nicht. Wenn sie mich nicht bemerkt, dann bin ich wertlos.« Das kommt in Millionen Formen vor: »Sie ist umwerfend, und ich bin hässlich«; »Sie ist intelligent, ich bin blöd«; »Er hat Erfolg, ich bin ein Versager« und so weiter und so fort, mit all diesen Versatzstücken, aus denen unser Selbstbild aufgebaut ist. In genau dem Maße, wie wir dem Menschen, der uns fertigmacht, Gutes wünschen können, in genau dem Maße befreien wir uns von unserer Selbstbezogenheit und entspannen uns in ein Dasein als ganz gewöhnliches Menschenwesen. Oder, wie der Dalai Lama meint: »Sei freundlich, wann immer es geht. Und es geht immer.« Keine schlechte Angewohnheit, oder?

Nun, da wir ein bisschen besser verstehen, wie wir uns in -zigfachen Varianten verleiten lassen, Sozialstatus-Vergleiche zu ziehen und unser Selbstwertgefühl künstlich aufzupäppeln; nun, da wir ein paar Techniken gelernt haben, um das »Tend-and-befriend«-System zu aktivieren und Mitgefühl für uns selbst und andere zu generieren, nun können wir diese Techniken einsetzen, um die emotionalen Wunden der Vergangenheit noch einmal anzuschauen und das tief vergrabene Trauma aus all den Momenten zu heilen, in denen uns das Herz gebrochen wurde, unsere Gefühle verletzt wurden und wir uns dadurch nicht mehr wohlfühlten in unserer Haut. Und auch wenn das abschreckend klingen mag: Es lohnt sich. Mit den alten Verletzungen zu arbeiten kann uns weiter dabei helfen, aus quälenden Selbstwert-Problemen freizukommen und gleichzeitig mit allen Menschen in unserem Leben tiefer und liebevoller in Berührung zu kommen.

11 Heilen heißt Fühlen

Begrabene Gefühle sind lebendig Begrabene.

EIN PATIENT

Kathy Love Ormsby hatte ein herrliches Leben vor sich. In der High School war sie die Jahrgangsbeste gewesen, an der Uni bereitete sie sich aufs Medizinstudium vor, und sie war eine Top-Athletin. Sie hatte den Rekord für die 10.000 Meter der Frauen gebrochen. Dann lief sie die US-Meisterschaft und wurde nur Vierte. Statt der Demütigung, nicht mehr Nummer eins zu sein, ins Gesicht zu sehen, rannte sie aus dem Stadion, überquerte eine Wiese und stürzte sich von einer Brücke. Das tragische Resultat: Querschnittslähmung von der Hüfte abwärts.[125]

Zwar stürzen wir uns meistens nicht von einer Brücke, wenn wir eine Niederlage erleiden, aber der Gedanke kann einem schon mal kommen. Erwartungen nicht zu erfüllen, einen Wettkampf zu verlieren, egal, ob in einer realen Arena oder »nur« im Kopf: Das kann so peinigend sein, dass es uns schlichtweg unerträglich erscheint. Wir tun alles mögliche, um den Schmerz loszuwerden. Um ihm zu entkommen, trinken wir Alkohol, plündern den Kühlschrank, schauen endlos fern, arbeiten, surfen im Internet, texten, spielen Videospiele. Um ihn auszulöschen, suchen wir neue Triumphe, Projekte, Erfolge – neue Kicks fürs Selbstwertgefühl. Natürlich ist das nicht so schädlich wie der Sprung von der Brücke. Aber all diese Strategien hinterlassen Narben, denn, wie einer meiner Patienten es einmal sehr elegant ausdrückte: »Begrabene Gefühle sind lebendig Begrabene.« Und wenn diese lebendig begrabenen Gefühle wieder auferstehen, fühlen wir uns auf unerklärliche Weise ängstlich, deprimiert oder erregt, überschwemmt von Emotionen, die angesichts der Situation übertrieben erscheinen.

Es stellt sich heraus, dass der begrabene Schmerz aus früheren Verletzungen eine Hauptquelle für aktuelle Gefühle der Scham oder Minderwertigkeit (und damit zusammenhängende Gefühle) ist. Eine aktuelle Niederlage oder Enttäuschung triggert Emotionen und Erinnerungen, die aus früheren Niederlagen und Demütigungen stammen, und dadurch erscheint uns die aktuelle Situation in den schwärzesten Farben.

Mir passiert das andauernd. Zum Beispiel bin ich also neulich bei einer Fachkonferenz mit prominenten Kollegen. Beim Begrüßungs-Cocktail unterhalten sich einige lieber untereinander als mit mir. Ich komme mir ausgeschlossen vor und frage mich: »Ist es wirklich so wichtig?« Die Antwort ist: »Nein.« Ich habe das Glück, Freunde und gute berufliche Aussichten zu haben. Herrgott, ich könnte schon pensioniert sein! Und trotzdem ärgert es mich.

Also frage ich mich als Nächstes: »Warum macht es mir so viel aus, mich als Außenseiter zu fühlen?« – »Woran erinnert mich das?« Abgesehen davon, dass man sich natürlich immer geliebt und akzeptiert fühlen möchte, dauerte es nicht lange, bis ein paar ganz spezielle Erinnerungen an die siebte Klasse aus dem Grab auferstanden. Ich war von einer anderen Schule gekommen als die meisten anderen Kinder, war nicht gut im Sport und hatte in puncto Klamotten und Musik keinen Schimmer. Mit den coolen Jungs konnte ich definitiv nicht mithalten, und das tat weh. Ich weiß noch, wie ich um die Mittagszeit in der Schul-Cafeteria ängstlich nach einem Tisch Ausschau hielt und mir meiner vielen Schwächen schmerzlich bewusst war – ich war mager, hatte Pickel, war nervös und hatte nicht kapiert, worauf es unter gleichaltrigen »Puber-Tieren« ankam (um ein paar Dinge zu nennen). Da ich damals die emotionale Kraft nicht besaß, um den Schmerz voll und ganz zu fühlen, noch die emotionale Reife, um erkennen zu können, dass alle Menschen sich geliebt und akzeptiert fühlen wollen, lenkte ich mich ab – mit Basteleien, mit naturwissenschaftlichen Experimenten, zusätzlich zu weniger sinnvollen Aktionen wie etwa der, mit ein paar harten Jungs Fensterscheiben einzuschmeißen, auf was ich mich einließ, um nicht als kompletter Langweiler zu gelten. Aber die Gefühle verschwanden nicht; sie wurden nur begraben und bildeten ein Schmerz-Reservoir, das bei der Konferenz geöffnet wurde.

Fast niemand kommt im Laufe des Heranwachsens an Verletzungen vorbei. Das Ergebnis ist, dass wir im späteren Leben fast alle in schöner Regelmäßigkeit durch scheinbare Gefahren, die uns an die Vergangenheit erinnern, getriggert oder aktiviert werden. Wir tendieren zu zwei Reaktionen: Entweder wir überreagieren, gemessen an der aktuellen Situation, und erleben aufgrund unseres herausgeforderten Selbstwertgefühls viel größeren Schmerz, als wir eigentlich müssten (meine Erfahrung bei der Konferenz); oder wir machen zu, betäuben uns oder lenken uns ab, womit wir den aktuellen Schmerz so gut wie möglich ausblenden, dabei auf lange Sicht allerdings noch mehr unerlösten Schmerz anhäufen. Letztere Strategie macht uns dabei noch verwundbarer für die nächste Attacke auf unser Selbstbild und schneidet uns gleichzeitig von potenziell heilsamen Beziehungen ab.

Dass ich den Zusammenhang mit der siebten Klasse erkannte und auch mein universal-menschliches Bedürfnis nach Verbundenheit: Das erlaubte es mir, mich für meine Gefühle bei der Konferenz zu öffnen und gleichzeitig mit meiner Reaktion geschickter umzugehen. Sie können das auch: die aus den Zusammenbrüchen der Vergangenheit herrührenden Emotionen erkennen und spüren, ihre universale Natur sehen und auf aktuelle Ereignisse weniger impulsiv reagieren. Auch hier hilft es, mit Kopf, Herz und Gewohnheiten zu arbeiten.

Sich dem Schmerz öffnen

Den Satz »Heilen heißt Fühlen« hörte ich zum ersten Mal aus dem Munde des Psychiaters Dan Siegel (mit mir weder verwandt noch verschwägert, aber, wo wir schon dabei sind: Bei Konferenzen vermittelt er mir und anderen immer das Gefühl, dazuzugehören). Der Satz ist für viele Psychotherapeuten zum Prüfstein ihrer Arbeit geworden. Indem wir fähig werden, unsere Wunden aus der Vergangenheit zu akzeptieren, zu fühlen und damit zu integrieren, verlieren sie die Kraft, unser heutiges Leben aus der Bahn zu werfen.

Es gibt viele Möglichkeiten, die emotionalen Ressourcen zu entwickeln, die für diese Arbeit nötig sind. Für den eigenen Körper zu sorgen hilft. Wenn wir ausreichend schlafen, uns regelmäßig bewegen, uns gesund ernähren und uns Zeit nehmen, uns zu »ent-stressen«, können wir mit schmerzhaften Emotionen viel besser umgehen. Angstfreie soziale Beziehungen helfen ebenfalls. Wenn wir unser Erleben offen und ehrlich mit Freunden, der Familie oder vielleicht einem Therapeuten oder religiösen Würdenträger teilen können, fühlen wir uns unterstützt und verbunden, und das reduziert ganz natürlich unsere Selbstwert-Probleme. Eine weitere wertvolle Ressource ist die Achtsamkeitspraxis, in der wir Gedanken, Gefühle und Empfindungen entstehen und vergehen lassen und schrittweise die Fähigkeit aufbauen, beim Schmerz *zu bleiben* statt uns davon *abzulenken*. Und Praktiken des Mitgefühls und Selbst-Mitgefühls können uns helfen, uns aus eigener Kraft zu besänftigen, wenn wir leiden.

Mit diesen Ressourcen an der Hand sind wir vielleicht bereit zu dem Versuch, vergangenen Niederlagen, Ausgrenzungen und Demütigungen einen Besuch abzustatten und die mit ihnen verbundenen Emotionen neu zu integrieren. Hier sind allerdings Zeitpunkt und Tempo ganz wichtig. Wenn Sie das Gefühl haben, dass das gerade nicht der Moment ist, in dem Sie die Kraft und die Unterstützung haben, Wunden der Vergangenheit zu erforschen, dürfte es sinnvoller sein, sich auf ein gefahrloses sinnliches Erleben in der Gegenwart zu fokussieren – Empfindungen beim Gehen, den Geschmack Ihres Essens, eine Brise auf der Haut, die Schönheit der Natur. Aber wenn Sie sich der Herausforderung gewachsen fühlen, dann kann die Arbeit mit den Wunden der Vergangenheit Sie in Ihrer Emanzipation von aktuellen und zukünftigen Problemen um sozialen Status und Selbstwertgefühl weit bringen – und sie fördert Ihre Fähigkeit zu liebevollen Beziehungen.

»BENENNEN HEISST ZÄHMEN«

Das ist ein weiterer nützlicher Aphorismus, den Psychotherapeuten heutzutage benutzen. Wenn wir mit dem Schmerz im Herzen umgehen müssen, hilft es, dabei den Kopf zu benutzen. Ein Weg, den Schmerz von früherer Ausgrenzung, Scham oder Scheitern unter die Lupe zu nehmen und ihn in den richtigen Blickwinkel zu rücken, ist das Schreiben einer Selbstwert-Autobiografie. Sie müssen dazu kein Schriftsteller sein. Ein paar Notizen oder Stichpunkte genügen. Sie können sie sogar diktieren. Die Idee ist, dass Sie die Höhen und Tiefen Ihres Selbstwertgefühls so detailliert anschauen, dass Sie die damit verbundenen Verletzungen heilen können. Diese Übung kann in einer Sitzung gemacht werden (nimmt allerdings ein bisschen Zeit in Anspruch) oder etappenweise immer dann, wenn Sie Zeit und Lust dazu haben.

Übung: Eine Selbstwert-Autobiografie

Beginnen Sie mit der ältesten Erinnerung an ein Erfolgserlebnis oder das Gefühl des Stolzes auf sich selbst. Schauen Sie, was Ihnen einfällt. Dann machen Sie sich dazu eine Notiz. Schließen Sie nun die Augen, rufen sich das Ereignis so detailliert wie möglich ins Gedächtnis und nehmen Sie die aufsteigenden Gedanken, Gefühle und Körperempfindungen wahr. Bleiben Sie ein Weilchen dabei, mit allen Sinnen.

Versuchen Sie dann, die älteste Erinnerung an einen Zusammenbruch Ihres Selbstwertgefühls abzurufen – den Moment einer Niederlage oder der Ablehnung, in dem Sie sich niedergeschlagen und beschämt fühlten. Machen Sie sich wieder eine kleine Notiz. Schließen Sie die Augen, rufen sich das Ereignis so detailliert wie möglich ins Gedächtnis und nehmen Sie die aufsteigenden Gedanken, Gefühle und Körperempfindungen wahr. Bleiben Sie ein Weilchen dabei. Wenn es sehr schmerzhaft ist, legen Sie sich die Hand aufs Herz und üben ein wenig liebevolle Güte für sich selbst (siehe Kapitel 10).

So geht es mit der Selbstwert-Autobiografie weiter, Hochgefühl und Zusammenbruch, Hochgefühl und Zusammenbruch, in jedem Entwicklungsstadium.

Nach den ältesten Erinnerungen können Sie die positiven und negativen Momente in Ihrem Selbstwertgefühl im Kindergarten, in der Grundschule, in der weiterführenden Schule untersuchen, Phase um Phase, Jahrzehnt um Jahrzehnt, bis Sie in der Gegenwart ankommen. Erkennen Sie, wie natürlich Ihre Reaktionen waren; dass fast jeder sich so gefühlt hätte wie Sie.

Sie werden wahrscheinlich feststellen, dass Ihnen einige Themen wichtiger waren als andere. Wann, zum Beispiel, wurde Ihre Intelligenz, Kraft, Sportlichkeit, sexuelle Attraktivität oder Kreativität zum Thema? Haben irgendwelche Themen ihre Macht verloren? Wann? Jeder hat andere Kriterien, ob er oder sie sich in der eigenen Haut wohlfühlt, und Entwicklungswege sind verschieden. Die Idee ist, dass Sie mit Ihren eigenen, ganz persönlichen Erinnerungen und den damit verbundenen Gefühlen in Kontakt kommen.

Registrieren Sie, während Sie Ihre Autobiografie entwerfen, welche Phasen am meisten mit Selbstwert-Problemen und -Herausforderungen befrachtet waren. Was waren die Gefühle in diesen schwierigen Episoden? Seien Sie freundlich mit sich, wenn Sie sich daran erinnern. Umarmen Sie sich, legen Sie eine Hand aufs Herz, ja, halten und streicheln Sie sich selber die Hand – alles, was sich liebevoll und besänftigend anfühlt. Stellen Sie sich vor, dass viele andere Menschen ähnliche Dinge erlebt haben.

Ich habe diese Übung schon vielen Menschen präsentiert. Es hat den Anschein, dass wir alle schon von ganz früh an zahllose Freuden und Leiden durchleben. Frühe Freuden sind etwa »Tanzwettbewerb gewonnen!«, »Eine Rolle im Theaterstück bekommen!«, »Oma hat sich über mein Lied gefreut«, »Ich hab die Ostereier schön angemalt!« Der früheste Kick, an den ich mich erinnern kann: Mein Vater ist beeindruckt, was für schwierige Fremdwörter ich schon benutze. Sein Lächeln sagte mir, dass das irgendwie eine gute Sache war.

Diesen Momenten steht aber eine gigantische Liste früher Leiden gegenüber: »Vom Bruder gehänselt und weggeschickt worden«; »vor der ganzen Klasse stehen müssen, nachdem ich in die Hose gemacht hatte«; »zu hören kriegen, ich würde werfen wie ein Mädchen«. Bei mir ist es die Erinnerung, dass ich als Kind eine Packung Lutscher in den Kindergarten mitbrachte, als ich Geburtstag hatte, und die Erzieherin sagte: »In diesem Kindergarten wollen wir gesund bleiben – hier gibt es keine Süßigkeiten.« Verletzungen wie diese sind es, ob groß oder klein, die unsere Aufmerksamkeit brauchen.

Womöglich stellen Sie fest, sobald Sie Ihre Selbstwert-Autobiografie begonnen haben, dass jeder neue Tag frisches Material bringt. Versuchen Sie all die Momente wahrzunehmen, in denen Ihr Selbstgefühl steigt oder fällt, auch wenn es nur wenig ist, und wie jeder kleine Kick oder Zusammenbruch sich im Körper anfühlt. Beglückwünschen Sie sich, dass Sie es wahrgenommen haben! Je bewusster uns diese Höhen und Tiefen werden, desto leichter ist es, die Höhen loszulassen und den Schmerz der Tiefen zu heilen.

Bei den Gefühlen *bleiben*

Die angenehmen Gefühle zu akzeptieren, die ein Selbstwert-Hochgefühl mit sich bringt, fällt den meisten relativ leicht. Aber wenn Sie die schmerzhafteren Emotionen entdecken, die einen Zusammenbruch begleiten, fragen Sie sich vielleicht, wie Sie damit umgehen sollen. Wie können Sie schwierige Erinnerungen integrieren, damit sie von aktuellen Ereignissen nicht mehr so stark getriggert werden? Die Achtsamkeitspraxis kann dabei helfen. Vielleicht probieren Sie folgende Übung zuerst einmal mit einer leichten Verletztheit und steigern sie dann zu schmerzhafteren Wunden, Gefühlen der Scham, des Versagens oder der Ausgrenzung, die Ihnen heute noch zu schaffen machen. Diese Übung wurde ursprünglich von der Meditationslehrerin Michelle McDonald entwickelt und fand später, als eine für die Arbeit mit schwierigen Emotionen allgemein geeignete Methode, durch die Psychologin Tara Brach größere Verbreitung. Ich habe sie hier ein wenig auf das Thema »Zusammenbruch des Selbstwertgefühls« zugeschnitten.

Übung: Vier E* für das vErlEtztE SElbstwertgefühl**

Beginnen Sie mit einer Phase der Aufmerksamkeits-Fokussierung, um stabil zu werden und die Aufmerksamkeit zu verfeinern. Sie können dem Atem folgen, Geräuschen lauschen oder sich einem anderen Sinnesobjekt zuwenden.

Erkennen: Sobald der Geist etwas zur Ruhe gekommen ist, rufen Sie sich eine schmerzhafte Episode aus Ihrer Selbstwert-Autobiografie ins Gedächtnis zurück. Versuchen Sie, das Ereignis so detailliert wie möglich wachzurufen: Wer war anwesend? Wie sah die Umgebung aus? Wie alt waren Sie? Wie sah Ihr Körper aus, wie fühlte er sich an? Welche Gedanken und Gefühle kamen auf? Erlauben Sie sich, das schwierige Gefühl zu fühlen, und nehmen Sie wahr, wie es sich im Körper manifestiert.

Erlauben: Normalerweise spüren wir Abneigung gegen den Schmerz eines Selbstwert-Zusammenbruchs – wir wollen ihm entkommen, wollen ihn weghaben. Hier üben wir stattdessen, ihn einfach da sein zu lassen, beobachten eventuell aufkommende Abwehrreaktionen und wenden die Aufmerksamkeit immer wieder auf die Gefühle zurück, die mit dem Zusammenbruch einhergingen.

Erforschen: Bei diesem Schritt untersuchen wir einfach so detailliert wie möglich die Empfindungen, die die Emotion begleiteten. »Erforschen« Sie sie so, wie Sie eine Blume erforschen würden: Nehmen Sie ihre Komplexität wahr, alle ihre Bestandteile, aber auch, wie Sie auf die Blume reagieren.

* Im Original RAIN, ein schwer übertragbares Akronym für »recognize, allow, investigate, natural awareness«, also »erkennen, zulassen, untersuchen, natürliche Bewusstheit« (Anm. d. Übers.).

** Sie finden diese Übung auf *www.arbor-online-center.de/begleitmaterial/*
Verwenden Sie den Code *nd5o7k,* um sie kostenlos herunterzuladen oder zu streamen.

Einsicht: Bei diesem letzten Schritt geht es darum, das Gefühl als natürliche menschliche Erfahrung liebevoll anzunehmen, als Teil eines sich ständig wandelnden Bewusstseins-Kaleidoskops, als Ausdruck gemeinsamer Menschlichkeit, das man weder festhalten noch wegschieben muss. Versuchen Sie nicht, das Problem zu »lösen«, sondern bleiben Sie einfach bei der Erfahrung, solange sie in Ihnen lebendig ist. Dies können Sie erleichtern, indem Sie die Hände aufs Herz legen, sich selbst umarmen, die Übung der liebevollen Güte machen oder sich mithilfe des Atems innerlich sanft wiegen oder schaukeln, wie in der Übung »Liebevolles Atmen« (Kapitel 10) beschrieben.

Sie können die »Vier E« auf jedes Gefühl anwenden, das beim Studium Ihrer Selbstwert-Autobiografie auftaucht, und sie als Instrument nutzen, um Emotionen zu integrieren, die mit Selbstwert-Zusammenbrüchen verbunden sind und die Sie vielleicht lebendig begraben haben. Sie können sie auch nutzen, um die Gefühle besser zu verstehen und zu akzeptieren, die bei einem Selbstwert-Kick entstehen, um ihrer angenehmen (und abhängig machenden) Natur gewahr zu werden..

Chen, ein 45-jähriger Krankenpfleger, hatte mit Versagensängsten am Arbeitsplatz zu kämpfen – wieder einmal. Eine sehr bekannte Chirurgin hatte ihn schroff angegangen. »Ich weiß, dass ich gute Arbeit mache. Wieso lasse ich das überhaupt an mich ran?« Als er sich in das Gefühl einstimmte, merkte er, wie er Kopf und Schultern hängen ließ, und spürte ein sehr vertrautes, flaues Gefühl im Magen. Dann hatte er eine sehr lebhafte Assoziation – fast das gleiche Gefühl hatte damals der junge Mann gehabt, wenn ein Mädchen mit ihm Schluss machte.

Chen beschloss, diese Trennungs-Episoden mithilfe der Vier E achtsam durchzuarbeiten. Zuerst war es hart – der Impuls, von dem Gefühl der Ablehnung wegzukommen, war übermächtig. Aber als er sich selbst durch die vier Schritte führte, sah er, dass er bei dem Schmerz bleiben und ihn im Körper fühlen konnte. »Dann wurde es mir klar: Vor diesem Schmerz bin ich mein Leben lang davongerannt.« Diese Einsicht war eine Erleichterung – wenn er den Mut aufbrachte, sich dem Gefühl zuzuwenden, es kennenzulernen und es da sein zu lassen, dann konnte er mit dem Wegrennen aufhören. Er würde sogar die Chirurgin ertragen können, denn die einzige Gefahr bestand in Wirklichkeit darin, dass sie ein ganz altes Gefühl wachrief.

Die Ursprünge von Minderwertigkeitsgefühlen ausfindig zu machen und die mit ihnen verbundenen Emotionen ertragen zu lernen – das kann einen auf dem Weg der Befreiung von quälenden Selbstwert-Problemen ganz schön weit bringen. Der Schlüssel ist, die Erinnerungen zu berühren, die die aktuellen Empfindlichkeiten erhellen können. Manchmal reichen sie ziemlich weit zurück!

George, 32 Jahre alt, war ein erfolgreicher Finanzexperte. Er war verheiratet, hatte Frau und Kinder, aber erlebte immer wieder, dass er auf seinen Nachbarn neidisch war, der mehr Geld verdiente; dass er tierisch sauer wurde, wenn er mal auf etwas warten musste; und dass er generell sehr nervös war. Er hatte sehr befriedigende romantische Affären gehabt, als er jünger war, und war ein exzellenter Sänger geworden, aber sein Kopf war voller negativer Gedanken: »Sie liebt mich nicht wirklich.« – »Den Song habe ich vermasselt.« Jahre später hatte er immer noch Angst, seine Frau würde ihn verlassen, obwohl es keine Anzeichen gab, dass sie untreu gewesen wäre oder dass sie von Trennung gesprochen hätte.

Als George nun in der Therapie die Geschichte seiner Selbstwert-Katastrophen erforschte, stieß er auf ein höchst beunruhigendes Foto. Er war acht Jahre alt. Sein älterer Bruder hatte ihm mit Gewalt einen Büstenhalter angezogen und lachte, während der Vater die »lustige« Szene fotografierte.

Als er das Bild betrachtete und sich für die Gefühle zu öffnen versuchte, die es auslöste, erkannte er: Das war nur eine aus einer langen

Reihe von Demütigungen in der Kindheit. Es half ihm nicht, dass sein Vater eigene Selbstwert-Probleme hatte, die dazu führten, dass sein Sohn zwar glänzen, ihn dabei aber nicht übertreffen sollte.

»Kein Wunder, dass ich mich immer beweisen muss. Kein Wunder, dass ich auf andere Jungs immer neidisch bin!« Je mehr er sich auf die Erinnerungen an die Wunden seiner Kindheit einlassen konnte und je mehr Mut er entwickelte, ihren Schmerz zu fühlen, desto weniger dringlich wurde die Sorge um sein Selbstbild. Er entwickelte sogar eine erfrischend neue Haltung gegenüber jeder neuen Welle der Verletztheit und Verärgerung: »Ach ja. Geht das wieder los. Ich schätze, ich muss noch ein bisschen dranbleiben.«

Diese Art seelischer Arbeit ist nicht einfach, aber die Konsequenzen, die es hat, wenn man sie vermeidet, sind schlimmer. Wie Marcel Proust es formulierte: »Vom Leid werden wir nur dadurch geheilt, dass wir es in seiner ganzen Tiefe erfahren.«[126] Dennoch ist, wie ich schon sagte, der richtige Zeitpunkt ganz wichtig. Manchmal ist das Herz nicht bereit; die Emotionen scheinen unerträglich intensiv. Es kann sein, dass wir das schwierige Gefühl beiseitelegen und uns erst einmal darauf konzentrieren müssen, ein Gefühl der Geborgenheit zu entwickeln. Wieder gilt: Bewegung! Gute Ernährung, ausreichend Schlaf, Kontakt zu Freunden, Zeit in der Natur, die Aufmerksamkeit auf die Gegenwart richten – eine Zeit festlegen, in der Sie tun, was Sie erfrischt und aufbaut. Wenn wir uns angewöhnen können, auf solche Weise für uns zu sorgen, werden wir uns besser gerüstet fühlen, aufkommende schmerzhafte Gefühle zu erforschen.

Scham & Schande

Wenn wir die Zusammenbrüche unseres Selbstbildes untersuchen, entdecken wir meistens eine besonders schmerzhafte Emotion. Es ist ein Gefühl, um dessen Vermeidung wir extrem bemüht sind und das in den meisten emotionalen Verletzungen eine große Rolle spielt. Praktisch alle Kulturen der Welt kennen es, und es kann uns tatsächlich zum Selbstmord treiben. Wir nennen es *Scham.*

Psychologen unterscheiden gern zwischen Scham und Schuld. Wir fühlen uns *schuldig* für unser Verhalten – für das, was wir getan haben und schlecht finden. Wir *schämen* uns, wenn wir uns selber schlecht finden. Scham ist direkt verknüpft mit Selbst-Bewertung und unserem Verlangen nach Liebe und Akzeptiert-Werden.

Die Fähigkeit, Schuld zu fühlen, ist sehr nützlich, um mit anderen klarzukommen. Menschen, die ohne Schuldbewusstsein lügen, betrügen und stehlen, bereiten ihrer Umwelt eine Menge Kummer. Scham dagegen ist normalerweise nicht so nützlich. Sie kann uns zwar bei der Sozialisierung helfen, aber in der Mehrzahl der Fälle verursacht das Gefühl, ein schlechter Mensch zu sein, einfach nur unnötigen Schmerz. Es treibt uns in Rückzug und Isolation und beraubt uns dadurch aller Möglichkeiten zu liebevollen Beziehungen.

Scham nimmt viele Formen an. Wir schämen uns für moralische Fehltritte – etwa, dass wir unehrlich oder egoistisch sind –, aber auch, weil wir uns für unfähig halten, unerwünscht, schwach, unintelligent, unsicher, verletzlich oder bedürftig. Die typische Liste dieser Art ist ein Spiegel der Eigenschaften oder Fähigkeiten, auf die wir zählen, um uns selber gut zu finden. Manchmal spüren wir nur eine kleine Verlegenheit, aber manchmal schämen wir uns in Grund und Boden.

In uns angelegt

Seelische Erfahrungen, die sich kultur- und geschichtsübergreifend zeigen, sind gewöhnlich im Nervensystem fest verdrahtet. Weil es so gefährlich war, in der afrikanischen Savanne allein zu sein, und weil wir im Kindesalter die Liebe und Fürsorge von Erwachsenen dringend brauchen, haben wir Menschen, wie bereits erwähnt, eine intensive Aversion gegen die Gefahr entwickelt, aus der Gruppe ausgestoßen zu werden. Und diese Aversion erleben wir heute als Scham.

Praktisch alle Kulturen nutzen Scham, um ihre Mitglieder zu sozialisieren. Wir lernen, die Badezimmertür nicht offen zu lassen, nichts zu nehmen, was jemand anderem gehört, nicht zu laut zu sprechen, nicht das letzte Stück Kuchen zu nehmen, ohne zu fragen – alles nur, um Beschämung zu vermeiden. Denken Sie nur mal an all die Versuchungen, die wir uns entgehen lassen, weil sie den Schmerz der Scham nicht wert sind. Manchmal ist diese Sozialisation so effektiv, dass uns Gedanken, Gefühle und Impulse nicht einmal bewusst sind, die uns Schande bereiten würden, würden wir sie zugeben oder (der Himmel möge es verhüten!) in die Tat umsetzen.

Scham ist körperlich. Der parasympathische Zweig unseres autonomen Nervensystems übernimmt das Ruder, und wir kollabieren. Wir lassen den Kopf hängen, senken den Blick, lassen die Schultern hängen. Wir machen zu, sacken zusammen und möchten uns verkriechen. Wenn wir einen Schwanz hätten, würden wir ihn einziehen. Scham überlappt sich mit einer Grundreaktion von Säugetieren auf extremen Stress – es ist die Reaktion der Maus, wenn die Katze sie schnappt. In einer lebensbedrohlichen Situation erschlafft die Maus, um Kraft zu sparen und vielleicht zu erreichen, dass die Katze das Interesse verliert. In unserem Fall reagieren wir nicht auf die Drohung, gefressen zu werden, sondern machen zu als Reaktion auf die Drohung, aus der Gruppe ausgestoßen zu werden.

Scham und Zusammenbruch des Selbstwertgefühls gehen Hand in Hand. Viel tiefer kann man nicht fallen, als aus der Primatenhorde rausgeworfen zu werden. Auf beides reagiert der Körper ähnlich, und in beiden Fällen wollen wir uns verstecken, wenn nicht gänzlich verschwinden. Aber wenn wir lernen können, die Dinge, für die wir uns schämen, zu akzeptieren (und vor allem: sie vor anderen anzuerkennen), beginnt die Scham dahinzuschmelzen – und unsere negativen Selbst-Bewertungen weichen auf.

Die High School, auf die meine Tochter ging, hatte eine großartige Sitte, um Schülern bei der Verarbeitung von Frust und Enttäuschung zu helfen: *Die Mauer der Schande.* Wenn im Laufe der Bewerbungsfrist für die Uni die Absagen eintrudelten, stellte die Schule Stellwände auf und lud dazu ein, die Briefe dort aufzuhängen. Dass die Briefe öffentlich sichtbar waren und dass jeder die Briefe von allen anderen sehen konnte – diese Kombination half allen Schülern, sich weniger zu schämen, und bewahrte ihr Selbstwertgefühl vor dem Absturz.

Manchmal hat unsere Scham natürlich tiefere Wurzeln. Aber auch hier hilft es mehr, die Wahrheit anzunehmen, als sie zu verbergen. Beim letzten Besuch ihrer Familie schämte sich Mary-Ann, mittlerweile in den Siebzigern, in Grund und Boden. Während sie mit ihrem jüngeren Bruder höflich zu plaudern versuchte, schrie sie innerlich: »Warum hältst du nicht endlich die Klappe!« Ihr Bruder war immer schon schwer von Begriff und ein bisschen plump gewesen, und jetzt, Ende sechzig, war er wirklich peinlich – posaunte seine Bigotterie hinaus. Er erinnerte sie an ihre unglückseligen Ursprünge, das Zusammenleben mit einem bigotten Alkoholiker als Vater. Sie dachte ständig: »Es darf mich nicht stören, wie mein Bruder sich benimmt«, aber es störte sie eben doch.

Um mit dem Schmerz klarzukommen, hatte Mary-Ann sich in der Kindheit dafür gelobt, dass sie nie so gemein und brutal war wie der aggressive Vater. Und nun hasste sie sich dafür, dass sie auf ihren Bruder wütend war – dessen Verhalten ja wirklich nicht seine Schuld war, da er es ja einfach nicht besser wusste. Es war eine doppelte Klatsche: Sie kam sich mies vor – wegen der Familie, aus der sie stammte. Und weil sie wütend wurde.

Indem sie das alles erzählte, erkannte Mary-Ann irgendwann: »Ich schäme mich wohl immer noch für meine Herkunft. Die Wahrheit ist aber: Ich habe mir nicht ausgesucht, wo ich geboren wurde.« Noch schwerer war es zu akzeptieren, dass sie, obwohl sie im Allgemeinen ein verträglicher Mensch war, immer noch wütend wurde und andere verurteilte. »Wahrscheinlich bin ich halt auch nur ein Mensch.«

Ein besonders bitterer Moment der Scham und negativen Selbstbeurteilung kann entstehen, wenn unser großartiges Selbstbild auf Wunschdenken beruht und nicht auf der Realität. Sind Sie auch schon einmal auf einer Party oder einem Event gewesen und sind auf einen Bekannten zugegangen, der zu lächeln begann? Und Sie lächeln zurück und sagen Hallo – und es stellt sich heraus, Ihr Gegenüber hat jemand anderen angeschaut und Sie gar nicht bemerkt? Schmerzhaft.

So peinlich so etwas ist, auf dem Spielfeld der Liebe ist es noch viel schlimmer. Haben Sie auch schon einmal gedacht, jemand, zu dem oder der Sie sich hingezogen fühlten, habe Interesse signalisiert? Und dann stellt sich heraus, das war pure Höflichkeit? Aufgrund der irrigen Annahme, jemand mag uns, steigt das Selbstbewusstsein in ungeahnte Höhen, dann wird uns der Irrtum klar – so etwas ist besonders demütigend. Nicht nur waren wir der Zuneigung des Gegenübers nicht würdig; nein, wir haben uns über unseren Wert auch Illusionen gemacht, und der oder die andere weiß das jetzt auch. Diese Art Demütigung wird verschärft, wenn unser kultureller Hintergrund Stolz für eine Sünde hält. Oder, wie in Japan die Warnung lautet: »Der höchste Bambus wird als erster geschnitten.«

Eine soziale Emotion

Die alten Griechen hatten aus der Scham eine Wissenschaft gemacht. Jedes Jahr wurden die Bürger Athens befragt, ob sie ein Scherbengericht abhalten wollten – das demokratische Verfahren, um jemanden aus der Stadt zu werfen. Zwar haben wir meist keine Angst mehr, ganz formell aus unserer Gemeinde ausgestoßen zu werden, aber die informellen Verfahrensweisen sind auch nicht gerade harmlos. Sich öffentliche Zurückweisung nur vorzustellen ist schon schmerzhaft!

Weil Scham eine soziale Emotion ist, die mit Fantasien des Gemieden-Werdens einhergeht, sind die besten Mittel dagegen Licht, frische Luft und sichere soziale Beziehungen – also, Wege zu finden, andere Menschen von unserer Scham wissen zu lassen. Dieses Experiment erfordert Mut.

Nehmen wir Stu's Erfahrung. Jahrelang hatte er in Sachen Sex gemischte Gefühle gehabt. Er genoss den Sex mit Frauen und hatte auch noch nie mit einem Mann Sex gehabt, aber in seinen Fantasien dachte er oft an Männer. »Was werden bloß meine Freunde denken, wenn sie erfahren, dass ich die ganze Zeit insgeheim eigentlich schwul war?« Er kam sich vor wie ein doppelter Versager: Zum einen war schwul für ihn das Gleiche wie »schwach«, und sich als Schwuler nicht öffentlich zu zeigen, war noch schwächer.

Stu bewahrte sein Geheimnis, bis er das Glück hatte, Maddie zu treffen, eine abenteuerlustige Seele, die gerne sexuelle Rollenspiele auslebte. Das Zusammensein mit ihr gab Stu den Mut, seine homosexuellen Fantasien offenzulegen – und wie sich herausstellte, hatte sie nicht nur ähnliche Gedanken in Bezug auf Frauen, sondern hatte in der Vergangenheit auch mit einigen Sex gehabt. Das Wissen, mit seinen homosexuellen Gefühlen nicht allein zu sein, hatte weitreichende Wirkung: Seine Schamgefühle nahmen ab, er konnte seine Selbstverurteilung in Bezug auf sexuelle Wünsche sein lassen. Noch besser: Von diesen Sorgen befreit, hatte er im Bett mit Maddie mehr Spaß als je zuvor.

Manchmal ist es leicht, mit der Quelle der eigenen Scham offen umzugehen, manchmal erfordert es große Opfer. Das liegt daran, dass manche Schamgefühle den Tatsachen entsprechen – wir würden wirklich abgelehnt, wenn die Leute herausfänden, was wir getan haben –, während in anderen Fällen unser Gefühl der Scham, gemessen an den wahrscheinlichen Folgen eines ehrlichen Eingeständnisses, übertrieben ist. Aber sogar wenn die Konsequenzen heftig sind, lohnt es sich oft, aus der Deckung zu kommen und einen Neubeginn mit anderen zu riskieren.

Als Psychologe sehe ich regelmäßig, wie das Offenbaren schambesetzter Gedanken, Gefühle oder Verhaltensweisen in der Therapie Menschen von schmerzhafter Selbstverurteilung befreien kann: die Großmutter, die vor Messern Angst hatte und sich wie ein furchtbar schlechter Mensch vorkam, weil sie einmal den Impuls gehabt hatte, ihren Enkel zu erstechen; die feministische Professorin für Gender Studies, die Lust hatte, Gesellschaftstänze auszuprobieren, und Angst hatte, das würde billig wirken; der heranwachsende Junge, der sich für pervers hielt, weil er »die ganze Zeit« masturbierte. Wenn diese Menschen ihre Erfahrung aussprachen, erkannten sie, dass alles einfach menschliche Gedanken, Gefühle und Verhaltensweisen waren, die sie mit vielen anderen gemeinsam hatten. Ihre Schamgefühle schwanden, und sie dachten nicht mehr, sie seien ekelhaft oder minderwertig. Sie bekamen Freiheit zurück: die Großmutter, zusammen mit ihrem Sohn zu kochen; die Professorin, sich ein Abendkleid zu kaufen und Tanzunterricht zu nehmen; der Heranwachsende, sich im Stillen zu vergnügen. Ich habe einmal gehört, »verlegen« zu sein heiße einfach nur, man werde als der ertappt, der man ist. Wenn es in Ordnung ist, zu sein, wer man ist, dann ist unser Problem gelöst.

SCHAM DURCH MISSBRAUCH ODER VERNACHLÄSSIGUNG

Viele von uns erleben eine Scham, die aus den Unzulänglichkeiten unserer Eltern herrührt. Wenn wir im Kindesalter vernachlässigt oder kritisiert werden, gibt es zwei mögliche Interpretationen. Entweder es stimmt etwas nicht mit unseren Bezugspersonen, oder es stimmt etwas nicht mit uns. Die erste Vermutung zu hegen ist viel zu gefährlich, denn ohne Erwachsene, die für uns sorgen, würden wir nicht überleben. Also wenden sich alle Kinder, wenn etwas schiefläuft, der zweiten Interpretation zu: Also muss ich es sein, der böse oder gestört ist. Hier ist eine gute Gelegenheit, mit dem Kopf zu arbeiten.

Oft erstickten unsere Bezugspersonen an den eigenen Bedürfnissen, hatten Probleme, mit dem Leben zurechtzukommen, waren abgelenkt, oder wir passten vom Temperament her einfach nicht zusammen. Als Kinder haben wir keine Chance, das zu verstehen, also nehmen wir an: »Ich bin böse«, »ich bin eklig«, »ich bin dumm«, »ich bin Ausschussware«, »ich bin nicht gut genug« – alles als Reaktion auf das schmerzhafte Gefühl, nicht die Liebe und Fürsorge zu bekommen, die wir ersehnen. Dies kann zur Grundüberzeugung werden, die ein ganzes Leben prägt. Stammt irgendeines Ihrer negativen Selbst-Urteile oder Schamgefühle aus der Vernachlässigung oder Kritik durch Ihre Eltern oder andere Bezugspersonen? Würde es helfen, wenn Sie darüber nachdenken würden, warum diese Menschen so und nicht anders gehandelt haben?

SCHAM DURCH GRUPPENIDENTITÄT

Oft ist unsere Scham eine soziale Emotion, die einer größeren Gruppe, der wir angehören, gemeinsam ist – vor allem, wenn diese Gruppe von der Gesamtgesellschaft früher unterdrückt, marginalisiert oder missbraucht worden ist. Hier sind Befreiungsbewegungen sehr nützlich. Die Schwulenbewegung, die schwarze Bürgerrechtsbewegung, die feministische

Bewegung, die Transsexuellenbewegung haben zahllosen Menschen geholfen, sich nicht mehr zu schämen für ihre Existenz, sondern sie zu feiern. Sich mit Gleichgesinnten für soziale Gerechtigkeit einzusetzen kann der Anfang sein, die seelischen Wunden aus Rassismus, Sexismus, Standesdünkel und anderen Gemeinheiten zu heilen.

Ich habe auch schon erlebt, wie Patienten, die sich wegen verschiedenster anderer Dinge schämten – dick zu sein, ängstlich zu sein, immer wieder deprimiert zu sein, zu Exzessen zu neigen oder ein problematisches Kind zu haben – ihre Gefühle der Scham in ein Gefühl der Verbundenheit und der geteilten Menschlichkeit verwandelten, indem sie ihr Erleben mit anderen teilten, die das Gleiche durchmachten. Schämen Sie sich, weil sie zu einer Gruppe gehören, auf die manche herabsehen? Sind Sie von der Aggression (groß oder klein) solcher Menschen schon einmal verletzt worden? Könnten Sie sich mit anderen zusammentun, um dagegenzuhalten?

SEHNSUCHT, WIEDER ZUEINANDER ZU FINDEN

Die Erkenntnis, dass Scham eine soziale Emotion ist, kann uns auch sehen helfen, dass hinter dem Impuls, sich zu verstecken, gewöhnlich eine tiefe Sehnsucht nach angstfreier Beziehung steckt. Wir verstecken uns, weil wir Angst haben, dass andere uns ablehnen und wir uns dann noch mehr allein fühlen. Aber zu sehen, dass die Intensität unserer Scham einfach nur widerspiegelt, wie viel uns an Beziehung und Verbundenheit liegt, wie tief wir uns danach sehnen, zu lieben und geliebt zu werden: Das kann uns aus der Isolation heraus- und in Beziehungen hineinführen. Es gibt ein wunderbares Gedicht von Daniel Ladinsky, angelehnt an die Schriften des persischen Dichters Hafis aus dem 14. Jahrhundert, das uns hierbei ermutigen kann:[127]

In dieser Mondsprache

Gib es zu –

Du sagst zu allen, die du siehst:
»Liebe mich.«

Natürlich nicht laut,
sonst würden sie ja die Polizei rufen.

Aber trotzdem. Denk darüber nach:
Über diesen ungeheuren Sog in uns
In die Verbundenheit.

Warum nicht derjenige werden,
der mit einem Vollmond in jedem Auge lebt,
der immer sagt,
in dieser süßen Mondsprache,
was jedes andere Auge auf der Welt
sich so brennend ersehnt?

Wie könnte es Ihr Leben verändern, wenn Sie sich immer bewusst wären, dass alle anderen ebenfalls geliebt werden möchten? Wenn wir die universale menschliche Sehnsucht nach Verbundenheit erkennen, die hinter aller Scham steckt, sind wir Menschen eher geneigt, aktiv auf andere zuzugehen, mit ihnen zu teilen, was uns bewegt, und die Beziehung zu erneuern. Das Problem ist natürlich, dass es, auch wenn wir unseren Wunsch nach Verbundenheit spüren, nicht leicht ist, auf andere zuzugehen, wenn wir uns lieber verstecken würden.

Ein Weg, den Neubeginn in Beziehungen zu unterstützen, liegt darin, Schuld und Scham zu trennen – die schlechten Gefühle über das, was wir getan haben, von dem Glauben, wir seien fundamental verdorben. Jeder benimmt sich hin und wieder daneben, aber das macht uns nicht unbedingt böse, hassenswert oder zu Unberührbaren. Wenn wir uns schuldig fühlen, weil wir uns schlecht benommen haben, können wir uns fragen (mit möglichst klarem Kopf): »Wem habe ich unrecht getan? Kann ich auf diese Person zugehen, zugeben, was ich getan habe, und mich aufrichtig entschuldigen? Kann ich durch Freundlichkeit oder andere Gesten Wiedergutmachung leisten?« Die Scham, die einen Zusammenbruch des Selbstbildes begleitet, von der Schuld eines Fehlverhaltens zu trennen – das kann uns helfen, wieder in die Menschenfamilie zurückzukehren.

Es gibt auch eine kuriose Beziehung zwischen Schuld, Scham und Selbstmitgefühl, die uns helfen kann. Wenn wir uns wegen unserer Fehltritte grob behandeln, schämen wir uns. Wir möchten vor der Welt verbergen, was wir getan haben, und von unserer schmerzhaften Scham wegkommen – manchmal dadurch, dass wir zum Gegenangriff übergehen oder andere beschuldigen. Wenn wir stattdessen Nachsicht mit uns haben können, wenn wir fehlgehen, haben wir weniger das Bedürfnis, unsere Fehler abzustreiten, und wir spüren eher Reue über unser Verhalten, statt uns für unsere Existenz zu schämen. Das lockert die negativen Selbsturteile und macht es leichter, sich zu entschuldigen oder Wiedergutmachung zu leisten. Ein besonders effektiver Weg zum Selbstmitgefühl in Situationen, in denen wir scheitern oder abgelehnt werden, ist es, unsere verschiedenen Persönlichkeitsanteile zu erforschen.

Mit Persönlichkeitsanteilen arbeiten

Wir haben in Kapitel 4 gesehen: Wenn wir Achtsamkeit üben, erleben wir nicht unbedingt ein zusammenhängendes »Selbst«, sondern eher eine Ansammlung verschiedener Teile. Wie dort erwähnt, hat Dr. Richard Schwarz den Therapieansatz »Internal Family Systems« (»Internes Familien-System«, IFS) entwickelt, um Menschen zu helfen, sich mit diesen verschiedenen Persönlichkeitsanteilen anzufreunden.[128] Da zur Scham gehört, dass bestimmte Anteile abgelehnt werden, ist dieser Ansatz für die Arbeit damit besonders geeignet. Die Technik wirkt am Anfang vielleicht etwas arg rührselig, aber nach ein wenig Rumprobieren finden die meisten sie für die Arbeit mit Scham und anderen emotionalen Wunden richtig gut. Wie die anderen auf Reflexion beruhenden Übungen ist auch diese hier am wirksamsten, wenn Sie zur Vorbereitung erst ein wenig Achtsamkeitspraxis machen.

Übung: Freundschaft mit dem inneren Kritiker

Erinnern Sie sich an das letzte Mal, als Sie etwas entweder wirklich verkackt hatten oder zumindest das Gefühl hatten und deshalb selbstkritisch waren. Wie haben Sie mit sich selber gesprochen? Welche Worte haben Sie benutzt? Wie war Ihr Tonfall? Kam Ihnen Ihre Stimme bekannt vor (wie die eines kritischen Elternteils, Lehrers, von Geschwistern?) Wie empfanden Sie die kritische Stimme? Haben Sie sie gehasst? Gefürchtet? Warum, meinen Sie, war Ihr innerer Kritiker so schroff?

Nehmen Sie sich jetzt einen Moment Zeit, um mit Ihrem inneren Kritiker zu sprechen. Vielleicht wollen Sie ihm einen Namen geben. (Meiner heißt einfach »Der kritische Ron«.) Teilen Sie ihm mit, dass Sie sein Anliegen verstehen wollen und seinen Versuch zu schätzen wissen, sich um Sie zu kümmern. Fragen Sie den inneren Kritiker: »Was befürchtest du, würde geschehen, wenn Du mich nicht so großartig kritisieren würdest?« Gewöhnlich lautet die Antwort: »Ich habe Angst, dass du es wieder verkackst und alles noch schlimmer machst.« Oft will uns der Kritiker vor zusätzlicher Ablehnung, Peinlichkeit, Scham oder Scheitern bewahren, indem er uns auf Vordermann bringt.

Wenn Sie feststellen, dass Ihr Kritiker es wirklich gut meint, könnten Sie etwas Nettes sagen und dann fragen, ob er vielleicht ein wenig lockerer sein könnte, ob er etwas beiseitetreten und Ihnen erlauben würde, die Dinge selber zu regeln. Fragen Sie den inneren Kritiker, ob seine Bemühungen sich ausgezahlt haben. Sind seine Ermahnungen wirklich motivierend? Sind sie wirklich nötig, um Ihnen Sicherheit oder Erfolg zu garantieren?

Wir können diese Methode auch anwenden, um die jungen, verletzlichen Anteile in uns, die wir aus Scham verbergen, zu akzeptieren und freundlich zu behandeln. Wie bereits erwähnt, werden diese Anteile in der IFS *Exilierte* behandelt, weil wir sie normalerweise ins Exil verbannen wollen.

Übung: Die verwundeten Anteile pflegen

Schließen Sie die Augen und erinnern Sie sich an eine Zeit, in der ein junger Anteil in Ihnen sich schämte oder minderwertig fühlte, abgelehnt oder kritisiert wurde. Fragen Sie nun diesen verwundeten Seelenanteil: »Was brauchst du jetzt, in diesem Moment?« Vielleicht ist es Ihnen peinlich, aber der Anteil wird gewöhnlich antworten. Manchmal braucht er Liebe; manchmal Verständnis; vielleicht will er eine Umarmung oder einen Teddybären. Schenken Sie in der Vorstellung diesem Seelenanteil das, was er sich wünscht. Seien Sie weich, sanft, und hilfsbereit.

Schauen Sie, während Sie mit diesem verwundbaren Anteil kommunizieren, ob Sie einen Namen für ihn finden. Das könnte der Name sein, mit dem man Sie früher gerufen hat, oder ein anderer Name (bei mir war es Ronny). Lassen Sie dieses Wesen vor dem inneren Auge erstehen – wie groß ist es? Wie ist sein Leben? Wie war die Situation, in der es verletzt wurde? Wie hat sich dieses Wesen im Moment der Ablehnung oder des Scheiterns gefühlt? Wie haben Sie darauf reagiert? Wenn zum Zeitpunkt dieser Verletzung der innere Kritiker aktiv wurde, fragen Sie den Seelenanteil: »Hast du dem Kritiker geglaubt? Hat es wehgetan?«

Dem jungen, verwundeten, verbannten Anteil des Selbst Gelegenheit zu geben, zu sprechen und verstanden zu werden – das kann für die Integration schmerzhafter Emotionen, die wir einfach nicht verkraften konnten, als wir klein waren, viel bewirken.

Es kann noch weitere Anteile unserer selbst geben, die wir hier ansprechen müssen. Manchmal, wenn wir Ablehnung, Scham oder Scheitern erleben, gibt es in uns eine Seite, die uns durch Zerstreuung vor dem Schmerz bewahren möchte. Sie drängt uns, zu trinken, aggressiv zu werden, leichtsinnig zu werden, uns mit Junkfood vollzustopfen oder auf riskante sexuelle Abenteuer einzulassen: alles nur, um die verletzten Gefühle in Schach zu halten. Auch dieser Anteil braucht vielleicht Aufmerksamkeit. Fragen Sie ihn: »Was befürchtest du, würde geschehen, wenn du nicht für Ablenkung sorgen würdest?«

Viele Menschen finden in sich verschiedene Kritiker und verschiedene exilierte Anteile, die mit verschiedenen emotionalen Verletzungen und schmerzhaften Selbst-Verurteilungen einhergehen. Sie können Ihre Selbstwert-Autobiografie verwenden, um sie zu identifizieren, und können daran gehen, sie zu begrüßen, zu akzeptieren und sie alle kennenzulernen.

Joy war vierzig, hatte einen tollen Ehemann und wirkte, in ihrer ehrenamtlichen Arbeit in einem kleinen Verein für die Betreuung von Pflegekindern, nach außen hin erfolgreich. Und doch hatte sie immer wieder mit Mutlosigkeit zu kämpfen; weder bei der Arbeit noch im Leben, fand sie, mache sie ihre Sache wirklich gut. Ihr innerer Kritiker war gnadenlos: »Du hättest bei der Konferenz viel selbstsicherer auftreten müssen.« – »Du solltest Zurückweisungen nicht so schwernehmen.« – »Deine Work-Life-Balance ist völlig aus dem Ruder.« Egal, wie sehr sie sich bemühte, sie erreichte nichts und konnte sich nicht entspannen.

Von diesen inneren Kommentaren gequält, versuchte Joy mit dem Kritiker in sich zu reden. Seit der Kindheit begleitete er sie. Der Kritiker (der sehr nach ihrem Vater klang und sie immer zum Erfolg drängen wollte) sagte, er müsse sie antreiben, um sie vor Enttäuschungen zu schützen. Sie sagte ihm, sie verstehe zwar, dass er es gut meine, aber im Endeffekt verhindere er, dass sie das Optimum erreiche, weil sie sich vor Fehlschlägen fürchte, und diese Angst stehe ihr im Weg. Sie fragte ihn, ob er sich nicht ein bisschen zurücknehmen könne und schauen, ob sie auch alleine zurechtkomme, ohne die ständige Kritik.

Dann wandte Joy ihre Aufmerksamkeit einem anderen Seelenanteil zu – dem verletzlichen kleinen Mädchen in sich. Sie hatte nie etwas anderes gewollt, als ihren Vater stolz zu machen; er sollte sie für ein tolles Mädchen halten. Beim Kontakt mit dieser Sehnsucht kamen Joy die Tränen, und dann spürte sie eine gewisse Stärke, weil sie erkannte: Das war nicht zuviel verlangt, denn sie war tatsächlich ein tolles kleines Mädchen; sie verdiente, so geliebt zu werden, wie sie war.

Indem wir unsere verschiedenen Seelenanteile einladen, so zu sprechen, wie Joy es tat, wahrnehmend, was sie brauchen und fürchten, können wir uns öffnen und lernen, das komplizierte Gewebe von Gedanken, Gefühlen und Erinnerungen zu akzeptieren, das in den Momenten der Scham oder eines Selbstwert-Zusammenbruchs im Spiel ist. Wir können die noch nicht integrierten Wunden Schritt für Schritt heilen – die Momente, in denen unser Schmerz zu intensiv war, um voll bewusst werden zu können. Je mehr wir uns diesen Erfahrungen öffnen können, desto weniger Macht haben aktuelle Enttäuschungen, unser Selbstwertgefühl zu ruinieren, und desto freier werden wir, voll in der Gegenwart zu leben.

Überblick gewinnen

Während wir mit unseren verschiedenen Anteilen arbeiten und unsere Verletzungen erforschen, stellen wir oft fest: Es ist leicht, den Überblick zu verlieren. Allzu leicht unterwirft das Herz den Kopf. Wir bauschen die jeweils aktuellen Fehltritte überproportional auf, weil sie ins Bild früherer Fehler passen, die wir nie vollständig eingestanden und akzeptiert haben. Und dann verdammen wir uns gnadenlos wegen kleiner Fehler und erzeugen eine Menge Leid.

Natürlich kann ein bisschen gesunde Reue nicht schaden. Aber eben ein bisschen kann schon viel ausrichten, uns zur Weiterentwicklung motivieren oder uns auf Kurs halten. Weil sehr viel Scham und negative Selbst-Urteile geschahen, als wir klein waren, neigen wir dazu, sie mit Kinderaugen zu sehen. Wir halten geringfügige Vergehen für schwere Straftaten und fragen uns nicht objektiv: »Wie schlimm war das jetzt eigentlich wirklich, was ich da gemacht habe?« Diese Frage kann dazu beitragen, auch erwachsene Anteile unserer selbst in den Heilungsprozess mit einzuschalten.

Manchmal schämen wir uns, fühlen uns minderwertig oder nicht liebenswert, können diese Gefühle aber nicht eindeutig mit einer problematischen Erfahrung in Verbindung bringen. »Ich hab einfach das Gefühl, ich bin schlecht.« – »Ich weiß nicht warum, aber ich hab immer das Gefühl gehabt, ich bin nicht gut genug.« Solche tief sitzenden Glaubenssätze können sich aus mehreren schmerzhaften Momenten entwickelt haben, und wir können versuchen, sie durch erwachsene Augen zu sehen. Wir können uns fragen: »Wo sind die Beweise, dass ich ein Versager bin?« – »Wer hat eigentlich die Regeln festgelegt?« – »Wie komme ich eigentlich darauf, dass ich unfähig bin?« – »Wer hat eigentlich die Vergleichsgruppe bestimmt?« – »Woher kommen eigentlich meine inneren Maßstäbe?« Manchmal nehmen wir nur deshalb an, mit uns stimme etwas nicht, weil wir uns selber nicht gut finden. Der Zirkelschluss liegt auf der Hand.

Je sorgsamer und liebevoller wir Gefühle der Scham und des Scheiterns anschauen können, desto besser können wir sie in den rechten Blickwinkel rücken. Wir können zu der Erkenntnis gelangen, dass unsere Fehler wie einzelne gesprungene Fliesen in einem komplexen Mosaik sind, umgeben von vielen heilen Fliesen. Wir sehen uns zunehmend als gute, aber auch unvollkommene Menschen und sind nicht mehr so im Würgegriff von Scham und Minderwertigkeitsgefühlen.

Diese Heilung von früheren Momenten der Scham und der Minderwertigkeitsgefühle ist eine Arbeit, an der Kopf, Herz und Lebensgewohnheiten beteiligt sein müssen. Wir müssen klar denken; es fühlen, um es zu heilen; und statt zu verbergen, wofür wir uns schämen, Gelegenheiten suchen, es mit anderen zu teilen. Hilfreich kann es auch sein, Dinge auszuprobieren, die man aus Angst vor Misserfolg oder Ablehnung eher vermeiden würde – wie zum Beispiel, als ich in Argentinien Tango-Unterricht nahm, obwohl ich der begriffsstutzigste Schüler war, den sie je erlebt hatten (es war mühsam, aber wir haben's überlebt, mein Lehrer und ich). Für jemand anderes mag es die Teilnahme an einem Jedermann-Marathon sein, obwohl dieser Mensch vielleicht den letzten Platz belegt, oder Gäste einzuladen, auch wenn es nicht »das perfekte Dinner« gibt.

Dieser Prozess kann eine Weile dauern. Es ist wichtig, dass wir das richtige Tempo finden – wenn wir alle Wunden der Vergangenheit auf einmal heilen wollten, würden wir zusammenbrechen. Viele Menschen entwickeln auch schon früh Narrative, wer sie sind und was mit ihnen nicht stimmt, und lassen sich bei der Interpretation der folgenden Erfahrungen davon leiten. Diese Mechanismen auszuhebeln, uns selbst durch die liebevollen Augen eines Erwachsenen zu sehen, klar zu durchdenken, was wir getan haben und wer wir sind: Das ist nicht einfach. Es kann einen ordentlich aus der Fassung bringen zu entdecken, dass man nicht die Person ist, die man einmal zu sein glaubte. Aber der Lohn ist Freiheit.

12 Täter und Tat trennen

Warum bist du unglücklich?
Weil 99,9 % von allem, was du denkst und tust,
für dich selber ist. Und da ist eben niemand.

WEI WU WEI[129]

Kennen Sie die Geschichte von der Mutter, die ihrem Sohn zum Geburtstag zwei neue Hemden schenkte? Er ging ins Schlafzimmer und zog eines davon an. Als er wieder herauskam, schaute sie ihn an und wurde traurig. »Was ist los? Hat dir das andere nicht gefallen?«

Manchmal kann man einfach nicht gewinnen. Wir strengen uns an, alles richtig zu machen – Großes zu vollbringen, die richtigen Leute kennenzulernen, rechtschaffene Bürger zu sein – und trotzdem passiert uns ein Ausrutscher, wir greifen daneben, und am Ende ist uns miserabel zumute. Wenn Sie in diesem Buch bis hierher vorgedrungen sind, dann wissen Sie bereits: Die Antwort auf diese Situation ist nicht, dass wir eben noch perfekter werden müssen. Nein, sie lautet: auf andere zugehen statt Eindruck schinden; angesichts der unvermeidlichen menschlichen Unzulänglichkeiten Nachsicht mit sich zu haben; sich zu öffnen für den

Schmerz der früheren und heutigen Zusammenbrüche des Selbstbildes; und der fest verankerten Neigung zur Scham entgegenzuwirken.

Die nützliche Art der Selbst-Evaluation

Sicher, ich habe bis hierher vor allem aufgezeigt, welchen immensen Preis es hat, sich ständig zu vergleichen und zu bewerten. Aber es ist nicht gänzlich nutzlos. Denn es ist sicher eine gute Idee, wenn wir unsere körperliche Fitness testen lassen, bevor wir die Besteigung des Mount Everest in Angriff nehmen; und es ist eine sehr schlechte Idee, eine Gehirnoperation durchzuführen, wenn unsere Anatomiekenntnisse sich auf das Tranchieren der Weihnachtsgans beschränken. Die Grenzen der eigenen Fähigkeiten zu kennen; so klug zu sein, dass man um Hilfe bittet, wenn man sie braucht; und zu verstehen, wie man die Fähigkeiten entwickelt, die man zum Erreichen von Zielen braucht – das sind wichtige Lebenskompetenzen.

Ironischerweise verstellt aber die häufigere (und problematischere) Art der Selbst-Bewertung, die wir diskutiert haben – dass wir uns als wertvoll oder aber wertlos beurteilen –, meistens den Weg zu diesen sinnvolleren Bewertungen. Sinnvolle Selbst-Evaluation von ihrer problematischen Variante zu unterscheiden: das ist eine weitere Möglichkeit, wie wir uns aus dem Kampf um ein gutes Selbstgefühl befreien können.

In seiner bahnbrechenden Arbeit liebte es der Kognitionspsychologe Albert Ellis, uns auf die Irrtümer in unserem Denken hinzuweisen, die unnötiges Leid verursachen. Seine Einsichten und Methoden, klar denken zu lernen, können bei der Befreiung von Gefühlen der Scham, der Minderwertigkeit und des Versagens überraschend nützlich sein.

Ellis nannte die problematische, süchtig machende Art der Selbst-Bewertung, die wir in diesem Buch die ganze Zeit diskutiert haben, *bedingtes Selbstwertgefühl* (»conditional self-esteem«).[130] Ellis wies darauf hin, dass dieses eine *pauschale* Einstufung unseres Wertes beinhaltet, basierend darauf, ob wir gemäß den Kriterien, die jeweils zur Definition unseres Wertes herangezogen werden, gute oder erfolgreiche Menschen gewesen sind. Es geht regelmäßig auf und ab und beruht auf einer fundamentalen Annahme, die wir normalerweise nicht näher hinterfragen:

> Eine gute Handlung =
> ein guter (wertvoller, liebenswerter) Mensch
>
> Eine schlechte Handlung =
> ein schlechter (wertloser, nicht liebenswerter) Mensch

Wir haben uns so sehr daran gewöhnt, solche Urteile zu treffen (und den Schub oder den Zusammenbruch fürs Selbstwertgefühl, der jeweils daraus resultiert, zu erleben!), dass wir die fehlerhaften Prämissen, auf denen diese Urteile beruhen, gar nicht mehr wahrnehmen.

Wir verwechseln regelmäßig Sein mit Tun, und unsere Schlussfolgerungen sind alarmierend: »Ich bin toll, denn ich habe abgenommen.« – »Ich bin schlecht, denn ich habe zugenommen.« – »Ich bin gut, denn ich verdiene eine Menge Geld.« – »Ich bin schlecht, weil ich nicht genug verdiene.« Wenn wir solche Aussagen laut aussprechen, klingen sie absurd. Und doch leben wir oft so, als würden sie stimmen.

Wir leben auch, als gebe es irgendeine verrückte mathematische Gleichung, die bestimmt, ob wir gut genug sind oder nicht, erfolgreich oder gescheitert sind, Heilige oder Sünder. Aber wir überprüfen diese Rechnung selten. Wie viele positive Selbstbewertungen brauchen wir, um als okay zu gelten? Wie viele negative sind nötig, damit wir Versager oder Abfall sind? Welche Noten zählen? Zählen neuere Bewertungen mehr als ältere, oder zählt der kumulative Durchschnitt? Wer hat die Messskala erfunden?

Die Eltern? Die Lehrer? Die Geschwister? Die Chefs? Die Freunde? Gott? Was ist die finale Konsequenz – werden wir auf der Grundlage unseres Gesamtergebnisses im Himmel oder in der Hölle landen, oder zählt nur die letzte Wertungsphase?

Karim, ein entzückender junger angehender Musiker mit drei tollen Kindern, hatte in der Therapie schon seit Wochen sein Bewertungssystem erläutert. Eines Tages fragte ich ihn, welcher Wert für heute im Zeugnis stehe. »Na ja, minus fünf.« Und gestern? »Vielleicht minus zwei – es war ein besserer Tag.« Ich fragte ihn, was in der vergangenen Woche der beste Tag gewesen sei, und er sagte: »Oh, wow, Samstag war ziemlich gut – mein Konto war nicht mehr so stark in den Miesen, und ich hatte anderthalb Kilo abgenommen.« Bewertung? »Null.«

Karim erkannte, dass sein Bewertungssystem nur Problembereiche erfasste. Seine Pauschalbewertung beruhte auf seinem finanziellen Erfolg und seinem Gewicht – ein guter Vater und Ehemann zu sein, ein treuer Freund, ein qualifizierter Musiker, das kam in seiner Gleichung nicht vor. Deshalb war eine Null das Beste, was er erreichen konnte. Angesichts dieses manipulierten Systems beschloss Karim, aus dem Spiel auszusteigen – und zwar, indem er wahrzunehmen versuchte, wann eine pauschale Bewertung aufkam. Es war ihm peinlich, wie oft das vorkam, aber es half ihm, seine Urteile nicht so ernst zu nehmen.

Viele haben schon festgestellt, dass ihr Bewertungssystem überproportional von aktuellen Ereignissen beeinflusst wird. Statt einen kumulativen Notendurchschnitt übers ganze Leben darzustellen, der sich nur graduell verändert, schwingt unser pauschales Urteil über uns selber mit jedem Erfolg oder Fehlschlag wild hin und her. Wie mein Kollege Paul Fulton einmal bemerkte: »Ich bin nur so gut wie meine letzte Sitzung. Ist sie gut gelaufen, bin ich der talentierteste Psychologe der Welt. Ist sie schlecht gelaufen, muss ich mir einen anderen Job suchen.«

Je genauer wir unser System der Selbstbeurteilung anschauen, desto weniger festgefügt und vernünftig erscheint es. Der Grund: Für Pauschalurteile gibt es im Grunde keine Mathematik; sie sind viel zu willkürlich und launenhaft, und viele Menschen urteilen geradezu lächerlich streng. Aber meistens hinterfragen wir unsere Grundannahmen nicht. Stattdessen nehmen wir an, so wie Ellis es schon 1957 formulierte: »Ein Mensch sollte in allen denkbaren Bereichen durch und durch kompetent, tüchtig, talentiert und intelligent sein; das Hauptziel und der Sinn des Lebens ist Leistung und Erfolg; Inkompetenz in irgendeinem Bereich ist ein Indikator, dass dieser Mensch unfähig oder wertlos ist.«[131] (Hat sich seit 1957 nicht viel geändert in diesem Bereich.)

Der hohe Preis

Zu leben, als könnten wir irgendwann zu einer Gesamtbenotung unseres Wertes gelangen, hat einen beträchtlichen Preis. Wenn wir einfach nur objektiv unsere Fertigkeiten und Talente betrachten, können wir das problemorientiert tun: Welche Fähigkeiten brauche ich, um mein Ziel zu erreichen? Was brauche ich, um diese praktischen Fertigkeiten zu entwickeln? Aber wenn unser Wert auf dem Spiel steht, versinken wir in Konkurrenzdenken, Rivalitäten und egozentrischer Befangenheit – und werden von Ängsten oder Depressionen aus der Bahn geworfen, wenn wir meinen, wir hätten den Kürzeren gezogen. Wir posieren, um kompetent zu wirken, fühlen uns aber insgeheim wie Betrüger. In diesem ganzen Streben nach Erfolg werden wir nicht nur eher untauglich für die Welt, sondern übersehen auch, was das Wichtigste ist, und verpassen viele Gelegenheiten, Sinn zu erleben und uns mit anderen zu verbinden.

Glücklicherweise können wir stattdessen lernen, unsere Talente und Schwächen, Erfolge und Misserfolge realistisch einzuschätzen. Es ist sehr befreiend, auf diese Weise einen klaren Kopf zu bekommen. Und seit Ellis haben Therapeuten dazu alle möglichen Übungen entwickelt.

Realistische Selbsteinschätzung

Während meiner 25-jährigen Arbeit in einer Kinder- und Familienklinik sind mir viele Erziehungs-Ratgeber begegnet. In fast allen wurden Eltern aufgefordert, ihren Kindern, wenn die sich daneben benahmen, einen einfachen und dennoch seltsam ungreifbaren Gedanken nahezubringen: »Du bist nicht schlecht – aber dein Verhalten ist unangemessen.« Das stimmt zwar, ist aber in seiner Realität sowohl für Kinder wie auch für Erwachsene schwer zu verdauen.

Es gibt verschiedene Wege, wie man zu der Einsicht gelangen kann, dass unser Wert nicht auf einer mathematischen Summe unserer guten und schlechten Taten beruht. Wir können uns religiösen Werten zuwenden – wir sind alle Kinder Gottes, Jesus liebt uns, oder wir sind alle beschenkt mit dem, was in buddhistischen Traditionen *grundlegendes Gutsein* genannt wird. Wir können Beziehungen zur Grundlage machen – irgendjemand liebt uns (oder hat uns einmal geliebt), egal, was wir sagen oder tun. Oder wir können mithilfe der Logik verstehen, dass niemand eigentlich gut oder böse ist – es sind dies kulturell konditionierte Ideen, die wir irrtümlicherweise für absolute Realität halten. Wie auch immer wir es bewerkstelligen, wir sollten bei dem ankommen, was Ellis *bedingungslose Selbst-Akzeptanz* genannt hat, im Gegensatz zum *bedingten Selbstwertgefühl*.

Diese Idee ist von vielen einflussreichen Denkern auf dem Gebiet der seelischen Gesundheit vertreten worden. Psychologie-Pionier Carl Rogers sah in der Selbst-Akzeptanz ein zentrales Element jeder Psychotherapie: »Mit Akzeptanz meine ich eine respektvolle Wärme für den Klienten als einen Menschen von bedingungslosem Wert an sich – wertvoll, egal wie sein Zustand ist, sein Verhalten, seine Gefühle.«[132] Wir können daran arbeiten, dieses Gefühl des Akzeptierens zu entwickeln, egal, ob wir uns intelligent, korrekt, kompetent benehmen oder nicht; egal, ob andere unser Verhalten lieben, respektieren, billigen oder nicht. Wir trennen die Bewertung unserer Fähigkeiten und unseres Verhaltens von dieser Dimension der Sinn- oder Werthaftigkeit. Wir können leben, als wären wir alle weder »gut« noch »böse« – sondern einfach ganz gewöhnliche menschliche Wesen. Und im Bewusstsein dessen können wir miteinander Kontakt aufnehmen, in der Erkenntnis, dass wir in dieser Hinsicht alle im selben Boot sitzen.

Bedingungslose Selbst-Akzeptanz ist ein bisschen anders als das in Kapitel 10 dargelegte Selbst-Mitgefühl. Beim Selbst-Mitgefühl geht es darum, sich liebevoll zu umarmen, wenn wir Schmerz erleiden – es ist aufs Herz zentriert und relational. Selbst-Akzeptanz ist ein bisschen mehr Kopf-zentriert. Es geht mehr darum, die Absurdität der wechselnden Selbstbewertungen zu erkennen und sich selbst zu akzeptieren, egal, ob man/frau Leistung bringt oder von anderen anerkannt wird.

Bedingungslose Selbst-Akzeptanz kultivieren

Da Selbst-Akzeptanz klares Denken erfordert, ist es ein wichtiger Schritt bei ihrer Kultivierung, die Ursprünge unserer Ansichten über unseren Wert zu prüfen. Viele dieser Glaubenssätze sind so tief verwurzelt, dass wir sie gar nicht als Glaubenssätze sehen, sondern als unveränderliche Realitäten.

Es kann hilfreich sein, wenn Sie Ihre grundlegendsten Ansichten oder zentralen Glaubenssätze einmal reflektieren. Was sind die Merkmale eines guten, wertvollen, ehrenwerten Menschen? Was waren Ihrer Erinnerung nach die frühesten Signale, die in dieser Hinsicht Ihre Vorstellungen prägten? Gab es spezielle Menschen (zum Beispiel Eltern, Geschwister, Lehrer oder Priester), von denen diese Signale kamen?

Während Sie über Ihren eigenen Wert und den Wert von anderen nachdenken: Was meinen Sie, wer besitzt das Privileg, Erfolg zu beurteilen? Sind es die Menschen, die Ihnen Ihr Wertesystem als Erste beigebracht haben? Tragen Sie Bilder dieser Menschen in sich? Oder gibt es andere Menschen aus heutigen Tagen, die gut und schlecht definieren, Erfolg und Scheitern? Spielen in Ihren Bewertungen kulturelle Werte oder religiöse Lehren eine Rolle?

Während Sie Ihr Gut-Sein oder Schlecht-Sein beurteilen, Ihren Wert und Ihre Würde, welche Handlungen oder Eigenschaften bestimmen Ihre Gesamt-Bewertung? (Sie können dazu auch die Selbstwert-Autobiografie aus Kapitel 11 zurate ziehen.) Sind Ihre Fähigkeiten dafür bestimmend? Ihre Beziehungen? Ihre Moral? Ihre Erfolge?

Und schließlich: Welchen Zeithorizont hat Ihre Gesamt-Bewertung? Beruht sie auf Ihren jüngsten Leistungen oder auf einem Durchschnitt aller positiven und negativen Selbst-Einschätzungen Ihres Lebens?

Manchmal rückt schon ein kurzes Nachdenken über die Ansichten, von denen wir uns (so wie Karim) beim Urteil über den Wert anderer leiten lassen, und die Einsicht, wie unser Bewertungssystem funktioniert, die Verhältnisse zurecht. Wir wollen ja eine ehrliche Selbsteinschätzung nicht unterbinden, wir wollen bloß sehen, wie es kommt, dass wir die Wahrnehmung spezifischer Talente und Schwächen, Erfolge und Misserfolge verallgemeinern zu einer pauschalen Beurteilung unseres Wertes.

Ein weiterer Weg, an der Entwicklung von Selbst-Akzeptanz zu arbeiten, liegt in der Empfehlung vieler Erziehungs-Ratgeber, die einem ähnlichen Ansatz folgt wie der »Selbstmitgefühl-Brief« in Kapitel 10:

Übung: Das innere Kind anleiten

Erinnern Sie sich an einen aktuellen Anlass, wo Sie ein Pauschalurteil über Ihren Wert gefällt haben, sich als erfolgreich oder gescheitert, gut oder schlecht, liebenswert oder nicht liebenswert empfanden. Stellen Sie sich dann vor, Sie seien ein Kind und kämen zu dieser Schlussfolgerung.

Stellen Sie sich jetzt ein von Natur aus liebevolles, gütiges Wesen vor (vielleicht einen fürsorglichen Elternteil oder einen Mentor oder das liebevolle Wesen, das Sie in der Übung »Liebevolle Güte« in Kapitel 10 gewählt haben. Stellen Sie sich vor, dass dieses Wesen zu Ihrem Kindheits-Ich spricht. Was würde es zu Ihrer Selbsteinschätzung und der Gesamtbewertung, die Sie sich gegeben haben, sagen?

Das Ziel dieser kleinen Übung ist, zu der Stimme in Ihrem Inneren vorzudringen, die natürliche Weisheit ist und kapiert, wie harsch und unrealistisch (obwohl allgemein menschlich) unsere pauschalen Wertungen sein können. Wir haben tatsächlich die Anlagen, uns selber elterliche Anleitung zu geben – wir müssen sie nur erschließen.

Nachdem er seine pauschalen Selbst-Bewertungen reflektiert hatte, stellte sich Karim seine Großmutter vor, die in seiner Kindheit das liebevollste und ausgeglichenste Mitglied der Familie gewesen war. In seiner Vorstellung sprach er mit ihr über seine finanziellen Schwierigkeiten und sein Gewicht und wie schlecht er sich wegen dieser Dinge fühlte. Sie lächelte. »Jahrelang habe ich mich als Versagerin gefühlt, weil ich nicht auf der Uni war oder so Karriere gemacht habe wie mein Bruder Omar. Ich habe mich in seiner Nähe immer unwohl gefühlt.« Aber zu sehen, dass wir tatsächlich alle im selben Boot sitzen, das gefiel ihr am Älterwerden am meisten. »Ich habe ihm geholfen, die Scheidung und den Krebs zu überstehen, und das hat vieles verändert. Ich fühlte mich ihm wieder nah. Ich kapierte, dass wir alle unsere Kämpfe haben, niemand besser oder schlechter ist als der andere und wir alle zerbrechliche Geschöpfe sind.« Dann umarmte sie Karim ganz fest.

Verrückte, grausame Denkweisen hinterfragen

Ein weiterer Weg, sich von pauschalen Bewertungen freizumachen, besteht darin, sie im Kopf und im Verhalten herauszufordern – mit dem Kopf und mit unseren Lebensgewohnheiten zu arbeiten. Zum Beispiel haben viele Menschen mit Perfektionismus zu kämpfen; sie haben das Gefühl, schon der kleinste Fehler mache sie zu Versagern.

Die Teppichweber der Navajo, die für ihre Kunst berühmt sind, knüpfen in jeden Teppich routinemäßig mindestens einen falschen Knoten, um die Egozentrik des Perfektionismus zu schwächen.[133] Sie sind da etwas Wichtigem auf der Spur: Etwas absichtlich zu vermasseln kann ein hervorragender Weg sein, den Würgegriff eines perfektionistischen Selbstbildes zu lockern.

Es gibt unzählige Möglichkeiten, das zu machen; manche sind einfach, manche ein bisschen anspruchsvoller:

Übung: Absichtlich unvollkommen sein

Das Ziel dieser Übung ist es, Ihren Perfektionismus herauszufordern, indem Sie absichtlich Fehler machen oder etwas schlampig ausführen. Dabei untersuchen Sie Ihre emotionale Reaktion und lernen in diesem Prozess, Ihre Unvollkommenheit zu akzeptieren. Sie können mit einfachen Katastrophen anfangen und, wenn Sie sich der Sache gewachsen fühlen, zu den schwerer erträglichen übergehen. Seien Sie sich bei jeder Aktivität der aufkommenden Gedanken und Gefühle bewusst und seien Sie nachsichtig mit sich. Wir alle machen Fehler – andauernd.

Die folgenden Vorschläge stellen lediglich Möglichkeiten dar (grob nach Schwierigkeitsgrad geordnet). Entscheiden Sie frei, wie »unvollkommen« Sie sein wollen oder welche eigenen Fehler Sie erfinden und ausprobieren wollen:

- Wenn Sie das nächste Mal irgendwo hinfahren und noch Zeit haben, fahren Sie absichtlich an der richtigen Ausfahrt vorbei.
- Kaufen Sie etwas im Internet – bei einem viel zu teuren Händler.
- Schicken Sie jemandem (nicht Ihrem Chef ...) eine E-Mail voller Rechtschreibfehler.
- Legen Sie morgens nur einen Ohrring an.
- Ziehen Sie Socken an, die nicht zusammenpassen.
- Ziehen Sie zerrissene oder schmutzige Kleidung an und gehen ungekämmt aus dem Haus.
- Singen Sie laut und falsch in der Öffentlichkeit und tanzen plump und unbeholfen dazu.

Wenn Sie sich besonders mutig fühlen, können Sie auch Folgendes ausprobieren:

- Stellen Sie sich an eine Straßenecke und erzählen Passanten, Sie seien kürzlich von Aliens entführt worden (hören Sie sofort damit auf, wenn jemand sagt, das sei ihm oder ihr auch schon passiert).
- Sagen Sie im Zug, in der Straßenbahn oder in der U-Bahn den Mitreisenden laut die Stationen an (aber nicht, wenn es im Wagen ganz ruhig ist).

Nehmen Sie die aufkommenden Gedanken, Emotionen und Körperempfindungen wahr, während Sie Fehler machen und sich in peinliche Situationen bringen. Versuchen Sie, ob Sie bei dem Unbehagen einfach *bleiben* können. Schenken Sie sich Selbst-Mitgefühl mit einer Umarmung für sich selber, einem netten Wort oder etwas anderem Tröstlichem.

Sobald Sie dem inneren Erlebnis der Unvollkommenheit ein bisschen Zeit gewidmet haben, fragen Sie sich: Bin ich dadurch ein schlechter oder unfähiger Mensch geworden? Hat sich meine Gesamtbewertung meines Wertes geändert?

Mit der eigenen Unzulänglichkeit zu experimentieren und die eigene Reaktion darauf zu untersuchen kann dabei helfen, die Lächerlichkeit pauschaler Selbstwert-Urteile zu erkennen.

Eine andere Möglichkeit, Perfektionismus zu durchschauen: *Versuchen Sie, perfekt zu sein.* Die Aufgabe lautet: Nehmen Sie eine perfekte Dusche. Schreiben Sie das perfekte Gedicht. Braten Sie das perfekte Spiegelei. Was passiert mit Ihrem Glauben an die Perfektion?

Sie sind am Zug

Durch das Untersuchen der Absurdität und Unzuverlässigkeit unserer pauschalen Urteile und die Aussicht auf ein bedingungsloses Sich-selbst-Annehmen wird klar, dass wir – und nur wir! – es sind, die den eigenen Wert und die eigene Kompetenz definieren – auf der Basis unserer Interpretationen, was Erfolg und was Misserfolg ist, Tugend oder Laster, was Stärken oder Schwächen sind. Natürlich entwickeln wir die Grundlinien unserer Selbstbeurteilung aus den Signalen, die wir im Laufe eines Lebens von anderen empfangen, aber wir müssen uns davon nicht versklaven lassen.

Wir können zu der Erkenntnis gelangen, dass wir alle ganz gewöhnliche menschliche Wesen sind, die klug sind, aber auch dumm; pflichtbewusst, aber auch faul; kompetent, aber auch ungeschickt; beliebt, aber auch verachtet – und all das ist in ständigem Fluss. Unsere Einschätzungen ändern sich mit jeder Laune des Schicksals, mit jedem positiven oder negativen Feedback und mit unseren ständig schwankenden Maßstäben und Messmethoden. Und das geht allen so!

Die 50-jährige Carla hatte einen Großteil ihres Lebens in einer »Alles-oder-nichts«-Mentalität zugebracht – als Teenager in Bezug auf Schulnoten, Aussehen und Beliebtheit; später in Bezug auf Karriere und Familie. Wenn sie keinen Einser hatte, wenn Freunde sie nicht einluden, wenn sie einen Pickel hatte: prompt ging ihre Stimmung in den Keller. Später, als Erwachsene, erlebte sie das Gleiche, wenn sie bei der Arbeit keine erstklassige Beurteilung bekam oder ihre Kinder unzufrieden waren.

Aber unlängst passierte etwas. Mit einer Freundin aus Kindertagen machte sie übers Wochenende eine Wanderung. In letzter Minute beschlossen sie, in einem teuren Restaurant zu schlemmen, obwohl sie keine passende Garderobe dabeihatten. Das Essen war großartig, aber Carla dachte dauernd: »Was sie wohl über uns denken? Eigentlich muss man sich hier richtig fein machen.« Wie das Leben so spielt – ihre Freundin hatte ähnliche Gedanken, und beide wollten sich deswegen eigentlich keinen Kopf machen.

Also gründeten sie auf der Stelle den »Scheiß-drauf-ich-bin-fünfzig«-Club. Sie beschlossen: Jedes Mal, wenn wir uns Sorgen machen, was andere wohl über uns denken, oder wenn wir uns verurteilen, weil wir irgendeinem Maßstab nicht gerecht geworden sind, antworten wir »Scheiß drauf, ich bin fünfzig«. Wollen Sie beitreten? Unter *fuckitimfifty.club* können Sie sich einschreiben (kein Witz!)

Sehen, wer Sie wirklich sind

Wenn Sie abenteuerlustig sind, können Sie versuchen, sich von diesen Pauschalbeurteilungen noch mehr freizumachen: indem Sie noch tiefer in Ihr Wesen eintauchen. Diese Methode wurde in alten Weisheitstraditionen entwickelt und von der modernen Kognitionswissenschaft wieder aufgenommen. Sie kann ziemlich befremdlich wirken – aber potenziell auch ziemlich befreiend. Als Erstes schauen wir uns genau an, was jetzt, in diesem Moment, passiert.

Schließen Sie ein Weilchen die Augen und achten Sie auf Ihren Atem, um die Konzentration zu schärfen. Versuchen Sie nun, während Sie diese Worte lesen, zu identifizieren, wo »Sie« sind, der Sie dies lesen. In den Händen, die das Buch halten? Den Augen, die auf die Seiten schauen? Dem Körper auf dem Stuhl? Wo genau »hören« Sie die Worte, während Sie lesen? Nicht mit den Ohren. Sie bilden sich in einem Etwas, das man Geist nennt, nicht wahr? Wo genau ist dieser Geist?

Schließen Sie jetzt die Augen, zählen Sie langsam auf fünf und öffnen Sie sie wieder. Wo haben Sie die Zahlen »gehört« oder »gesehen«? Wo ist dieses Bewusstsein, wo sind »Sie«, der Sie die Erfahrungen registriert haben? Sie haben gezählt, aber wo ist »Sie«?

Schließen Sie bitte die Augen wieder und beschwören für einen Moment ein Bild Ihrer Mutter herauf (egal, ob sie noch lebt oder nicht). Wo genau ist das Bild erschienen? Wer hat es angeschaut? Sie spüren vielleicht, wo das Bild war, aber wo oder was ist das »Ich«, das darauf geschaut hat? Wo oder was ist das »Ich«, das das Bild heraufbeschworen hat?

Die Kognitionswissenschaft sagt uns: Die meisten Menschen verorten ihr Bewusstsein oder Gewahrsein irgendwo im Kopf, hinter den Augen.[134] Ja, die meisten handeln so, als wäre da irgendwie »ich« – der Kern dessen, was ich bin – und dass der Körper ein Vehikel ist, um diese wichtige mentale Instanz durch die Gegend zu tragen. Wir meinen, wir könnten unseren Besitz verlieren, unsere soziale Rolle, sogar Arme oder Beine, aber wenn wir dieses Bewusstsein verlören, wären *wir* nicht mehr da. Wir vermuten, dass es das sein muss, was weggeht, wenn wir sterben, und für viele ist es in der Tat die Angst vor dem Verlust dieses Knotenpunktes aus Bewusstsein, was sie den Tod fürchten lässt.

Je sorgfältiger wir dieses unser Gefühl eines »Selbst« untersuchen, desto seltsamer wird es. Wenn ich etwas Dummes tue und hinterher sage: »Ich war nicht ich selbst«, wer war ich dann? Oder, wie es der Psychologe Steven Pinker formuliert:

> Was oder wo ist das einheitliche Zentrum des Empfindungsvermögens, das entsteht und vergeht; das sich mit der Zeit verändert, aber dieselbe Entität bleibt, und das herausragenden moralischen Wert hat? … Nehmen wir an, ich lasse jemanden eine Blaupause meines Gehirns in den Computer scannen, meinen Körper zerstören und mich detailgenau wieder aufbauen, Erinnerungen und alles. Hätte ich ein Nickerchen gemacht oder Selbstmord begangen? Wenn zwei Ichs wieder aufgebaut würden, hätte ich doppeltes Vergnügen? … Wann erlangt eine Zygote ein Selbst? Wie viel von meinem Gehirngewebe muss sterben, bevor ich sterbe?[135]

Das sind definitiv seltsame Fragen. Wir stellen sie normalerweise nicht. Lieber reden wir mit uns – über uns. Von alltäglichen Fragen (»Ich glaube, heute nehme ich das Lachsfilet mit Blattspinat, das ist gesünder«) bis zu existenziellen Ängsten (»Was mache ich, wenn der Knoten bösartig ist?«) ist es selbstbezogenes Geplapper, dass unsere wachen Stunden ausfüllt. Weil wir es den ganzen Tag hören, kommen wir natürlich zu der Schlussfolgerung, der Held oder die Heldin dieses Dramas müsse existieren – und *ungeheuer wichtig sein.* Oder, wie ich neulich einen Komiker sagen hörte: »Ich kann nicht sterben, ich bin ja die Hauptfigur in meiner Geschichte.«

Wir untersuchen nicht oft, wie wir dieses Gefühl eines Selbst konstruieren. Wenn wir es tun, kann es ziemlich aufwühlend sein, weil unsere konventionellen Grundannahmen in die Brüche gehen. Aber wahrzunehmen, wie substanzlos unser Gefühl eines Selbst im Grunde ist – das kann dazu beitragen, die Sorge um das eigene Selbst etwas von uns zu nehmen und das ständige Urteilen über unseren Wert und Status bezogen auf andere besser einzuordnen.

Bei dieser Prüfung kann die Achtsamkeitspraxis eine wirksame Hilfe sein. Durch intensivere Praxis ist die Natur des Bewusstseins leichter zu sehen. Wir finden in uns nie ein stabiles, klar umgrenztes »Selbst«. Sondern wir beobachten einen kontinuierlichen Fluss veränderlichen Erlebens, der immerzu mit der Umgebung interagiert. In einer längeren Meditation können Sie das für sich selber erfahren:

Übung: Niemand zu Hause

Beginnen Sie nach Möglichkeit mit 20 (oder mehr) Minuten Achtsamkeitspraxis, Rückgrat aufrecht, Augen sanft geschlossen, aufmerksam auf den Atem. Lassen Sie Gedanken kommen und gehen, wie Wolken im weiten Himmel.

Wenn der Geist etwas zur Ruhe gekommen ist und Sie vielleicht sehen konnten, wie Ihre Gedanken kamen und gingen, versuchen Sie nun, den Beobachter Ihres Erlebens zu finden. Wo ist das »Ich«? Können Sie so etwas wie ein »Ich« beobachten, oder nehmen Sie lediglich ein veränderliches Kaleidoskop von Inhalten wahr, das von einem Gedanken zum Atem zu einem Geräusch zu einem Jucken springt (und so weiter)?

Gestatten Sie sich, das eine Weile weiter zu verfolgen – auf der Suche nach einem stabilen Selbst im Innern.

Je mehr wir diese Praxis machen, desto flüchtiger scheint das »Ich« zu werden. Wir bekommen eine Ahnung von dem, was der Psychiater Mark Epstein mit dem Titel seines Buches *Gedanken ohne Denker* vermitteln will:[136] Die Gedanken kommen und gehen, aber es gibt kein festes »Ich«, das sie denkt.

Wenn Ihnen das zu abgedreht ist, können Sie auch eine andere Methode zur Auflockerung des konventionellen Ich-Gefühls ausprobieren, die yogischer Tradition entstammt. Eine Bezeichnung dafür ist »das Zeugen-Bewusstsein entwickeln«.

Übung: Das Zeugen-Bewusstsein

Beginnen Sie mit ein paar Minuten Achtsamkeitspraxis, Rückgrat aufrecht, Augen sanft geschlossen, aufmerksam auf den Atem. Lassen Sie Gedanken kommen und gehen.

Wenn der Geist etwas zur Ruhe gekommen ist und Sie vielleicht sehen konnten, wie Ihre Gedanken kamen und gingen, achten Sie nun auf Folgendes: Die Gedanken ändern sich dauernd, aber das Erlebnis, die Gedanken zu beobachten, bleibt. Dieses Gewahr-Sein ist wie der Himmel – manchmal sind da Wolken, manchmal Sonne, manchmal Sterne – aber der Himmel bleibt.

Nehmen Sie wahr, dass diese Erfahrung des Gewahrseins, des Bewusstseins, schon Ihr ganzes Leben lang da gewesen ist. Dieses Gewahrsein bleibt da, solange wir wach sind und leben, unabhängig von veränderlichen Lebenssituationen und angenehmen oder unangenehmen Gedanken, Gefühlen und Empfindungen.

Widmen Sie sich weiter dem Atem, lassen die Inhalte des Geistes kommen und gehen. Nehmen Sie wahr, wie das erfahrende Gewahrsein immer da ist.

Es spielt keine große Rolle, ob wir daraus schließen, dass »niemand zu Hause ist« oder aber dass »wir« eigentlich im Grunde Gewahrsein selbst sind (verschiedene meditative Traditionen sehen das unterschiedlich). In jedem Fall beginnen wir zu sehen, dass all die Urteile über »mich« und »ob ich alles richtig mache« eigentlich Gedanken und Bilder sind, die kommen und gehen und sich andauernd ändern – und wir müssen uns nicht mit ihnen identifizieren oder an sie glauben.

Marta war vierzig und frisch geschieden. Ihre Ehe war zwar nicht toll gewesen, aber der Tropfen, der das Fass zum Überlaufen brachte, war die Entdeckung gewesen, dass ihr Mann eine Affäre mit einer Nachbarin gehabt hatte. Sie beurteilte sich selber verständlicherweise ziemlich hart: Sie schwankte hin und her zwischen »Als Ehefrau bin ich 'ne Niete« und »Mein Ex-Mann ist so ein &%*$«.

Da sie im Laufe der Jahre immer mal wieder Achtsamkeit praktiziert hatte, beschloss Marta, ein stilles Retreat zu machen. Während der Meditation registrierte sie, wie ihre Gedanken über sich selber sich ständig änderten, manchmal stündlich, manchmal minütlich. »Mit mir geht's bergab.« – »Ich bin hässlich.« – »Er ist so ein Arsch – das wird ihm noch leidtun!« – »Ich bin eigentlich ein wunderbarer Mensch.« Sie war auch fähig zu sehen, dass diese Gedanken in Wirklichkeit einfach Worte und Bilder waren, jeder begleitet von einer Emotion, entstehend und vergehend vor dem Hintergrund des Gewahrseins selber. Im Laufe des Retreats gelangte sie zunehmend zu einer Erfahrung, in der Geist und Herz offener, weiter Raum waren, der zahllose veränderliche Gedanken, Gefühle und Empfindungen zulassen und tragen konnte.

Als sie nach Hause kam, hatte sie weiter die Gedanken über sich und ihren Ex-Mann, aber sie verfing sich nicht mehr so in wütenden oder selbstkritischen Stimmungen. Als sie mit ihm über Unterhalt und die Zeitplanung mit den Kindern verhandelte, kam es nicht mehr so oft vor, dass sie um drei Uhr nachts zornbebend wachlag. Sie fühlte sich leichter, freier und entspannter, als stünde ihr Selbstwertgefühl nicht mehr auf dem Spiel.

Die glühende Kohle fallen lassen

Erfahrungen wie die von Marta sind ein wunderbares Resultat intensiverer Achtsamkeitspraxis, aber sie bringen auch neue Herausforderungen mit sich. Wir denken gerne, wir wüssten, wer wir sind, dass unsere Gedanken über uns selbst irgendwie stimmen und dass wir auf eine substanzielle, stabile Weise existieren. Es ist in der Tat verunsichernd, sich nicht mehr als etwas Festgefügtes zu erleben und zu realisieren, dass das einzig relativ stabile Element in unserem Bewusstsein das Bewusstsein selber ist.

Aber solche Erfahrungen können auch eine große Erleichterung sein – als würden wir ein glühendes Kohlestück fallen lassen, das wir unnötigerweise festgehalten haben. Wir könnten auch sagen: Es ist, als würden wir ohne Fallschirm aus einem Flugzeug springen, allerdings mit einer kleinen Änderung: Zuerst ist es furchterregend, aber plötzlich stellen wir fest, dass es gar keinen Boden gibt – es macht nicht »Klatsch«. Nein, wir bewegen uns von einem Moment veränderlichen Erlebens zum nächsten. Und je mehr wir sehen, dass da nirgendwo ein stabiles »Ich« auffindbar ist – es gibt nur Gedanken über mich und wie ich im Vergleich mit dir abschneide, die vor dem Hintergrund veränderlicher Empfindungen und Bilder entstehen und vergehen –, desto weniger sind wir geneigt, an unsere pauschalen Bewertungen zu glauben, desto weniger glauben wir, dass wir gut oder böse sind, Gewinner oder Verlierer, Heilige oder Sünder, liebenswert oder nicht. Jeder Moment unseres Lebens wird dann zu einer Chance, mehr präsent zu sein, auf reichere und vielfältigere Weise mit anderen Menschen verbunden, mit unserer Arbeit, mit der Natur, mit allem, was hier und jetzt gerade geschehen mag.

»INTER-SEIN« FEIERN

Eine weitere hilfreiche Einsicht, die sich bei kontinuierlicher Achtsamkeitspraxis einstellen kann, betrifft den klareren Blick auf unser aller gegenseitige Abhängigkeit (Interdependenz). Auch das kann uns vom Schmerz der Selbstverurteilung befreien helfen: weil wir sehen, dass genau diese Idee von einem »Ich« als einem abgegrenzten Individuum illusorisch ist – auf rein sprachlichen Konventionen aufgebaut. Zugegeben, auch das ist eine ziemlich abgedrehte Idee. Machen wir deshalb doch zur Veranschaulichung zusammen ein kleines Gedankenexperiment.

Stellen Sie sich vor, ein kleines Mädchen isst einen Apfel. Sie beißt ab und sieht an der Bissstelle einen halben Wurm. Als kluges Kind ist ihr natürlich klar, was passiert ist, und sie spuckt den Inhalt ihres Mundes aus. Und jetzt kommt die Frage, mit der unser Gedankenexperiment beginnt: Wenn Sie wählen müssten, wie würden Sie den Inhalt ihres Mundes charakterisieren? Als Apfel plus Wurm? Oder ist er schon zu dem Mädchen geworden? (Die meisten sagen hier, es ist Apfel plus Wurm.)

Stellen wir uns nun vor, dass es keinen Wurm gegeben hätte, sie also weiter gekaut und den Bissen verschluckt hätte – aber weil es ihr an diesem Tag schlecht geht, käme der Bissen vielleicht wieder hoch. Wie würden Sie jetzt das Material in ihrem Magen charakterisieren? Ist es immer noch Apfel plus Magensaft, oder ist es zum kleinen Mädchen geworden? (Hier sind die Meinungen oft geteilter.)

Stellen Sie sich nun vor, dass es ihr gut geht, also wird der Apfel via Zwölffingerdarm und Eingeweide verarbeitet, die Fruktose aus dem Apfel wird zu Glukose, und Moleküle dieser Glukose sind jetzt in ihrer Blutbahn – sie sind jetzt ihr Blutzucker. Wie würden Sie diese Glukose-Moleküle charakterisieren? Sind sie noch der Apfel, oder sind sie zum kleinen Mädchen geworden? (Die meisten votieren für das kleine Mädchen.)

Betrachten wir zum Schluss einen anderen Teil des Apfels, Zellulose oder Ballaststoff genannt. Stellen Sie sich vor, dieser passiert den

Nahrungskanal, um für die Ablage in einem sattsam vertrauten weißen Porzellangefäß vorbereitet zu werden. Wie würden Sie dieses Material charakterisieren? Da ich ein netter Mensch bin, gebe ich ihnen drei Antworten zur Auswahl: 1. Es ist immer noch der Apfel. 2. Es ist zum kleinen Mädchen geworden. 3. Es ist etwas anderes. (Die meisten Menschen wählen »etwas anderes«.) Kommt es Ihnen nicht seltsam vor, dass uns der Gedanke missfällt, unser Kot sei entweder unsere Nahrung oder wir selbst, und dass wir ihn deshalb als »etwas anderes« einstufen? Denn was könnte es denn im Endeffekt anderes sein, außer Nahrung oder wir selber?

Ich denke, das Problem ist Ihnen klar. Wo genau ist der Punkt, an dem ein Apfel zu einem kleinen Mädchen wird? Oder, wo wir gerade dabei sind: Wann wurden, bei Ihrem letzten Atemzug, Tausende von Sauerstoffmolekülen aus der Raumluft zu *Ihnen* und Tausende von Kohlendioxidmolekülen, die *Sie* waren, zur Raumluft? Haben wir gerade bewiesen, dass Sie eigentlich *die Raumluft sind* ?!

Das ist keine intellektuelle Spielerei. Die Realität sieht nämlich so aus, dass wir und die Umwelt gegenseitig völlig voneinander abhängig sind, und die Grenze zwischen »mir« und dem Rest der Welt wird von meinen Gedanken geschaffen. Je mehr wir üben, aus dem Gedankenstrom herauszutreten, desto mehr erleben wir uns selber und die Welt so, wie ein Biologe oder Physiker sie beschreiben würde – als sich ständig veränderndes, verwirbelndes System aus Materie und Energie in ständigem Austausch, und dieser Körper und Geist hier sind ein Teil davon. Diese Einsicht hat enorme Konsequenzen für unser Selbstgefühl und auch für das Zusammensein mit anderen, denn die Begriffe »ich« und »du«, »wir« und »sie«, die so viele Schwierigkeiten verursachen, rühren aus dieser Verkennung der Interdependenz her.

Wenn wir uns in der Erkenntnis wohlfühlen, dass wir alle Teil eines viel größeren Organismus sind, wird es einfacher, miteinander zu teilen, zu lieben und aufeinander zuzugehen; Momente der Nähe zu erleben, in denen wir uns nicht zu schützen und nichts zurückzuhalten brauchen. Wir sind weniger selbstbezogen und sorgen uns weniger um Selbstwert und sozialen Status. Der vietnamesische Zen-Lehrer Thich Nhat Hanh hat das *die Erfahrung des Inter-Seins* genannt. Hier ein Auszug aus einem seiner Essays zum Thema:

> **Die Wolke in dem Blatt Papier**
> Wenn du ein Dichter bist, dann siehst du vollkommen klar, dass in diesem Blatt Papier eine Wolke schwebt. Ohne Wolke gibt es keinen Regen; ohne Regen wachsen die Bäume nicht; und ohne Bäume können wir kein Papier machen. Die Wolke ist essenziell, damit das Papier existieren kann … Wenn wir dieses Blatt Papier noch genauer anschauen, sehen wir auch den Sonnenschein darin. Wenn es keinen Sonnenschein gibt, kann der Wald nicht wachsen …
> Und wenn wir weiter hinschauen, sehen wir den Holzfäller, der den Baum gefällt und ihn zur Papiermühle gebracht hat, damit Papier daraus wird. Und wir sehen den Weizen. Wir wissen, dass der Holzfäller ohne sein täglich Brot nicht existieren kann, und deshalb ist der Weizen, der zu seinem täglichen Brot wurde, auch in diesem Blatt Papier. Und Vater und Mutter des Holzfällers sind auch darin. Wenn wir auf diese Weise schauen, sehen wir, dass das Blatt Papier ohne all diese Dinge nicht existieren kann.[137]

Wenn wir im Grunde Teil eines nahtlosen, interdependenten Universums sind, dann sind unsere Kämpfe, gut genug zu sein, Erfolg zu haben oder gemocht und respektiert zu werden, eigentlich ziemlich albern. Wir haben zwar Werte und Träume, aber unsere Urteile über Wert und Unwert sind in Wahrheit lächerlich. Indem wir das Inter-Sein wertschätzen lernen, können wir stattdessen die tiefe Befriedigung finden, die aus der

Gewöhnlichkeit entspringt, aus dem Verbundensein mit anderen Menschen und der Welt überhaupt. Ja, eigentlich entdecken wir, indem wir unsere Gewöhnlichkeit annehmen, einen weiteren Weg, die glühende Kohle der Selbst-Beurteilung fallen zu lassen und uns immer liebevoller und tiefer mit allen anderen zu verbinden.

13 Sie sind nichts Besonderes – und weitere gute Nachrichten

Wenn die Schachpartie zu Ende ist,
kommen Bauern, Türme, Springer, Läufer, Könige
und Damen alle wieder in dieselbe Schachtel.

ITALIENISCHES SPRICHWORT

Wissen Sie, wer 1387 König von England war?[138] Damals wussten das viele Leute, und er war ein hohes Tier. Heute nicht mehr so. So sehr wir uns bemühen, im Leben Erfolg zu haben: die Prognosen sind düster, unser Vermächtnis ist kurzlebig.

Es kommt noch schlimmer. Vielen Schätzungen zufolge wird die Erde schon in 50.000 Jahren in eine neue Eiszeit eintreten. In 600 Millionen Jahren wird das CO^2 aus der Atmosphäre verschwinden, weil die Sonne immer heißer wird, und alle Pflanzen werden sterben. In einer Milliarde Jahre werden die Ozeane verdunsten, und alles restliche Leben auf der Erde wird ausgelöscht werden.[139] Es sieht so aus, als würden unsere Erfolge und Misserfolge, unsere Sorge darum, was andere Leute denken, und unsere Angst, nicht gut genug zu sein, auf lange Sicht doch keine so große Rolle spielen. Ist es nicht seltsam, dass trotz der offensichtlichen Tatsache, dass wir alle im selben Boot sitzen und das gleiche Schicksal haben, so viele von uns hartnäckig darauf beharren, wichtig zu sein? Etwas Besonderes zu sein?

Der Fluch des Besonderen

Wenn wir auf eine Wiese mit Gänseblümchen schauen, denken wir nicht: »Wirklich schöne Blumen, aber eine ist ganz besonders, ganz wertvoll: die in Reihe 236, die neunundachtzigste von links.« Es ist für uns in Ordnung, dass Gänseblümchen in all ihrer Alltäglichkeit schön sind und dass keines etwas Besonderes sein muss.

Aber wenn es um uns Menschen geht, ist uns Gewöhnlichkeit nicht geheuer. Wer möchte denn schon »alltäglich«, »durchschnittlich«, »mittelmäßig« oder »normal« sein? Wir haben eine Kultur entwickelt, die zunehmend die Tatsache leugnet, dass wir alle im Endeffekt einander doch ziemlich ähnlich sind.

Belege dafür finden sich überall. Nehmen wir zum Beispiel einmal Babynamen. 1950 bekam in den USA jeder dritte Junge einen der zehn häufigsten Vornamen; bei den Mädchen jedes vierte. »Normal« zu sein war geachtet. 2012 bekam nicht einmal jeder zehnte Junge, nicht einmal jedes elfte Mädchen einen der häufigen Namen.[140] Unter den Namen für Jungs, die in den letzten Jahren am populärsten wurden, sind »Major«, »King« und »Messias« – *außergewöhnlich* ist das »neue Normal«. Oder, wie Martin Seligman, ein Pionier der Glücksforschung, einmal witzelte: »Es ist fast, als hätte irgendein Idiot das Eintrittsgeld für die Teilhabe an der menschlichen Gesellschaft erhöht.«[141] Wer heute normal ist, ist ein Loser.

Wir bestellen bei Starbucks einen »personalisierten« Kaffee, wollen in einem einmaligen Haus wohnen und Hochzeit feiern wie niemand sonst – alles nur, um uns als Marke zu etablieren. Sogar die Kirchen sind auf diesen Zug aufgesprungen. Joel Osteen, Pastor in der größten evangelikalen Kirche der USA, sagt: »Gott hat keinen von uns als durchschnittlich erschaffen.« Unfassbarerweise gibt es nun eine ganze Bewegung namens »Prosperity Christianity« (»Wohlstands-Christentum«), beispielhaft vorgeführt an dem Bestseller, dessen Titel zeigt, wie verrückt das alles geworden ist: *Gott möchte, dass Du reich bist*.[142]

Ich persönlich wurde sehr früh süchtig danach, etwas Besonderes zu sein. Ich wurde als helles, redegewandtes Köpfchen gelobt und fuhr sofort darauf ab. Obwohl ich das Glück hatte, von meinen Eltern wirklich Liebe zu bekommen, wurde es doch zu einem echten Problem, dass sie mich für besonders talentiert hielten. Ich wurde zu einer Art Treibhauspflanze und erwartete, in allem, was ich tat, Erfolg zu haben. Und wenn ich dann beim Sport als Letzter in die Mannschaft gewählt wurde, beim Singen die Töne nicht traf, nicht malen konnte, von den harten Junges gehänselt wurde, war der Schlag umso härter, denn ich hatte gedacht, ich sei etwas Besonderes. Ich zog mich aus Bereichen zurück, in denen ich Durchschnitt oder schlecht war, und sogar in Bereichen, für die ich Talent hatte, hatte ich das Gefühl, ich müsse überragend sein, damit ich mit mir zufrieden sein konnte.

Diese persönliche Erfahrung (zusammen mit all meinen Patienten, die darum kämpften, etwas Besonderes zu sein) hat aus mir einen großen Fan der Gewöhnlichkeit gemacht. Sie kann auch eine Zuflucht für Menschen sein, denen in der Kindheit ständig gesagt wurde, sie seien irgendwie unterdurchschnittlich, denn eben dass wir gewöhnlich sind, ermöglicht uns allen den Beitritt zur Menschheitsfamilie.

Diese Idee ist natürlich nicht neu. Fast alle Weltreligionen und Weisheitstraditionen weisen darauf hin, Demut – das natürliche Resultat, wenn wir unsere Gewöhnlichkeit akzeptieren – sei der Schlüssel zum Wohlergehen. »Selig sind die Sanftmütigen, denn sie werden das Land erben« (Christentum). »Der Herr wird das Haus der Stolzen zerstören«

(Judentum). »Demut, Bescheidenheit ... Abwesenheit von Ego: dies nennt man Wissen« (Hinduismus).[143]

Diejenigen unter uns, die darauf fixiert sind, etwas Besonderes zu sein, haben Angst, dass sie bald einsam wären, wenn sie einfach nur gewöhnlich wären. Wir denken, die anderen mögen uns nur, weil wir auf die eine oder andere Art speziell sind. Das ist zwar manchmal der Fall (zum Beispiel in der süchtig machenden romantischen Liebe), aber die meisten von uns fühlen sich eher zu Menschen hingezogen, die das Allgemein-Menschliche verstehen und sich nicht für unter- oder überlegen halten anderen gegenüber. In ihrer Gegenwart fühlen wir uns sicher, geliebt und verbunden. Mehr noch: Ein paar dieser gewöhnlichen Menschen haben paradoxerweise als spirituelle Lehrer ein riesiges Gefolge gewonnen – genau deshalb, weil sie sich nicht als großartige Lehrer ansehen oder ein riesiges Gefolge anstreben. Es ist wirklich ein außerordentliches Geschenk.

Ich war einmal Gast bei einer Wohltätigkeits-Gala für einen wunderbaren 80-jährigen spanischen Priester, der sein Erwachsenendasein dem Aufbau von Waisenheimen in Afrika gewidmet hatte. Hunderte reicher, mächtiger, erfolgreicher Menschen drängelten sich um ein Foto mit ihm. In dem ganzen Trubel blieb er völlig ungerührt und blieb in jedem Gespräch der schlichte Mensch, der einfach seine Arbeit tut. Wenn einer beliebt, glücklich und zufrieden war, dann er – und ohne Interesse, etwas Besonderes zu sein.

Weil er es verinnerlicht hatte, gewöhnlich zu sein, musste dieser Priester nicht posieren und sich in Szene setzen, hatte nichts zu verbergen und wurde für seine Authentizität geschätzt. Mike Robbins, der Führungskräften beibringt, wie sie authentisch sein können, lädt uns ein, den folgenden Satz zu vervollständigen:[144] »Wenn Du mich wirklich kennen würdest, dann wüsstest Du, dass ______.« (Versuchen Sie gleich jetzt, die Leerstelle auszufüllen.) Würden Sie wirklich alleine dastehen, wenn jeder die Wahrheit über Sie sehen würde? Sie als den gewöhnlichen, unvollkommenen Menschen sehen würde, der Sie sind?

Freiheit: Nichts zu verlieren haben

Es hat noch eine Menge anderer Vorzüge, wenn wir tatsächlich kapieren, dass wir gewöhnliche menschliche Wesen sind. Unsere Besonderheit zu verteidigen oder beweisen zu müssen, dass wir nicht minderwertig sind, kann sehr aufreibend sein. Wenn wir gewöhnlich sind, können wir jedes Lob als Ermutigung nehmen, Kurs zu halten, und jede Kritik als Ermutigung, uns zu verändern – denn gewöhnliche Menschen machen eben regelmäßig Fehler. Kluge Menschen haben das immer gewusst. Der Vater der amerikanischen Psychologie, William James, sinnierte 1882 darüber nach, wie befreiend es sein kann: »Seltsam, aber es wird einem leicht ums Herz, wenn man die eigene Inkompetenz in einem bestimmten Bereich einmal ehrlich akzeptiert hat.«[145] Und etwas neueren Datums pflichtet ihm der Psychiater Michael Miller bei: »Ich kenne viele Leute, die vom Erfolg ruiniert wurden, aber nur wenige vom Misserfolg.«[146] Ja, man kann sogar sagen: Misserfolge machen es leichter, mit anderen gewöhnlichen Sterblichen in Kontakt zu kommen.

Bills Karriere hatte unter einem guten Stern gestanden. Er hatte sich in seiner Firma hochgearbeitet, vom Ingenieur zum Abteilungsleiter, Manager und schließlich Bereichsvorstand. Er verdiente gutes Geld und hatte großen Einfluss. Aber er litt an einer Störung, die der Psychologe Paul Fulton einmal *spät einsetzender, berufsbezogener Narzissmus im tertiären Stadium* genannt hat. Mit anderen Worten: Er war eingebildet und zu den Untergebenen nicht gerade nett.

Dann fiel der Aktienkurs seiner Firma, es gab eine Umstrukturierung, und ein neuer Geschäftsführer übernahm. Der neue Chef stellte neue

Leute ein, und Bills Stern sank. Die Tatsache, dass er nicht mehr der tolle Hecht war, machte ihm zu schaffen, und so kam er in die Therapie.

Als Erstes untersuchten wir, wie es Bill vor der Umstrukturierung gegangen war. »Ich glaube, ich fand es geil, der Typ zu sein, auf den alle hören. Ich war dicke mit dem Chef, und alle wollten auf meiner Seite, auf der guten Seite sein.« Dann wandten wir uns der aktuellen Situation zu. »Jetzt will niemand mehr mit mir reden. Die meisten halten mich wahrscheinlich für einen Idioten.« Bill fühlte sich zu sehr am Boden, um durch einen Versuch, sich wieder an die Spitze zu kämpfen, seine Lebensgeister wiederzubeleben. Stattdessen sprach er, ermutigt von mir, mit seiner Familie, mit Freunden und sogar einigen Kollegen über seine frühere Überheblichkeit und die neu entdeckte Demut und Verletzlichkeit. »Es ist peinlich, aber wahrscheinlich war ich halt doch nicht so etwas furchtbar Besonderes. Ich hatte einfach nur Glück gehabt. Nicht mehr oben zu stehen ist immer noch hart, aber ich fühle mich weniger einsam.« Er fing sogar an, wieder in die Kirche zu gehen. »Da versuchen alle, sich gegenseitig zu unterstützen. Als Wichtigtuer käme ich da nicht so gut an. Ich glaube, das ist gut für mich.«

Demut und das Akzeptieren der eigenen Gewöhnlichkeit helfen uns auch verzeihen. Wissenschaftliche Studien deuten auf Folgendes hin: Wenn wir meinen, überlegen zu sein, werden wir selbstgerecht und verurteilen andere strenger für ihre Fehler, die wir auch für weniger verzeihlich halten.[147] Ja, ein kluges Experiment, das den Probanden das Gefühl gab, sie seien anderen Menschen ihrer Altersgruppe überlegen, bewies sogar, dass dies ihre Fähigkeit verringerte, die Gefühle von anderen zu erkennen (sie ernst zu nehmen sowieso).[148]

Das Gefühl, etwas Besonderes zu sein, kann auch in anderer Hinsicht toxisch sein – wir schämen uns, wenn wir denken, wir seien besonders böse und nicht wert, geliebt zu werden. Hier kann es eine wahre Erlösung sein, die eigene Gewöhnlichkeit zu sehen, denn die schmerzhaften

Erfahrungen, die unser Selbstwertgefühl besonders schrecklich treffen, sind oft universeller Natur. Ich erinnere mich noch gut, wie erleichtert ich war, als der Leiter einer Therapiegruppe an der High School zu uns sagte: »Es gibt zwei Arten von Jungs: die, die masturbieren, und die, die es abstreiten.« Uff.

Ein wunderbares neues Anwendungsgebiet für Big Data ist es, uns zu zeigen, wie gewöhnlich wir alle sind, und dadurch Schamgefühle zu verringern.[149] Ein Programm registriert zum Beispiel Internet-Suchanfragen und benutzt die Ergebnisse, um schwulen Männern in Wohngegenden, wo es starke Homophobie gibt, zu zeigen, dass sie nicht allein sind, auch in der unmittelbaren Nachbarschaft nicht. Ein anderes Projekt hilft Mädchen in der Pubertät, die wegen Körpergeruch im Intimbereich beunruhigt sind, zu entspannter Normalität zu finden, indem es zeigt, wie häufig Internet-Suchanfragen zu diesem Thema sind. Wie sich zeigt, macht uns Scham außergewöhnlich gewöhnlich – weil wir alle uns für ähnliche Dinge schämen. Gewöhnlich zu sein verbindet uns mit unserer gemeinsamen Menschlichkeit. Und diese Gewöhnlichkeit anzuerkennen bedeutet: Wir müssen uns nicht in Szene setzen und posieren und uns dabei wie Hochstapler vorkommen.

Wie bei den anderen Methoden zur Befreiung von schmerzhafter Selbst-Bewertung müssen auch hier, beim Akzeptieren der eigenen Gewöhnlichkeit, Kopf, Herz und Lebensgewohnheiten beteiligt sein. Wenn wir süchtig danach sind, besser zu sein als andere, bedeutet das: sehen, wie albern es ist, krampfhaft etwas Besonderes sein zu wollen; die Enttäuschung fühlen, wenn wir es aufgeben; und versuchen, als gewöhnliche Menschen zu leben. Wenn wir überzeugt sind, dass wir irgendwie weniger wert sind als andere, bedeutet es: die Wurzeln dieser Überzeugung untersuchen; riskieren, sich so zu benehmen, als wären wir so, wie wir sind, in Ordnung. Jeder gemachte Schritt bringt uns mehr Frieden, Freiheit, Freude und Verbundenheit.

Diana ging in den Unterrichtspausen am Graduiertenkolleg gern nach Hause. »Wenn ich mit meiner Familie zusammen bin, muss ich niemandem was beweisen.« Chris ging gerne alleine campen. »Es ist toll, meilenweit niemanden um sich herum zu haben und sich nicht darum kümmern zu müssen, von anderen gesehen oder beurteilt zu werden.« Und Anna machte es besonderen Spaß, die alten Freunde aus der High School wiederzusehen. »Es ist immer noch die alte Gang. Was ich mache, ist egal.« Das ist der Friede, die Freiheit und die Verbundenheit, die sich einstellen, wenn wir die Gewöhnlichkeit feiern.

Sein, wer wir sind

Ich mag sehr gern eine Geschichte von Barry Magid, einem Psychiater und Zen-Priester aus New York.[150] Vielen wohlhabenden New Yorkern ist es wichtig, dass ihre Kinder von einer hoch angesehenen, wettbewerbsorientierten Vorschule akzeptiert werden. Die Idee dabei ist: Wenn ein Kind von so einer Elite-Vorschule angenommen wird, dann erhöht das seine Chancen, danach auf eine Elite-Grundschule zu kommen. Und wenn das Kind auf eine Elite-Grundschule geht, dann stehen die Chancen besser, dass es danach auf eine erstklassige weiterführende Schule kann. Und wenn das Kind auf eine erstklassige weiterführende Schule geht, steigen selbstverständlich die Chancen, in Harvard angenommen zu werden, ins Astronomische. Und wie wir ja alle wissen: Ein Studium in Harvard ist der todsichere Weg zum Glück.

Dies als Hintergrund. Eines Tages sah Dr. Magids Frau Vorschul-Bewerbungsbögen für ihren Sohn durch. Sie zeigte ihm einen, der eine ganze Seite für eine Beschreibung vorgesehen hatte, inwiefern ihr Kind außergewöhnlich sei. Dr. Magid sagte zu seiner Frau: »Schreib einfach: ›Er ist nichts Besonderes – er ist ein ganz normales Kind.‹« Das war das Letzte, was seine Frau ihm von der Bewerbung zeigte …

Wie könnten wir feiern, »ein ganz normales Kind« zu sein? Ein Weg ist, durch das Spielen mit den eigenen Minderwertigkeitsgefühlen das Herz zu bilden.

Ich habe einmal mit Joseph gearbeitet, einem intelligenten, engagierten High-School-Lehrer, dessen Großvater ein reicher Industrieller gewesen war. Dadurch hatte seine Mutter eine Menge Geld geerbt. Nun war sie durch eine Demenz außer Gefecht gesetzt, und er und seine Schwester, die einzigen Erben, kümmerten sich um die Finanzen. Da seine Mutter mehr als genug Rücklagen hatte, um für den Rest ihres Lebens gut versorgt zu sein, teilten mein Patient und seine Schwester einen Teil davon unter sich auf. Er verwendete seinen Anteil für den Kauf eines Hauses in einer vornehmen Wohngegend.

Das Problem: Wenn er zu einem Nachbarschaftstreffen ging, fühlte er sich fehl am Platz. Seine Nachbarn waren alles Macher und Entscheider, Chefs von Krankenhäusern und Universitäten, Politiker, Unternehmer. Er hatte das Gefühl, sie hätten ihren Reichtum *verdient*, wogegen er seinen durch Zufall bekommen hatte, durch die Gnade seiner Geburt.

Weil Joseph also mit seinen Minderwertigkeitsgefühlen zu kämpfen hatte, heckten wir einen Plan aus. Bei der nächsten Versammlung, wenn er sich wieder seinen Nachbarn unterlegen fühlte, sollte er im Stillen eine Affirmation wiederholen. Er sollte zu sich selber sagen: »Ja, ihr seid vielleicht sehr imponierend und erfolgreich, *aber ich krieg mein Geld von Mami!*«

Dieser spielerische Umgang mit der eigenen Gewöhnlichkeit hatte etwas, was die Absurdität sozialer Vergleiche tatsächlich beleuchten half und ihm erlaubte, unbekümmerter auf seine Nachbarn zuzugehen.

Mit einem kleinen Experiment können Sie das selber ausprobieren. Denken Sie genau jetzt an etwas, das Sie getan haben, oder an eine persönliche Eigenschaft, für die Sie sich schämen (dazu brauchen Sie wahrscheinlich nicht lange). Das nächste Mal, wenn Sie in einer sozialen

Situation sind, in der Sie sich dafür schämen, verkünden Sie triumphierend (aber im Stillen!) Ihren Stolz auf diese Schwäche oder Unzulänglichkeit. »Ich bin dicker als Sie!« – »SIE wollen egoistisch sein!?« – »Ich hab von allen hier am meisten Angst!« Probieren Sie aus, ob Ihnen das hilft, wie Joseph, sich für Ihre Gewöhnlichkeit weniger zu schämen und sich in ihr mehr zu Hause zu fühlen.

Ein anderer Weg, die eigene Gewöhnlichkeit anzunehmen, läuft über den Kopf – indem wir eine realistische Einschätzung unserer Stärken und Schwächen entwickeln und dann reflektieren, wie wir zu ihnen gekommen sind.

Übung: Wie ich ich wurde

Beginnen Sie mit einer Übersicht Ihrer Qualitäten und Fähigkeiten. Benutzen Sie dazu gerne die freien Felder in dem folgenden Blatt und listen Sie einige Ihrer wichtigsten Stärken und Schwächen auf – die Qualitäten, die Ihnen ein gutes Selbstgefühl geben, das Gefühl, etwas Besonderes zu sein; und die, die Ihnen das Gefühl geben, inkompetent oder minderwertig zu sein. (Weitere Bögen finden Sie mit dem Code nd5o7k unter *www.arbor-online-center.de/begleitmaterial)*

Stärke	Schwäche

Stärke	Schwäche

© 2023 Arbor Verlag. Kann für private Zwecke kopiert oder unter *www.arbor-online-center.de/begleitmaterial/* heruntergeladen werden. Verwenden Sie auch hier den Code nd5o7k.

Nehmen Sie wahr, während Sie jetzt die Liste anschauen, welche Gefühle im Zusammenhang mit jeder Stärke und Schwäche aufkommen. Erlauben Sie sich, diese Emotionen zu fühlen.

Nehmen Sie sich nun Zeit, zu reflektieren, wie jede Stärke oder Schwäche zustande kam. War es der genetische Zufall – Sie wurden eben auf diesem Gebiet einfach begabt oder unbegabt geboren, mit diesem Talent, dieser Eigenschaft – oder eben ohne? Kam sie durch äußere Umstände zustande – Sie hatten Eltern (oder andere Menschen), die Ihnen zu der Fähigkeit verhalfen (oder nicht); die Ihnen halfen (oder eben nicht), diese Kompetenz oder Qualität zu entwickeln? Geschah es durch harte Arbeit (oder deren Gegenteil)? Kam diese harte Arbeit (oder deren Gegenteil) durch genetische oder durch Umwelt-Einflüsse zustande?

Wenn wir unsere Listen anschauen, stellen wir fast alle fest: Die Ursprünge unserer Stärken und Schwächen sind alle *unpersönlich.* Unsere erwünschten und unerwünschten Qualitäten kommen durch Faktoren und Kräfte zustande, die gar nichts mit unserem Wert zu tun haben, und sogar, wenn wir als Handelnde beteiligt waren, gab es unpersönliche Faktoren und Kräfte, die uns zu unserem späteren Verhalten prädisponiert haben. Wir sind auch in dieser Hinsicht in der Tat alle sehr ähnlich – und gewöhnlich.

Wir sitzen definitiv im selben Boot

Ich habe eine klare Erinnerung, wie ich mit fünf Jahren eine Frau gesehen habe, die älter war als meine Großeltern. Sie hatte so viele Falten, dass ich erschrak – als wäre sie eine Art Alien. Jahre später, mit 24, war ich mit einem Freund aus der High School auf einer Schlittschuhbahn, und wir schauten jüngeren Kindern zu. Mein Freund wies mich darauf hin, dass wir nun doppelt so alt waren wie sie. Wieder erschrocken.

Ich habe den Eindruck, als wäre ich in jedem Entwicklungsstadium überrascht, dass *ich* da angekommen bin. Irgendwie habe ich wohl gedacht, alt werden nur die *anderen* Leute.

Früher oder später bedroht das Altern das Selbstbild eines jeden. Vielleicht werden wir eine Weile größer oder kompetenter, aber irgendwann sind wir an der Spitze, und es geht bergab. Ob nun Körperkraft, Attraktivität, intellektuelle Fähigkeiten oder Sozialstatus, wir verlieren irgendwann alle den Vorsprung vor den Jüngeren. (Es gibt Ausnahmen. Wenn wir unser Selbstwertgefühl über Güte und Großzügigkeit definieren, könnte es gelingen, das bis zum Ende durchzuhalten.)

Wenn wir wirklich kapiert haben, dass niemand dauerhaft etwas Besonderes sein kann, sind wir vielleicht ein bisschen weniger abhängig davon. Diese Einsicht kann auch dann befreiend sein, wenn wir uns für besonders unfähig gehalten haben – auch der Unterlegene zu sein ist nicht für alle Ewigkeit. Dieser Weg, sich mit dem Gewöhnlich-Sein anzufreunden, ist anspruchsvoll, aber auch sehr effektiv. Hier ist eine kleine Übung, mit der Sie sich ein wenig auf die Unbeständigkeit aller Dinge einstimmen können. Sie ist hart, also probieren Sie sie lieber nicht, wenn Sie heute ein bisschen wacklig auf den Beinen sind. Aber wenn Sie Lust haben auf ein Abenteuer, das Sie bei der Lösung der Fesseln der Selbstbezogenheit mächtig voranbringen kann, dann lesen Sie weiter.

Übung: Alles verändert sich*

Beginnen Sie mit ein paar Minuten Achtsamkeitspraxis. Verweilen Sie 5 bis 10 Minuten einfach beim Beobachten von Einatem und Ausatem oder einem anderen Objekt der Aufmerksamkeit, etwa Geräuschen oder dem Kontakt mit dem Stuhl, und bringen Sie die Aufmerksamkeit sanft zu diesen Empfindungen zurück, wenn der Geist in Gedanken abdriftet.

Wenn Sie eine gewisse Konzentration entwickelt haben, erinnern Sie sich, wie Sie sich als Kind gefühlt haben. Stellen Sie sich vor, wie Sie in der jetzigen Haltung mit Ihrem Kinderkörper auf dem Stuhl sitzen. Was hatten Sie wohl an? Wie haben Sie sich in Ihrem Körper gefühlt? Wie sahen Sie im Spiegel aus? In welcher Weise fühlten Sie sich besonders? In welcher Weise fühlten Sie sich gewöhnlich? Weniger als andere? Seien Sie ein Weilchen das Kind, das Sie einmal waren.

Erinnern Sie sich nun, wie Sie als junger Erwachsener dasitzen (wenn Sie derzeit ein junger Erwachsener sind, versuchen Sie sich zu erinnern, wie Sie vor ein paar Jahren waren). Wie fühlen Sie sich beim Sitzen in Ihrem jüngeren Körper? Wie sahen Sie von außen aus? In welcher Weise fühlten Sie sich besonders? Gewöhnlich? Weniger als andere? Seien Sie ein Weilchen der junge Erwachsene, der Sie einmal waren.

---

* Sie finden diese Übung auf *www.arbor-online-center.de/begleitmaterial/*
Verwenden Sie den Code *nd5o7k,* um sie kostenlos herunterzuladen oder zu streamen.

Setzen Sie die Übung fort, indem Sie sich im jetzigen Alter in den Blick nehmen, zuerst von innen, sitzend, dann durch einen Blick in den Spiegel. Wieder die Frage: In welcher Weise fühlen Sie sich besonders? Gewöhnlich? Weniger wert?

Gehen Sie dann in die Zukunft. Stellen Sie sich vor, wie Sie bei den Lebensetappen mittleres Alter, Pensionierung, hohes Alter aussehen und sich fühlen. Nehmen Sie sich für jede Lebenssituation Zeit, sich vorzustellen, wie Sie sich in der aktuellen Körperhaltung fühlen würden, wie Sie im Spiegel aussehen würden und auf welche Weise Sie sich besonders, gewöhnlich oder weniger wert fühlen würden. Nehmen Sie wahr, welches Alter für Sie leichter vorstellbar und akzeptabel ist und welches schwerer.

Wenn Sie feststellen, dass ein Alter besonders schwierig ist, können Sie Ihrem Selbst auf dieser Altersstufe liebevolle Güte zuwenden. Wenn es zum Beispiel schwierig ist, bei dem Bild zu bleiben, das Sie im hohen Alter zeigt, behalten Sie dieses Bild im Kopf, legen die Hand aufs Herz und wünschen sich: »Möge ich in Sicherheit sein, möge ich glücklich sein, möge ich gesund sein, möge mein Leben leicht sein« oder Ähnliches.

Der große Gleichmacher

Nehmen wir noch einmal den König von England und das Schicksal unseres Planeten. Eine noch anspruchsvollere, aber potenziell noch effektivere Methode, die eigene Gewöhnlichkeit zu sehen, ist der Versuch, dem Tod direkt ins Auge zu sehen. Die meisten von uns leben ja, zu unterschiedlichen Graden, in einer Verdrängung des Todes. Der eigenen Sterblichkeit ins Auge zu schauen ist schwierig, hat aber das Potenzial, unsere Fixierung auf die Selbstwert-Frage zu lösen und uns tiefer mit anderen zu verbinden.

Der Psychiater Bob Waldinger leitet aktuell die »Harvard Longitudinal Study«, die größte Längsschnitt-Studie zur Lebenszufriedenheit bei Menschen (sie begann 1938).[151] Er sagte mir: Wenn Studienteilnehmer, deren Leben sich dem Ende näherte, befragt wurden, ob sie etwas bedauerten, kamen am häufigsten die Sätze »Ich wünschte, ich hätte nicht so viel Zeit und Energie verschwendet, mir den Kopf zu zerbrechen, was andere von mir denken« und »Ich wünschte, ich hätte den wichtigen Beziehungen in meinem Leben mehr Aufmerksamkeit gewidmet«.

Es gibt einen Autoaufkleber, der lautet: »Sieger ist, wer am meisten Spielzeug hat, wenn er stirbt.« Er beleuchtet ebenfalls die Vergeblichkeit aller Kämpfe, etwas Besonderes zu sein, und wie absurd es ist, sich weniger wert zu fühlen als andere. Vielleicht sind wir erst einmal ziemlich entmutigt, wenn wir anfangen, uns den Tod vor Augen zu führen; aber zu sehen, dass Vergänglichkeit real ist, kann uns eigentlich helfen, uns tiefer und freier auf jeden Moment des Lebens einzulassen und auf andere zuzugehen, die in derselben misslichen Lage sind.

Vor rund 30 Jahren reiste ich durch Thailand und stieß in Krabi auf ein faszinierendes buddhistisches Kloster.[152] Es war praktisch ein Themenpark des Todes. Echte menschliche Skelette und Schädel waren überall ausgestellt, und die Mönche benutzten sie zur Meditation. Wenn in den umliegenden Dörfern jemand starb, brachten die Verwandten den Leichnam den Mönchen dar, die eine spirituelle Autopsie machten – nicht, um die Todesursache festzustellen oder sich medizinisch weiterzubilden, sondern um zu kapieren: Wir sind aus Fleisch gemacht, und früher oder später sind wir totes Fleisch.

Das klingt schrecklich, aber die Mönche, die ich traf, waren kein trübseliger Haufen. Sie lebten ihr Leben mit einer gewissen Leichtigkeit, einer Wertschätzung für den gegenwärtigen Moment, die darauf beruhte, dass sie die Vergänglichkeit aller Dinge verstanden. Es ist unschwer zu sehen, wie es uns von unseren Selbstwert-Problemen befreien kann, wenn wir das im Hinterkopf behalten und uns zu Herzen nehmen. Auch wenn die Grabsteine in allen Größen zu haben sind: Im Tod sind wir alle doch ziemlich gleich.

Die meisten Weisheitstraditionen fordern uns in ähnlicher Weise auf, die Tatsache der Sterblichkeit ernst zu nehmen, damit wir seelische und spirituelle Freiheit finden. »Staub bist du, und zum Staub wirst du zurückkehren« (Buch Genesis). Wir »gehen alle an denselben Ort« (Ecclesiastes). Und da ist dieses großartige italienische Sprichwort vom Anfang des Kapitels: »Wenn die Schachpartie zu Ende ist, kommen Bauern, Türme, Springer, Läufer, Könige und Damen alle wieder in dieselbe Schachtel.«

Oft drängt sich die Realität der Vergänglichkeit plötzlich mit Macht ins Bewusstsein. Gitu, eine Sozialarbeiterin in den Fünfzigern, verlor letztes Jahr ihren Ehemann nach langer und schmerzhafter Krankheit. Es war eine traumatische Erfahrung, und obwohl sie erleichtert ist, dass er nicht länger leiden muss, vermisst sie ihn doch sehr. Aber sie hat auch das Gefühl, etwas Wichtiges gelernt zu haben. »Wissen Sie, ich wünsche das keinem, aber in all den Monaten dieses langsamen Sterbens bei ihm zu sein, das hatte auch etwas Leuchtendes. Ich kapiere jetzt mehr, dass das Leben kurz ist und wir alle sterben.«

Dieses Bewusstsein veränderte auch ihr Leben, während sie die Trauer verarbeitete. Jeden Tag hält sie inne und fragt sich: »Was ist wirklich wichtig?« Raten Sie mal? Was Besonderes zu sein, gut auszusehen, das Rennen um den höchsten Sozialstatus zu gewinnen, Erfolge zu sammeln – das steht nicht oben auf dieser Liste. Diese Ziele haben ihre Anziehungskraft verloren. Stattdessen fallen uns Fürsorge für andere ein, Wertschätzung für den Moment, ein Engagement dafür, die Welt lebenswerter zu machen. »Es ist schwer zu erklären, aber trotz allem Schmerz hat mein Leben irgendwie mehr Bedeutung, ist komischerweise schöner, jetzt, wo ich mich darauf konzentriere, was am wichtigsten ist.«

Der Realität des Todes ins Auge zu schauen ist natürlich viel verlangt. Es ist vielleicht nicht die Praxis, die man sich aussuchen sollte, wenn man emotional instabil ist. Aber wenn es uns nicht allzu sehr zusetzt, kann es uns wirklich helfen, die Fixierung auf die Sorge, nicht gut genug oder nichts Besonderes zu sein, loszulassen: weil es so offenkundig irrelevant ist, wie wir im Vergleich zu anderen abschneiden, wenn wir tot sind.

Man kann das auf verschiedene Weise machen. Im amerikanischen Bürgerkrieg, als der Tod allgegenwärtig war, wurde es Sitte, sich jeden Tag an die eigene Sterblichkeit zu erinnern, um das Leben mehr wertschätzen zu können.[153] Buddhistische Mönche tun es, indem sie die Nacht meditierend auf Totenäckern verbringen, wo sie zuschauen, wie Leichen verwesen oder von Tieren gefressen werden. Etwas weniger gruselig ist es, auf einem Friedhof spazieren zu gehen, Geburts- und Sterbedaten zu lesen und sich klar zu werden, dass wir überhaupt nicht wissen, wann unsere Zeit gekommen ist. Wir können uns auch simple Mahnsprüche für uns selber ausdenken. Um seine Versagensängste zu besänftigen, schreibt mein Kollege Paul Fulton manchmal zuoberst auf sein Redemanuskript: »Bald tot!«

Eine weitere Möglichkeit, die Vergänglichkeit anzunehmen und die Frage, wie gut wir dastehen, in den richtigen Blickwinkel zu rücken, ist es, die Zukunft unseres Sozial-Selbst zu reflektieren. Die meisten von uns konstruieren ihr Selbstgefühl aus dem, was sie im Gesicht der anderen lesen – aus all den vielen Arten, wie Menschen sie akzeptieren oder ablehnen, loben oder tadeln. Mehr noch: Oft sind wir mehr darum besorgt, respektiert, erwünscht oder geliebt zu sein, als um unsere Gesundheit oder Vitalität. Deswegen kann die nächste Übung schwierig sein, aber auch sehr befreiend. Probieren Sie sie aus, wenn Sie in einer stabilen Umgebung sind und sich einer Herausforderung gewachsen fühlen:

Übung: Die Zukunft Ihres sozialen Selbst*

Beginnen Sie mit ein paar Minuten Achtsamkeitspraxis, um Aufmerksamkeit aufzubauen und Herz und Geist zu öffnen.

Stellen Sie sich dann vor: Nach all den Sorgen um Ihre Gesundheit, nach all den Sorgen um genug Sport und die richtige Ernährung, nach all dem Schrubben und der Zahnseide ist es schließlich doch passiert. Sie sind gestorben. Das Leben geht ohne Sie weiter. Menschen, die Sie lieben, sind traurig. Sie erinnern sich an alles, was sie an Ihnen geliebt haben. Und sie erinnern sich auch an die Dinge, die sie nicht so gemocht haben. Nehmen Sie wahr, wie sich die Vorstellung anfühlt, dass sie an Sie denken.

Stellen Sie sich nun vor, dass ein Jahr vergangen ist. Ihre Lieben sind zunehmend damit beschäftigt, ihr Leben ohne Sie weiter zu leben. Natürlich denken sie oft noch an Sie, erinnern sich an die guten Zeiten und manchmal auch die schwierigen. Aber sie gewöhnen sich mehr daran, dass Sie weg sind. Es wird die neue Normalität. Sie trauern immer noch, aber sie sind auch wieder mehr mit anderen Dingen beschäftigt und sich nicht mehr dauernd bewusst, dass Sie nicht da sind. Nehmen Sie wahr, wie sich die Vorstellung anfühlt, wie sie nach einem Jahr an Sie denken.

Stellen Sie sich nun vor, dass fünf Jahre vergangen sind. Ihre Lieben sind vollauf mit ihrem neuen Leben beschäftigt. Natürlich denken sie an Sie, aber nicht mehr so oft. Und obwohl sie Sie immer noch vermissen, trauern sie nicht mehr so regelmäßig – nur in besonderen Momenten, die sie eindringlich an die gemeinsame Zeit mit Ihnen erinnern. Nehmen Sie wahr, wie sich die Vorstellung anfühlt, wie sie nach fünf Jahren an Sie denken.

Stellen Sie sich nun vor, dass zehn Jahre vergangen sind. Ihren Lieben fällt es schwer zu glauben, dass es schon zehn Jahre her sein soll. Ihr Leben und die ganze Welt haben sich so sehr verändert. So viel ist passiert.

* Sie finden diese Übung auf *www.arbor-online-center.de/begleitmaterial/*
Verwenden Sie den Code *nd5o7k*, um sie kostenlos herunterzuladen oder zu streamen.

Von Zeit zu Zeit stellen sie sich vor, wie es wohl gewesen wäre, wenn Sie dabei gewesen wären. Gelegentlich fragen sie sich, was Sie wohl gedacht hätten, wie Sie auf die Entwicklung des Weltgeschehens wohl reagiert hätten. Nehmen Sie wahr, wie sich die Vorstellung anfühlt, wie sie nach zehn Jahren an Sie denken.

Stellen Sie sich zum Schluss vor, dass 100 Jahre vergangen sind. Alle, die Sie gekannt haben, sind ebenfalls gestorben. Falls sie Kinder hatten, leben diese vielleicht noch, aber diese Menschen haben Sie nie gekannt. Die Welt hat sich auffallend verändert. Das Leben geht weiter, und nur wenig weist darauf hin, dass Sie jemals da waren. Nehmen Sie wahr, wie sich die Vorstellung einer Welt 100 Jahre nach Ihrem Tod anfühlt.

Für viele von uns ist es schwer, sich die Realität des Todes auch nur vorzustellen. Wir hängen so an unseren Fantasien der Zukunft, daran, der Star unserer kleinen Show zu sein, dass es zutiefst verstörend ist, das eigene Schicksal ins Auge zu fassen. Wenn wir es fertigbringen, uns den eigenen Tod auszumalen, könnten wir zunächst einmal nihilistisch werden – warum noch irgendetwas tun, wenn sowieso alles zu Ende geht, wenn ich sowieso nur ein Staubkorn in einem grenzenlosen, sinnlosen Universum bin? Aber auch wenn es schwierig und schmerzhaft ist, mit dem Loslassen von Illusionen anzufangen, kann es doch ungeheuer befreiend sein (sobald wir den ersten Schock überwunden haben).

Je deutlicher wir sehen, wie vergänglich alles ist, einschließlich uns selber und allen anderen, desto leichter ist es, das Selbstwert-Problem loszulassen. Statt dass wir uns als sinnloses Staubkorn in einem gleichgültigen Universum fühlen, kann uns die Konfrontation mit Endlichkeit und Gewöhnlichkeit vielmehr dazu befähigen, liebevoll auf andere Menschen und die gesamte Schöpfung zuzugehen, was uns tiefe Erfüllung schenken kann. Denn je weniger wir mit dem Versuch beschäftigt sind, das eigene Wohlbefinden zu sichern, desto leichter ist es, sich der größeren Welt da draußen zugehörig zu fühlen.

Die Freuden der Bedeutungslosigkeit

Ganz eng mit dem Annehmen von Gewöhnlichkeit und Vergänglichkeit verbunden – und genauso eine Zumutung – ist das Annehmen der eigenen Bedeutungslosigkeit. Es ist ein wenig knifflig, weil es ein Paradox beinhaltet: Aus einer gewissen Perspektive gesehen sind wir nämlich sehr wohl bedeutsam. Wir bedeuten unserer Familie, den Freunden, den Kollegen etwas. Wir berühren zahllose Menschen, und da kommt viel zusammen – wir tragen im Laufe unseres Lebens viel zur Welt bei. Unsere Anstrengungen kommen anderen auf große oder kleine Weise zunutze, und jeder Akt der Freundlichkeit oder des Mitgefühls trägt tatsächlich dazu bei, die Welt zum Besseren zu verändern.

Aber aus einer umfassenderen Perspektive gesehen sind wir dann doch nicht so bedeutsam, jedenfalls nicht auf Dauer (denken Sie noch einmal an den König und die Zukunft des Planeten). Und unsere Versuche, bedeutsam zu sein, wichtig zu sein, hindern uns daran, sowohl nützlich als auch zufrieden zu sein.

Eine Kollegin beriet sich mit mir wegen Julio, einem Patienten, der seine Stelle in der Personalabteilung eines örtlichen Krankenhauses verloren hatte, als es von einer größeren Kette übernommen wurde. Er war ein geschätzter, engagierter Manager gewesen und kurz vor der Übernahme für seine Arbeit ausgezeichnet worden. Obwohl er eine anständige Abfindung bekam und es auch genoss, eine Weile frei zu haben, hatte sich der Markt im Gesundheitswesen doch ziemlich verändert, als er sich wieder bewarb, und er war deprimiert, weil er sich mit einer untergeordneten Stelle zufrieden geben musste. Bei der Erforschung seiner Gefühle in der Therapie erkannte er, wie sehr er davon abhängig geworden war, als wichtig zu gelten. »In meinem alten Job fragten mich alle um Rat, wenn sie Probleme hatten.« Seine neue Aufgabe, geeignete Dienstleister zu rekrutieren, war interessant und hatte den Vorteil, dass er eine Menge Leute kennenlernte, aber: »Im Mittelpunkt stehe ich definitiv nicht mehr.«

Meine Kollegin, die selber ein persönliches Interesse am Thema der »Rückkehr zum Gewöhnlichen« hatte, begann mit Julio über die Möglichkeit zu sprechen, seine Bedeutungslosigkeit zu akzeptieren. Zuerst schreckte es ihn ab. Es war für ihn eine irritierende und unmännliche Vorstellung, die allem zuwiderlief, woran er sein Leben lang geglaubt hatte. Aber sie machte ihm klar, dass Bedeutungslosigkeit vielleicht gar nicht so schlecht sein müsse – wenn er nicht so wichtig sein müsse, könne er vielleicht die alltäglichen Momente des Lebens mehr genießen. Vielleicht wäre er weniger gestresst, könnte sich mehr auf Freunde und Familie einlassen und in Aktivitäten wie Klavierspielen oder Gärtnern, für die er vorher keine Zeit gehabt hatte, Befriedigung finden? Vielleicht könnte er auch Spaß daran haben, bei der Arbeit neue Perspektiven zu entdecken, ohne sich für unverzichtbar halten zu müssen? Vielleicht könnte er eine neue Gewohnheit entwickeln – jeden alltäglichen Moment als Chance zu sehen, bewusster zu sein, mehr mit anderen verbunden, voll bei der Sache und doch entspannt?

Diese Idee machte ihm ein bisschen Angst, weil sie bedeutete, dass er das Gefühl seiner Wichtigkeit aufgeben musste, aber sie leuchtete ihm ein. Julio erinnerte sich, dass er in seinem früheren Job ständig versucht hatte, an jedem Meeting teilzunehmen und an allen großen Entscheidungen beteiligt zu sein. »Das war keine bewusste Sache, aber ich dachte wohl, wenn alle sehen, wie wichtig ich bin, dann würde ich immer gebraucht, und mein Arbeitsplatz wäre sicher.« Dass er seinen Job verlor, brachte ihn auf den Boden der Tatsachen zurück: dass letztendlich niemand so ungeheuer wichtig ist; was immer auch unsere Rolle ist, wir können (und werden) irgendwann ersetzt werden. Oder, wie es in Deutschland so schön heißt, »freigestellt«.

Julio versuchte, die Unbeständigkeit aller Dinge im Hinterkopf zu behalten und seine Bedeutungslosigkeit bewusst anzunehmen – und stellte fest, dass er den Moment *tatsächlich* mehr genießen konnte und mehr

Liebe und Verbundenheit für die Menschen spürte, die ihm wichtig waren. Er arbeitet hart in seiner derzeitigen Stellung, aber er hegt nicht mehr die Fantasie, er sei unersetzlich – was die Arbeit im Endeffekt weniger stressig und befriedigender macht. Er findet wirklich die Zeit, im Garten zu arbeiten, Klavier zu spielen und es sogar zu genießen, mit der Familie einfach am Strand zu *sein* oder ein paar ruhige Momente allein zu sein.

Es mag sich widersinnig anhören, aber der entscheidende Trick für ein gutes Leben – und dafür, den Menschen um uns herum auf eine sinnvolle Weise wichtig zu sein – könnte sein, genau die Realitäten anzunehmen, gegen die wir uns am meisten sträuben: unsere Sterblichkeit, unsere Gewöhnlichkeit, unsere letztendliche Bedeutungslosigkeit. So wie andere Ansätze, unsere Fixierung auf Status und Selbstwertgefühl zu überwinden, hilft uns auch das Annehmen der eigenen Gewöhnlichkeit, die Tür zu den zuverlässigsten Quellen des Wohlergehens zu öffnen: angstfrei aufeinander zuzugehen und voll und ganz bei dem präsent zu sein, was man oder frau gerade tut. Es hat sogar das Potenzial, uns zu verwandeln: das Lebensgefühl eines separaten »Ich«, das darum kämpft, oben zu bleiben und ja gut genug zu sein, zu verwandeln in die Erfahrung von Frieden, Freude und Liebe, die ganz natürlich entstehen, wenn wir entdecken, dass wir Zellen im großen Gewebe des Lebens sind – was manchmal als spirituelles Erwachen bezeichnet wird.

Klingt gut? Dann blättern Sie um. Sie kommen dann an den Ort, auf den Ihre Anstrengungen, sich von der Tyrannei der Selbst-Bewertung zu befreien, die ganze Zeit zugesteuert sind.

14 Jenseits von »ich«, »mir«, »mein«

All you need is love.

THE BEATLES

1895 schrieb Sigmund Freud, das Höchste, was wir von der Psychoanalyse erwarten könnten, sei, »hysterisches Elend in gemeines Unglück zu verwandeln«.[154] Nicht gerade ein hehres Ziel. Ungefähr hundert Jahre später begannen ein paar Psychologen, nachdem sie jahrzehntelang studiert hatten, wie sie Menschen helfen könnten, auf der Skala des Wohlbefindens von minus 10 zu 0 zu gelangen, sich systematisch zu fragen: »Können wir das vielleicht noch besser?« »Ist Glück wirklich möglich?«

Es geht um andere Menschen

Dadurch entstand das neue Fachgebiet der »Positiven Psychologie«, in der die Faktoren erforscht werden, die zu Wohlbefinden führen, und die, die es stören. Heute, ein paar Jahrzehnte später, sind die Geschworenen zu einem Urteil gekommen. Ich habe schon oft darauf angespielt. Der Psychologe Chris Peterson, einer der Begründer des Fachgebietes Positive

Psychologie, formulierte es gegen Ende seines Lebens so: »Andere Leute sind wichtig!«[155]

Sich angstfrei mit anderen verbunden zu fühlen, so stellt sich heraus, ist die entscheidende Ingredienz, wenn Menschen aufblühen und gedeihen; und isoliert zu sein, ist ein Risikofaktor für alle möglichen Übel.[156] Es sind nicht die reichen, privilegierten, gut aussehenden oder mächtigen Leute, die am glücklichsten sind – es sind die, die ihre Lieben haben, Freunde, eine Gemeinschaft und eine sinnvolle Arbeit.[157]

An diesem Punkt hoffe ich, Sie überzeugt zu haben: Der dauernde Versuch, das eigene Selbstwertgefühl zu pushen oder aufrechtzuerhalten – sei es dadurch, dass man sich als fähig, angepasst oder liebenswürdig beweist, oder dadurch, dass man einem inneren Maßstab gerecht werden will, Wettbewerbe gewinnt oder Gefühle der Scham und des Versagens verzweifelt zu vermeiden versucht –, ist kein Weg zum Glück. Glücklicherweise hat das wirksamste Gegenmittel nicht nur bei mir und meinen Patienten funktioniert, sondern wird auch durch Hunderte von Studien bestätigt, die zeigen, dass Gesundheit und angstfreie soziale Beziehungen eng korrelieren.[158]

Wenn Sie sich fragen: »Was ist wirklich wichtig?«, dann ist es sehr wahrscheinlich, dass Ihre Antwort etwas mit anderen Menschen zu tun hat. Es sind unsere Beziehungen zueinander, aus denen sich ein Gefühl der Sinnhaftigkeit entwickelt. Erinnern wir uns an Desmond Tutus Beobachtung, dass in vielen afrikanischen Gesellschaften die Menschen ihr Wohlbefinden nicht individuell, sondern als Gruppe messen. Alle Eltern der Welt haben das im Bauchgefühl: Sie können nur so zufrieden sein wie das am wenigsten zufriedene Kind. Und die Forschung untermauert das: Wenn Freunde, Ehegatten, Geschwister oder Nachbarn glücklicher sind, dann sind wir es auch. Ja, je näher wir bei einem glücklichen Menschen leben, desto stärker ist der Effekt.[159]

Traurigerweise aber entfremden wir uns zunehmend voneinander. Wie der Politologe Robert Putnam in seinem wegweisenden Buch *Bowling Alone* dokumentiert hat, ist – zumindest in den USA – die Teilnahme an gemeinschaftlichen Aktivitäten über die letzten Jahrzehnte kontinuierlich geschwunden.[160] Immer mehr Menschen leben allein, wir laden nicht mehr so oft Freunde zum Essen ein, besuchen Nachbarn nicht mehr so oft, haben weniger Menschen, die uns nahestehen und mit denen wir reden können.[161] Dass wir so mit Selbsteinschätzungen beschäftigt sind, trägt weiter zum Problem bei: Es verstärkt das Gefühl, ein separates »Ich« zu sein, das »es« in einer Welt der Konkurrenz »schaffen muss«.

»Ich« neu definieren

Wir haben bereits gesehen: Je mehr wir unterstützende Beziehungen kultivieren, Mitgefühl kultivieren und die eigene Gewöhnlichkeit annehmen, desto mehr können wir uns mit anderen verbinden. Es ist jedoch möglich, noch einen Schritt weiter zu gehen und das Gefühl eines Selbst auszuweiten: damit wir uns weniger als isolierte Individuen fühlen und klarer wahrzunehmen, was wir wirklich sind – Teil der großen Menschheitsfamilie und Element im Gewebe des Lebens. Das Gefühl eines Selbst in diesem Sinne zu verlagern ist ein wirksames Werkzeug, sich weiter aus der Selbst-Beurteilung zu befreien. Auch hier brauchen wir wieder den Kopf, das Herz und die Lebensgewohnheiten.

Wie könnten wir unseren Blick auf uns selber verändern? Erinnern Sie sich zunächst an das Gedankenexperiment in Kapitel 12, wo wir gesehen haben, dass die Grenze zwischen »uns« und der Außenwelt nur ein Gedanke ist, der schon jedes Mal, wo wir essen, kacken oder atmen, durch den Austausch von Molekülen infrage gestellt wird. Denken Sie dann daran, dass schon im 18. Jahrhundert ein paar Wissenschaftler den Begriff *Superorganismus* geprägt haben, um einige Spezies zu beschreiben, in denen die Idee eines separaten »Individuums« besonders fragwürdig erschien.[162]

Nehmen wir zum Beispiel Ameisen. Eine Ameisenkolonie umfasst Königin, Arbeiter mit verschiedenen Aufgaben, Soldaten und so fort. Keine einzelne Ameise kann ohne die Unterstützung der anderen lange überleben, und alle agieren zum Wohle des Kollektivs. Daraus schlossen frühere Biologen, der »Organismus« sei eigentlich die Kolonie, nicht die einzelne Ameise. Und weil unser Verständnis ökologischer Zusammenhänge gewachsen ist, begreifen wir nun, dass alle Lebewesen Teil umfassenderer, unabhängiger Systeme sind und die Vorstellung von separaten »Individuen« eigentlich nie so richtig hingehauen hat.

Vielmehr sind alle Organismen mit den Zellen unseres Körpers vergleichbar. Wir schauen nicht die Zellen in unserem Gesicht an und sagen: »Das da ist Sally, sie lebt neben Darnell, der Nachbar von Isabel ist – sie kommen gut miteinander aus und teilen Nährstoffe, aber sie sind im Grunde separate Individuen mit eigenen Zellkernen und Mitochondrien.«

Ähnlich ist es, wenn wir uns in den Finger schneiden. Da sagen die anderen Finger ja nicht: »Bin bloß froh, dass mir das nicht passiert ist! Ich halte mal lieber Abstand, damit ich keine Erreger aus dem Blut abkriege.«

Und so ist es, wenn wir unsere Abhängigkeit von den Geschichten über uns selber und unseren Status lockern und uns mehr darauf einlassen, auf andere zuzugehen und einzugehen. Wir entdecken, dass wir nicht gut oder schlecht sind, ehrenwert oder nicht ehrenwert, keine Gewinner oder Verlierer; auch keine sinnlosen Staubkörner in einem unpersönlichen Universum, sondern zu einer evolvierenden Menschheitsfamilie gehören und darüber hinaus zum staunenswerten Gewebe des Lebens.

Auch wenn wir es gern vergessen: Wir sind unauflöslich miteinander verbunden. Sind Sie Selbstversorger? Ich auch nicht. Das heißt, fürs Essen (ganz zu schweigen vom Dach überm Kopf, Strom, medizinischer Versorgung und all unseren restlichen Bedürfnissen) sind Sie und ich aufeinander angewiesen. Je mehr wir unsere gegenseitige Abhängigkeit wahrnehmen, desto aktiver wird unser »Tend-and-befriend«-System; also spüren wir mehr Liebe, während das Kampf-oder-Flucht-System und das Erfolgs-System ruhiger werden, wir uns also weniger ängstlich, gestresst, wütend und getrieben fühlen.

Freudige Großzügigkeit

Keine gute Tat ist jemals verschwendet,
und sei sie noch so klein.

ÄSOP, »DER LÖWE UND DIE MAUS«[163]

Die meisten spirituellen Entwicklungslehren beinhalten die Erkenntnis, dass wir in etwas Größeres eingebettet sind: Wir sind alle Kinder Gottes; Mitglieder der Menschheitsfamilie; oder Teil der Natur und des weiten Weltalls. Und praktisch alle Weltreligionen und Weisheitstraditionen betonen den Dienst am Nächsten als einen Weg, diese Wahrheit zu würdigen, zum Ausdruck zu bringen, zu bekräftigen.

Die moderne Wissenschaft pflichtet ihnen bei. Psychologen, die studieren, was Menschen zur Entfaltung bringt, haben herausgefunden: Großzügigkeit ist ein besonders wirkungsvoller Weg zum Wohlbefinden. Zwar stimmt es, dass sich mit Geld kein Glück kaufen lässt (sobald grundlegende Bedürfnisse befriedigt sind), aber wenn man es verschenkt, schon. Die Forscher sprachen auf dem Campus einer Universität in Kanada Leute an und gaben ihnen Bargeld. Die Hälfte erhielt die Anweisung, das Geld für sich selber auszugeben, die andere sollte es für jemand anderes ausgeben.[164] Was denken Sie, welche Gruppe fühlte sich besser?

Eine andere Studie befasste sich mit Menschen, die zur Krebsbehandlung eine Stammzellen-Transplantation bekamen.[165] Eine Gruppe wurde gebeten, die emotionalen Herausforderungen dieser Erfahrung zu schildern (ein bewährtes Verfahren in der Arbeit mit Traumata). Eine zweite Gruppe wurde gebeten, die Erfahrung zu beschreiben, sich dabei aber auch vorzustellen, es würde jemand, dem die Therapie noch bevorstand, ihre Geschichte lesen und davon profitieren. Was denken Sie, welche Gruppe größere Erleichterung erlebte? Schon die *Vorstellung*, anderen zu helfen, war psychologisch heilsam!

Forscher der Universität Notre Dame (US-Bundesstaat Indiana) stellten fest: Nach dem Abgleich verschiedener Faktoren, wie etwa dem verfügbaren Haushaltseinkommen, waren die Menschen, die finanziell, aber auch mit ihrer Zeit und in den persönlichen Beziehungen am großzügigsten waren, auch bedeutend glücklicher, physisch gesünder und empfanden mehr Sinn im Leben als die, die weniger großzügig waren.[166]

Der Zusammenhang zwischen Großzügigkeit oder Dienst für andere und Wohlbefinden ist so berechenbar, dass wir ihn in zwei Gleichungen zusammenfassen können:

> Selbstbezogenes Handeln =
> größerer materieller Reichtum + weniger Wohlbefinden
>
> Selbstloses Handeln =
> weniger materieller Reichtum + größeres Wohlbefinden

Oder wie der Dalai Lama oft sagt: *Seid egoistisch; liebt einander!*[167] Ich habe einmal auf sehr berührende Weise erlebt, wie er das in die Praxis umsetzte:

Ein Kollege und ich hatten das Privileg, den Dalai Lama persönlich zu einer Veranstaltung an der »Harvard Medical School« einzuladen. Nach sechs langen Stunden der Diskussion mit Krankenhausärzten und Neurowissenschaftlern bei einer Konferenz zu Forschungsfragen wurde er in einen Korridor im hinteren Teil des Gebäudes geleitet, wo wir uns höflich begrüßten und er unsere Einladung annahm. Seine nächste Station war ein Raum, in dem ein Dutzend Studierende – Mitglieder von »Students for a Free Tibet« – warteten. Offensichtlich erschöpft, nahm er sich dennoch die Zeit, jeden Studierenden mit einem Gebetsschal zu begrüßen und sich bei jedem persönlich für sein oder ihr Engagement zu bedanken. Ein liebevoller Großvater – es war inspirierend, das zu erleben.

DIE MOTIVATION ZÄHLT – PERFEKTION IST UNWICHTIG!

Es herrscht Konsens: Großzügigkeit trägt zu gegenseitiger Verbundenheit bei, und das macht glücklich. Aber spielt die Motivation auch eine Rolle? Es gibt schließlich viele Arten des Gebens: Manchmal geben wir mit der Hoffnung, etwas zurückzubekommen. Das ist der biologisch verankerte reziproke Altruismus, über den wir bereits gesprochen haben. Vom Gesichtspunkt unseres gemeinsamen Überlebens ist es sinnvoll, wenn ich, der ich mehr habe, mit dir teile – in der Hoffnung, dass du mit mir teilst, wenn du mehr hast.

Bei einer anderen Art des Gebens geht es ums Selbstbild. Wir möchten uns selber für großzügig halten und auch so gesehen werden. In Laborversuchen haben Ökonomen gezeigt: Nicht nur geben wir mehr, wenn wir denken, dass andere zuschauen; sogar, wenn niemand zuschaut, spielen unsere privaten Selbstbild-Interessen eine Rolle.[168] Diese Art des Gebens verbindet uns mit anderen, aber das Risiko ist, dass wir uns mehr in Selbstwert-Probleme verstricken (obwohl es natürlich besser ist als eine unverblümte Selbstdarstellung mit dem Ziel, gut auszusehen).

Die dritte Art des Gebens entspringt aus dem Verständnis für die Bedürftigkeit eines anderen und dem Gespür für gemeinsame Menschlichkeit – also zu kapieren: *Allein durch Gottes Gnade geh ich* *nicht dort.*[*] Mitgefühl entsteht spontan, und wir fühlen uns bewogen zu geben, wobei wir keine Gegengabe erwarten und auch nicht unser Selbstbild aufpolieren wollen.

Zwar wäre es nett, ausreichend heilig oder erleuchtet zu sein, sodass man immer auf diese selbstlose, kluge Weise gibt; aber ich denke, es ist in seiner reinen Form doch eher die Ausnahme. Wenn ich großzügig bin, hofft oft ein Teil von mir, dass der andere sich eines Tages revanchiert, und fast immer denke ich ein wenig besser über mich. Natürlich könnten mir diese Elemente wieder Ärger einbringen (vielleicht bin ich empört, wenn der Freund mir nichts zurückgibt, oder meine Selbstachtung stürzt ab, wenn ich das nächste Mal meine eigene Gier erlebe), aber auf jeden Fall verbindet uns Geben und Schenken mit anderen.

In einigen buddhistischen Traditionen stehen für dieses selbstlose Geben die *Bodhisattvas* – Menschen, die die Erleuchtung erlangt haben, aber, statt selig ins Nirvana zu entschwinden, absichtlich bei uns bleiben, um das Leid anderer zu lindern. Wie wäre das wohl, wenn wir so leben würden, als wäre es *unser* zentrales Lebensziel, anderen zu helfen? Der Psychologe Charles Styron hat eine ganz simple, lebensverändernde Übung entwickelt, die uns dem näherbringen soll:

* Im Original das biblisch anmutende Sprichwort »There but for the grace of God go I«, »Ohne die Gnade Gottes wäre ich auch dabei«, ein Ausspruch des englischen Predigers John Bradford beim Anblick einer Gruppe von zum Tode Verurteilten (Anm. d. Übers.).

Übung: Arbeitsplan für einen Bodhisattva*

Machen Sie eine »To-do«-Liste für Dinge, die Sie jeden Tag der Woche für andere tun wollen. Das können Dinge für viele oder für nur wenige Menschen sein. Es können große Dinge sein oder kleine Dinge, die Sie routinemäßig für andere tun. Streben Sie zwei bis drei Dinge pro Tag an. Wenn Sie am Wochenende mehr Zeit haben, probieren Sie, dafür etwas Aufwendigeres einzuplanen.

Nehmen Sie sich jetzt ein paar Minuten Zeit, die »To-do«-Liste zu entwerfen. Welche Gedanken und Gefühle kommen dabei auf? Haben Sie Angst, zu großzügig oder nicht großzügig genug zu sein? Kommen Ihnen negative Gefühle gegenüber anderen in die Quere? Versuchen Sie, für all Ihre Reaktionen offen zu sein.

Wenn Sie die Liste fertig haben, setzen Sie sie in die Tat um. Führen Sie im Laufe der Woche die großzügigen Handlungen so bewusst wie möglich aus, damit Sie wahrnehmen, wie Sie sich dabei fühlen und wie andere reagieren. Wie bei jeder anderen »To-do«-Liste haken Sie die Dinge ab.

Reflektieren Sie jeden Abend vor dem Schlafengehen Ihre Akte der Großzügigkeit. Wie hat es sich angefühlt, sie auszuführen? Versuchen Sie, Selbst-Mitgefühl zu haben – vergeben Sie sich, wenn Sie etwas nicht geschafft haben.[169]

Ashley, Mitte zwanzig, Single, war Fahrerin für Uber, nachdem sie ihren Job als Verkäuferin gekündigt und sich von ihrem Freund getrennt hatte. Sie wollte jetzt eine Ausbildung machen, wusste aber nicht, für welche Fachrichtung. Ihr Selbstwertgefühl war ziemlich wacklig. Wenn sie mit

* Nach: Styron, Charles: *Positive psychology and the bodhisattva path.* In: Germer, Christopher; Siegel, Ronald und Fulton, Paul (Hg.): *Mindfulness and psychotherapy* (2. Aufl.), S. 295–308. New York, NY: Guilford Press, 2013.

Freund*innen sprach, die solide Karriere machten oder in einer guten Beziehung lebten, bekam sie weiche Knie und fühlte sich als inkompetente Versagerin.

Dann wurde bei ihrer Lieblingstante Krebs diagnostiziert. »Als ich mit ihr redete und hörte, wie sehr sie Angst hatte, ging in meinem Kopf eine Lampe an – ich habe nur an mich selber gedacht!« Der Situation überdrüssig, dass sie verzweifelt um sich selbst kreiste, beschloss sie, eine Woche lang ihre Aufmerksamkeit auf Hilfe für andere zu konzentrieren. Wie sich herausstellte, machten eine Menge ihrer Fahrgäste eine schwere Zeit durch und wollten mit jemandem reden. Sie begann jede Fahrt mit der Intention, so freundlich und hilfsbereit wie möglich zu sein und sich die Geschichten ihrer Fahrgäste mitfühlend anzuhören. Manchmal waren die Gespräche richtig bewegend, und sie hatte das Gefühl, eine Freund*in gewonnen zu haben, wenn auch nur kurz. Ashley achtete auch darauf, mit ihrer Tante in Kontakt zu bleiben. »Es hat echt funktioniert. Statt im Selbstmitleid festzuhängen, fühlte ich mich wieder lebendig und aktiv.«

Dankbarkeit

Wer ist reich? Der zufrieden ist mit seinem Schicksal.

(MISCHNA, MÜNDLICHE TRADITION DES JUDENTUMS)[170]

Von allen Interventionen, die das Wohlbefinden fördern sollen und die Psychologinnen untersucht haben, haben sich Übungen in Dankbarkeit als die wirksamsten erwiesen. Dankbarkeit stärkt unsere Fähigkeit, die Herausforderungen des Lebens zu bewältigen und sie zu verarbeiten. Sie bringt mehr Energie, besseren Schlaf, weniger Einsamkeit, verbesserte physische Gesundheit und die Erfahrung von Freude, Begeisterung und Liebe mit sich.[171] Aber warum?

Zum einen ist Dankbarkeit ein Gegenmittel gegen Begehrlichkeit. Jedes Mal, wenn wir die Dinge anders wollen, als sie sind, erleben wir Begehrlichkeit. Und wie die Weisen seit Jahrhunderten sagen, ist das eine Quelle des Leidens. Erinnern Sie sich an einen Moment des Unbehagens von neulich (die Auswahl ist ja groß). Haben Sie sich in diesem Moment gewünscht, etwas wäre anders, als es war? Wünschen Sie es sich immer noch? Wenn wir dankbar sind, nehmen wir stattdessen wahr, dass Dinge so *sind*, wie wir sie mögen – nehmen wahr, dass unser Glas auf viele verschiedene Arten halb voll ist und nicht halb leer. Dankbarkeit befriedigt deshalb auf natürliche Weise unser Verlangen nach Erfolg, Status, Anerkennung oder Würde.

Dankbarkeit wirkt noch auf eine zweite Weise, nämlich indem sie, wie die Großzügigkeit, die Verbundenheit mit etwas fördert, was größer ist als wir, und in diesem Prozess unser Selbstgefühl verändert. Wenn wir Dankbarkeit spüren, spüren wir sie für jemanden oder etwas. Wir fühlen uns etwa dankbar gegenüber einem Menschen, der uns geholfen hat, oder gegenüber der Natur, dem Schicksal oder Gott. In Momenten der Dankbarkeit fühlen wir uns verbunden mit jemandem oder etwas außerhalb unserer selbst und erleben dieses andere als *gut* – vielleicht liebevoll, großzügig oder gütig. Dankbarkeit fördert auch Großzügigkeit. Auf ganz natürlich Weise wollen wir etwas an andere weitergeben, wenn wir dankbar sind für das, was wir haben. Und wir haben gesehen, wie die Verbundenheit mit anderen unsere Selbstwertprobleme leichter macht.

Achtsamkeit als Übung in Dankbarkeit

Ein großartiger Weg, Dankbarkeit zu kultivieren, ist die Achtsamkeitspraxis. Ein berühmter Ausspruch des Zen-Meisters Suzuki Roshi lautet:

»Im Anfänger-Geist gibt es viele Möglichkeiten; im Geist des Experten nur wenige.«[172] Achtsamkeitspraxis hilft uns mit frischen Augen zu sehen, nicht in Gewohnheiten abzustumpfen. Ob es der Geschmack einer Mandarine ist, die Farben des Sonnenuntergangs oder ein warmes Lächeln: Achtsamkeit sensibilisiert uns für das, was im Moment tatsächlich passiert, und lässt es uns tiefer erleben.

Indem wir üben, in liebevollem Annehmen uns bewusst zu sein, was tatsächlich jetzt passiert, tendieren wir mehr dazu, das wertzuschätzen, was ist, und verlieren uns weniger in Wünschen, es möge anders sein, als es ist. Kleine, alltägliche Erlebnisse werden tief, reich und wertvoll. Wir nehmen auch wahr, wie flüchtig alles ist, was uns daran erinnert, jeden Moment auszukosten. Wir entdecken, dass die Dankbarkeit für simple, alltägliche Erlebnisse viel einfacher zu erneuern ist als die Hochs, die ein Lottogewinn, eine Liebesaffäre, eine Beförderung mit sich bringen.

Achtsame Bewusstheit hilft auch, Zitronen in Limonade zu verwandeln. Statt zu grübeln, wie nervig die anderen Autos sind, wenn wir im Stau stehen, könnten wir den Song im Radio genießen, die Farben der Blätter oder die Formen der Wolken. Statt über den Geschirrstapel zu klagen, könnten wir uns auf die Empfindungen »Seifenlauge und eine Collage aus Tellern in der Spüle« einlassen. Wir können nur für Dinge dankbar sein, die wir wahrnehmen – und Achtsamkeitspraxis hilft uns, alles wahrzunehmen.

Fredricka, 48 Jahre, Sekretärin in einer Investment-Firma, war in der Krise. Sie hasste ihren Job. »Er stiehlt mir die Seele – welchen Sinn hat es, reichen Leuten zu noch mehr Reichtum zu verhelfen?« Sie war zu einer sprudelnden Quelle der Negativität geworden: Alles fühlte sich sinnlos an, die Welt war im Chaos, und sie war nur ein Rädchen in der Maschine.

Es war ihr klar, dass diese Einstellung nicht optimal war, und so meldete Fredricka sich für einen Meditationskurs an. Als sie anfing, regelmäßig zu meditieren, verzogen sich die Wolken allmählich. Sie mochte ihren Job immer noch nicht, aber sie begann, kleine Dinge zu bemerken und sich daran zu freuen. »Das Licht ist so schön, wenn morgens die Sonne ins Fenster scheint.« – »Ich habe tatsächlich zum ersten Mal seit Monaten einen Apfel wirklich geschmeckt.« – »Mein Bett ist so herrlich gemütlich, wenn der Tag vorüber ist.« Das waren kleine Momente, aber sie gaben ihr Hoffnung, dass es einen Weg gab, sich am Leben zu freuen.

Aus dem Scheitern lernen

In manchen Weisheitstraditionen werden die Adepten dazu ermutigt, sich Schwierigkeiten förmlich herbeizuwünschen. Fragen Sie sich: »Wann hast du mehr Mitgefühl entwickelt? Wann ist dein Herz klüger geworden? Wann hast dich gefreut an dem, was du hast? War das, als es dir gut ging – oder als alles den Bach runterging?« In der Tat werden viele Wachstumsschübe durch Schmerz ausgelöst. Oder, wie es in manchen christlichen Kreisen heißt: »Leiden ist Gnade.«

Die Wissenschaft hat das geprüft. Da Menschen nach lebensbedrohlichen Krankheiten oder einer Nahtod-Erfahrung sich oft dankbarer zeigen, am Leben zu sein, wurde erforscht, ob das bewusste Reflektieren der eigenen Sterblichkeit dankbar macht – und dies war der Fall.[173] Also können wir die Übung aus dem letzten Kapitel, *Die Zukunft Ihres sozialen Selbst,* nicht nur dazu benutzen, unsere Gewöhnlichkeit und Vergänglichkeit zu würdigen, sondern auch um Dankbarkeit zu entwickeln, dass wir noch am Leben sind.

Das Leid von anderen wahrnehmen

Ein weiterer wirksamer Weg, um Dankbarkeit zu kultivieren, ist das bewusste Wahrnehmen, wie hart das Leben für andere ist. In unserer hoch entwickelten Welt haben fast alle Strom, Kühlschrank, Zentralheizung, fließend kaltes und warmes Wasser, Toilette und Zugang zu Antibiotika. Wir schlafen in bequemen Betten ohne Insekten und Nagetiere. Viele von uns müssen tatsächlich kämpfen, *nicht alles zu essen*, was uns an leckerem Essen zur Verfügung steht!

Wir leben so viel besser als die reichsten Menschen früherer Tage, ganz zu schweigen von den verarmten Massen heute. Der Weltbank zufolge leben heute rund *689 Millionen Menschen* von weniger als $ 1.90 pro Tag.[174] Unter *https://howrichami.givingwhatwecan.org/how-rich-am-i* erfahren Sie, wie hoch Ihr Einkommen im Vergleich zum Rest der Welt ist. Wenn man denkt, man sei zu kurz gekommen, kann es sehr helfen zu sehen, was man hat.

Ein weiterer, sehr leicht zugänglicher Weg zur Dankbarkeit ist, den aktuellen Zustand mit einem früheren zu vergleichen. Thich Nhat Hanh lädt seine Schüler zu einem simplen Experiment ein: »Erinnert euch, wann ihr das letzte Mal Zahnweh hattet. Erinnert ihr euch an die Schmerzen, die Sorgen und wie ihr wünschtet, es möge aufhören? Heute habe ich eine wunderbare Nachricht für euch: Kein Zahnweh!«

Die Segnungen zählen

Die Wissenschaft hat schon ein breites Spektrum anderer Übungen zur Kultivierung von Dankbarkeit geprüft. Einer der bestvalidierten Ansätze ist das Führen eines »Dankbarkeits-Tagebuches«.[175] Es ist toll, sich das anzugewöhnen. In verschiedenen Studien haben Menschen, die ein Dankbarkeits-Tagebuch führten, im Vergleich zu einer Kontrollgruppe mehr Sport gemacht, hatten weniger körperliche Symptome und fühlten sich in ihrem Leben wohler. Sie berichteten auch von größerer Wachheit, Begeisterung, Zielstrebigkeit und Energie, und es war wahrscheinlicher, dass sie in ihren Berichten erwähnten, anderen bei persönlichen Problemen geholfen zu haben.[176] Klingt gut? So geht's:

Übung: Dankbarkeits-Tagebuch*

Nehmen Sie sich einmal die Woche Zeit, um zu reflektieren, was Ihnen das Leben geschenkt hat. Das könnten einfache alltägliche Freuden sein, andere Menschen, persönliche Stärken oder Talente, Momente der Schönheit in der Natur oder freundliche Gesten von anderen. Es könnte ein Gespräch sein, eine schöne Landschaft, ein Ereignis bei der Arbeit, etwas Schönes, das Ihnen gehört, ein lieber Freund oder Freundin, eine Verbindung zu Gott – was Ihnen in den Sinn kommt.

Notieren Sie mehrere Geschenke. Versuchen Sie beim Schreiben, konkret zu sein und offen für die Gefühle, die aufkommen, während Sie sich das Geschenk vor Augen führen. Kosten Sie die Gefühle dabei aus und seien Sie sich der Tiefe Ihrer Dankbarkeit bewusst. Bestimmte Dinge könnten sich Woche für Woche wiederholen, aber halten Sie die Liste frisch und aktuell, reflektieren Sie aktuelle Erfahrungen und nehmen sich die Zeit, achtsam die mit jedem Eintrag verbundenen Gefühle zu erforschen.

Es könnte hilfreich sein, verschiedene Bereiche ins Auge zu fassen, in denen Sie Dankbarkeit spüren, und zu versuchen, für jede Kategorie ein Geschenk zu finden. Tragen Sie alles in die entsprechenden Felder auf dem folgenden Blatt ein, wenn Sie möchten (falls Sie mehr Platz brauchen, werden Sie mit dem Code nd5o7k unter *www.arbor-online-center.de/begleitmaterial* fündig).

Arbeit: ____

____

Familie und Freunde: ______________________________

____

Natur: ____

____

Gesundheit: ____

____

Ermutigende Momente: ______________________________

____

Materielle Tröstungen: ______________________________

____

Wenn das Schreiben Ihnen nicht liegt, können Sie auch sprechen oder still über Geschenktes nachdenken; Sie können Ihre Dankbarkeit abends in einem besinnlichen Moment oder einem Gebet zum Ausdruck bringen, oder Sie suchen sich einen »Dankbarkeits-Kumpel«, mit dem Sie Ihre Gedanken persönlich oder per Telefon, Textnachricht oder E-Mail austauschen können.

Die Forschung zu den Dankbarkeits-Übungen zeigt, dass sie dann am effektivsten sind, wenn wir so viele Details wie möglich wahrnehmen, auch die Dankbarkeit gegenüber anderen Menschen mit einschließen und uns gerne überraschen lassen – von unerwarteten Gelegenheiten oder Geschenken.[177] Ein zusätzlicher Trick, um mehr Wertschätzung zu erzeugen, ist es, sich ein Leben ohne jegliche alltägliche Tröstungen vorzustellen. Oder, wie die Großmutter meiner Frau uns immer wieder belehrte: »Wenn du alles verlieren würdest, was du heute hast, und es morgen zurückbekommen würdest: Das wäre Glück.«

Sich in Dankbarkeit mit anderen verbinden

Eine der berühmtesten Forschungsstudien der Positiven Psychologie testete fünf verschiedene Interventionen mit dem Ziel, herauszufinden, welche sich am meisten auf das Wohlbefinden auswirkte. Klarer Sieger war der *Dankbarkeits-Brief*.[178] Probanden, die an dieser Übung teilnahmen, verzeichneten einen dramatischen Anstieg auf der Glücks-Skala und eine Abnahme bei der Depression, und diese Wirkung hielt einen ganzen Monat lang an. Die Übung ist auf Dankbarkeit fokussiert und setzt sie für die Stärkung der Beziehungen zu anderen ein:

Übung: Ein Dankbarkeits-Brief*

Zu Beginn rufen Sie sich jemanden ins Gedächtnis, der in Ihrem Leben etwas Gutes bewirkt hat und dem Sie nie richtig gedankt haben. Egal

* Übernommen aus »Positive Psychology Progress« von Martin Seligman, Terry Steen, Nansook Park und Christopher Peterson.

wer – Vater oder Mutter, ein anderer Verwandter, ein Freund oder eine Freundin, ein Mentor, ein Kollege oder eine Kollegin.

Nun reservieren Sie sich etwas Zeit und schreiben einen ein- bis zweiseitigen Brief an diesen Menschen.

Schreiben Sie klar und konkret, wobei Sie erzählen, was dieser Mensch tat, wie entscheidend es für Sie war und wo Sie dadurch heute im Leben stehen. Teilen Sie Ihre Gefühle mit diesem Menschen, während Sie schreiben.

Wenn der betreffende Mensch noch lebt, kontaktieren Sie ihn oder sie und sagen, dass Sie ihn oder sie gerne besuchen würden. Wenn er oder sie nach dem Grund fragt, antworten Sie, Sie wollten es nicht verraten, es solle eine Überraschung sein. Schließlich besuchen Sie den Menschen und lesen langsam Ihren Brief vor, teilen Ihre Gefühle und halten Blickkontakt, wenn möglich.

Diese Übung ist nicht unbedingt leicht. Sogar die bloße Vorstellung, sie zu machen, kann eine Überforderung sein. Wenn der Mensch tot ist, empfinden wir womöglich Bedauern, dass wir ihm nie richtig gedankt haben, als er oder sie noch lebte. Wenn der Mensch noch lebt, begegnen wir vielleicht unserer Angst vor Verletzung; Angst zu zeigen, was dieser Mensch uns bedeutet (hat). Die Übung kann auch Gedanken an all die anderen Menschen auslösen, denen wir noch nicht richtig gedankt haben. Probieren Sie die Übung trotzdem und seien Sie für alle aufkommenden Gefühle offen.

Eine Alternative ist es, Dankbarkeit in einem Gespräch zum Ausdruck zu bringen. Vor ein paar Jahren starb mein guter Freund Michael. Seit der High School waren wir eng befreundet gewesen, hatten aber eine typische Jungs-Freundschaft – wir tauschten Ideen und Erfahrungen aus, alberten herum, zogen uns gegenseitig auf, redeten aber nie groß über unsere gegenseitige Zuneigung oder über den Wert dieser Freundschaft für uns beide.

Als sein Tod näher rückte, erkannte ich, dass ich Angst hatte, ihm aus der Tiefe meines Herzens zu sagen, wie dankbar ich war, ihn in meinem Leben gehabt zu haben und wie sehr ich ihn vermissen würde. Es kam mir einfach viel zu intim vor, zu verletzlich, und es passte auch nicht zu unserem sonstigen Umgangston. Eines Tages sagte er zu meiner Frau: »Ron unterstützt mich ja toll, aber er rückt nicht damit heraus, wie er sich wirklich fühlt.« Das war ein Weckruf für mich. Angesichts des großen Gleichmachers namens Tod und weil ich ihn nicht im Stich lassen und die Gelegenheit, aufeinander zuzugehen, nicht verstreichen lassen wollte, schob ich meine Angst beiseite. Ich offenbarte Michael, wie sehr ich ihn schätzte, wie viel ich von ihm gelernt hatte und welchen enormen Einfluss er auf mein Leben gehabt hatte. Wir hatten danach einige der wichtigsten Gespräche unserer langen Freundschaft, und ich bin zutiefst dankbar dafür.

Dankbarkeit zu pflegen muss aber nicht immer intensiv und tief bewegend sein. Manchmal tun es auch kleine, leichthändige Experimente:

- Bleiben Sie nach dem Aufwachen noch einen Moment liegen und denken Sie dankbar daran, welche Möglichkeiten ein neuer Tag bringt.
- Sagen Sie vor oder nach dem Essen Dank.
- Lächeln Sie Fremden zu, wissend, dass sie genauso glücklich sein wollen wie Sie selbst.
- Nehmen Sie sich die Zeit, »danke« zu sagen und wahrzunehmen, wie Ihre Freundlichkeit Sie und andere beeinflusst.
- Erinnern Sie sich an eine Herausforderung und machen Sie sich klar, was Sie daraus gelernt haben.
- Danken Sie einem anderen Menschen.
- Seien Sie dankbar für die Früchte der Dankbarkeits-Übungen!

Verzeihen

Wir haben in Kapitel 9 ja schon darüber gesprochen, wie Zorn und Wut Beziehungen vermasseln können. Auf der eigenen Empörung zu beharren, endlos zu wiederholen, dass wir im Recht waren und das Gegenüber im Unrecht, das ist eine besonders lästige Form der Selbstbezogenheit. In vielen Studien sind die möglichen mentalen und physischen Auswirkungen dokumentiert, die aus solch chronischer Verärgerung entstehen können.[179] Zwar suchen wir vielleicht eine enge Bindung an jemanden, der sich ähnlich schlecht behandelt fühlte, aber chronische Verärgerung verstärkt das Gefühl eines isolierten Selbst und verhindert, dass wir uns voll und ganz der Menschheit und dem Gewebe des Lebens zugehörig fühlen.

Ein kraftvolles Gegenmittel ist das Verzeihen. Es schenkt uns einen Weg, die Geschichte unserer Kümmernisse loszulassen, wieder auf andere zuzugehen und die Menschheitsfamilie wieder zusammenzubringen. Wenig überraschend, dass die Forschung festgestellt hat: Verzeihen ist mit einer Reduzierung von Ängstlichkeit, Depression, körperlicher Symptomatik, ja sogar bei der Sterblichkeit verknüpft.[180] Damit das Verzeihen aber wirken kann, können wir unsere negativen Gefühle nicht einfach übertünchen. Denn, wie wir bereits besprochen haben: Begrabene Gefühle sind lebendig begraben! Wir müssen stattdessen in unser Herz hören, die Gefühle vollständig erfahren, bevor wir sie loslassen können. Dies beginnt gewöhnlich damit, dass wir den Schmerz hinter unserer Wut erkennen:

Übung: Schmerz hinter der Wut

Verweilen Sie ein paar Minuten in Achtsamkeitspraxis, um das Herz zu öffnen und sich der Gedanken, Bilder und Empfindungen bewusst zu werden. Dann rufen Sie sich jemanden oder etwas ins Gedächtnis, der oder das Sie wütend macht. (Der Kandidaten gibt es viele – greifen Sie einen heraus.) Können Sie die Verletzlichkeit, den Schmerz, die Angst hinter Ihrem Zorn ausfindig machen? Normalerweise muss man dazu nicht tief graben.

Sie können die »Vier E« aus Kapitel 11 anwenden, um bei dem Schmerz zu bleiben und ihn zu erforschen (Erkennen, Erlauben, Erforschen, Einsicht). Dann können Sie die Selbstmitgefühl-Übungen aus Kapitel 10 einsetzen, um sich zu besänftigen, während Sie den Schmerz sein lassen. Natürlich tut es weh. Das ist ganz natürlich, Sie sind einfach ein Mensch. Nehmen Sie jeden aufsteigenden Impuls wahr, sich von dem Schmerz zu distanzieren, ihn weghaben zu wollen. Beurteilen Sie es selber – wenn Sie sich dazu fähig fühlen, bleiben Sie eine gewisse Zeit bei dem Schmerz oder der Angst.

Es kann bei dieser Praxis passieren, dass wieder Wut aufkommt und einen gewissen Abstand zu dem Schmerz schafft. Versuchen Sie (wenn Sie bereit sind), ob Sie das loslassen und wieder zu dem eigentlichen Schmerz zurückgehen können.

Fühlung mit dem Schmerz hinter der Wut aufzunehmen ist ein wichtiger erster Schritt, um davon frei zu werden. Das lässt sich nicht erzwingen – manchmal ist der Schmerz zu groß, um ihn lange aushalten zu können; manchmal fühlen wir uns nicht sicher genug, um den Zorn loszulassen. Aber wir können experimentieren und schauen, was unser Herz aushält.

Erinnern Sie sich an Tom, der Türen knallend aus dem Zimmer stürmte, statt sich von seinem Chef irgendwelchen Mist anzuhören? Tom kapierte, dass es genau derselbe Schmerz war wie bei der Demütigung durch seinen Vater, wie bei den Hänseleien der anderen Kinder in der Schule, was seine Wut befeuerte. Er musste ihn fühlen, um ihn zu heilen. Das gilt für uns alle. Nur, indem wir Fühlung aufnehmen mit unserer wunden Stelle, das aushalten und liebevoll erforschen, können wir anfangen, den Zorn loszulassen. Und wir müssen fähig sein, den Zorn loszulassen, damit wir uns dem Verzeihen und der Verbundenheit mit anderen annähern können.

Immer mal wieder begegnen wir außergewöhnlichen Geschichten des Verzeihens. Ich erinnere mich, von einem Ehepaar gehört zu haben, das durch einen Gewaltakt in der Nachbarschaft seine Tochter verlor – als unbeteiligte Dritte geriet sie in eine Schießerei zwischen zwei rivalisierenden Banden. Nach einer Phase intensiver Trauer begannen die Eltern, Geld zu sammeln, um eine Hilfsinitiative für Gang-Mitglieder zu gründen. Sie hielten sogar Kontakt zu dem jungen Mann, der ihre Tochter erschossen hatte, und taten alles Mögliche, um ihm bei seiner Rehabilitation zu helfen.

Oder nehmen wir Nelson Mandela. Nach jahrelanger Haft in den Gefängnissen des Apartheid-Regimes in Südafrika besaß er die Weisheit, einen Weg zur Reintegration der einstigen Unterdrücker in eine neue demokratische Gesellschaft zu finden.

Wie ist es möglich, Menschen zu verzeihen, die andere so tief verletzt haben? Wie gelangt man zu einer Perspektive, dass der Täter kein »böser anderer« ist? Ein Weg ist: zu sehen, dass all unser Verhalten im Grunde das Produkt aus Faktoren und Einflüssen ist.

Erinnern Sie sich an die Diskussion um Schuld und Schuldzuweisung in Kapitel 10? Wenn wir jemand anderem die Schuld geben oder ihn für schlecht oder böse halten, sehen wir normalerweise die Faktoren und Einflüsse nicht, die die betreffende Person so handeln ließen, wie sie es getan hat. Wir nehmen implizit an: Wenn wir deren DNA und deren Lebensgeschichte hätten, hätten wir nicht so gehandelt. Aber weil wir in diesem Fall tatsächlich die andere Person *wären*, hätten wir eben doch genauso gehandelt wie sie.

Für mich als Psychotherapeuten ist es ganz zentral, die Faktoren und Einflüsse zu sehen, die ein Verhalten steuern. Wenn ein Patient sich auf bestimmte Weise verhält oder bestimmte Gefühle, Reaktionen oder Überzeugungen zeigt, möchte ich verstehen, *warum* – sowohl, um dem Patienten zu mehr Selbst-Mitgefühl zu verhelfen, wie auch um zu sehen, wie wir zusammenarbeiten können, um künftiges Verhalten zu verändern.

Wenn ich wütend bin, sehe ich die Dinge allerdings nicht so. Stattdessen bin ich der Gute, der dieses böse, unfaire, egoistische %&#$ (hier bitte Ihr Lieblings-Schimpfwort einsetzen) unmöglich findet. Zu verstehen, warum Menschen tun, was sie tun, ist beim Verzeihen das Wesentliche. Es erlaubt uns zu sehen, dass wir alle gewöhnliche menschliche Wesen sind, getrieben von Ängsten, Wünschen, Missverständnissen und Verletzungen aus der Vergangenheit. Hier ist eine Übung, die den Blickwinkel verändern hilft, wenn das Verzeihen uns schwerfällt:

Übung: Einem %&#$ verzeihen

Beginnen Sie mit ein paar Minuten Achtsamkeitspraxis, um sich Ihrer Gedanken und Gefühle bewusst zu werden. Dann rufen Sie sich jemanden ins Gedächtnis, der Ihnen Unrecht getan hat; gegenüber dem Sie Wut oder Empörung verspüren.

Stellen Sie sich nun vor, Sie seien der Psychotherapeut dieser Person, und sie würde Ihnen erklären, was sie getan hat. Sie werden neugierig. Was hat wohl deren Verhalten ausgelöst? Welche Aspekte ihres Temperaments – die vielleicht genetisch bedingt sind – haben dazu beigetragen? Welche Verletzungen aus der Vergangenheit (oder welche Belohnungsmuster) haben die betreffende Person wohl veranlasst, diesen Weg einzuschlagen?

Stellen Sie sich nun kurz vor, Sie seien die Person, die Sie verletzt hat. Fragen Sie sich: »Warum habe ich das getan?« Versetzen Sie sich in ihre Lage; fühlen Sie, was diese Person wahrscheinlich fühlt; denken Sie, was diese Person wahrscheinlich denkt.

Amy war seit Jahren wütend auf ihre ältere Schwester. Dauernd fühlte sie sich von ihr heruntergeputzt. »Ich hoffe, dein Urlaub in Florida war schön. Wo geht's als Nächstes hin?« In dem harmlos klingenden Kommentar war natürlich eine Stichelei verborgen – Amy konnte es sich leisten, in Urlaub zu fahren, ihre Schwester dagegen nicht.

Es war Urlaubszeit, und Amy merkte, dass sie etwas tun musste, wenn ihr Zorn nicht das nächste Familientreffen ruinieren sollte. Also beschloss sie, sich in die Position ihrer Schwester zu versetzen. Amy erkannte, dass ihre Schwester sich immer mit ihr verglichen hatte. »Es muss echt hart gewesen sein, dass ich immer Papas Liebling war.« – »Das fühlt sich bestimmt scheiße an, dass meine Ehe ganz gut läuft, während ihre in die Brüche gegangen ist.« Je mehr sie den Schmerz ihrer Schwester sehen und verstehen konnte, desto leichter fiel es Amy, ihr zu verzeihen (obwohl die Sticheleien ihr immer noch missfielen).

VERZEIHEN HEISST NICHT BILLIGEN

Wenn wir die Motivation eines anderen Menschen erwägen und unsere Empörung beschwichtigen, denken wir vielleicht so wie Amy: »Na gut, aber es ist trotzdem nicht in Ordnung!« Kein Thema. Jemandem eine Missetat zu verzeihen ist nicht dasselbe wie ein Verhalten zu billigen. Eine Jury aus unseresgleichen wird uns wahrscheinlich zustimmen – was diese Person getan hat, war *falsch*. Vielleicht sollte es Konsequenzen haben, zur

Warnung für andere oder als Lektion. Aber Konsequenzen aufzuerlegen ist etwas völlig anderes, als an der eigenen Wut und Selbstgerechtigkeit festzuhalten. Es ist sogar möglich, jemanden zu bestrafen und trotzdem Liebe und Verbundenheit zu haben (mit Kindern und Haustieren tun wir das ständig).

ENTSCHULDIGEN

Manchmal ist es am besten, wenn wir selber am Verzeihen arbeiten. Vielleicht ist der andere Mensch ja tot, oder es ist emotional nicht sicher (oder ratsam), ihn oder sie in das eigene Leben zu lassen. Aber wenn wir verletzt und wütend sind auf jemanden, mit dem wir eine dauerhafte Beziehung haben wollen, dann müssen wir das Problem zusammen ansprechen, damit wir wieder in Verbindung kommen. Das kann ein heikler Prozess sein, weil Wut oder Empörung bei jedem Menschen die Selbstwert-Probleme aktiviert. Wenn ich auf dich sauer bin, dann glaube ich, dass ich gut gewesen bin und du böse. Du hörst das und antwortest sofort: Nee! Andersrum! Ich war gut und du warst böse! Nicht gerade eine gute Grundlage, um gemeinsam das Gewebe des Lebens zu empfinden.

Wenn wir uns ungerecht behandelt fühlen, dann können wir einem anderen Menschen in der Regel leichter verzeihen, wenn dieser versteht, wie sein Verhalten uns wehgetan hat, und ehrliche Reue bekennt. Dasselbe gilt für Menschen, die wir verletzt haben. Zahllose Bücher und Artikel sind darüber geschrieben worden, wie man sich wirksam entschuldigt.[181] Meistens werden folgende Grundregeln erwähnt:

- Erkennen Sie an, was Sie getan haben, um den anderen zu verletzen, und versuchen Sie, so detailliert wie möglich zu erklären, inwiefern Sie begriffen haben, dass Ihr Verhalten verletzend war.
- Entschuldigen Sie sich nur, wenn Sie sich wirklich schlecht fühlen, den anderen verletzt zu haben. Sagen Sie nicht: »Es tut mir leid, falls ich

dich verletzt haben sollte« oder »Es tut mir leid, aber...« Warten Sie, bis Sie wirklich Reue verspüren, bevor Sie sie zum Ausdruck bringen.

- Bitten Sie um Verzeihung, und falls nichts kommt, versuchen Sie zu verstehen, warum. Es könnte daran liegen, dass die andere Person nicht das Gefühl hat, Sie hätten wirklich verstanden, was ihr weh tut, oder nicht das Gefühl hat, Sie meinten es ehrlich.
- Versuchen Sie, Ihre Selbstwert-Probleme beiseite zu lassen – Diskussionen darüber, wer recht hat und wer Unrecht oder wer wem mehr wehgetan hat, sind meistens nicht so konstruktiv. Auch andere darauf hinzuweisen, sie seien einfach »zu empfindlich«, dürfte ihr Herz nicht unbedingt besänftigen. Bleiben Sie bei der emotionalen Realität, dass Ihr Verhalten den anderen Menschen verletzt hat.
- Geben Sie dem anderen Menschen nicht die Schuld für Ihr Verhalten. Jemandem zu sagen: »Du hast mich provoziert« oder »Du hast mit den Gemeinheiten doch angefangen« kommt meistens nicht so gut an.
- Haben Sie Geduld. Ihr Gegenüber fühlt sich vielleicht zu verletzt, um Sie gleich an sich heranzulassen, deshalb kann es sein, dass Sie mehrere Versuche unternehmen müssen. Aber zu sagen, dass Sie sich doch schon entschuldigt hätten und ihr Gegenüber es jetzt doch gut sein lassen möge, ist normalerweise keine tolle Strategie.
- Geloben Sie sich zu versuchen, es nicht mehr zu tun, und versuchen Sie, das durchzuhalten.

Diese Empfehlungen können auch nützlich sein, wenn Sie auf eine Entschuldigung von jemand anderem aus sind, der Sie verletzt hat. Wenn die Entschuldigung Ihr Herz nicht besänftigt und es ermöglicht, dass Sie beide wieder aufeinander zugehen, kann das daran liegen, dass Sie zu tief verletzt sind und Zeit brauchen, um sich zu erholen. Oder es liegt daran, dass eines der erwähnten Elemente fehlt. Wenn Sie herausfinden, was fehlt, und das kommunizieren, kann der Mensch, der Sie verletzt hat, Ihnen vielleicht geben, was Sie brauchen.

Wie auch immer wir Vergebung und Verzeihen kultivieren, ob alleine oder durch offene und fürsorgliche Kommunikation: Wenn wir verzeihen, entscheiden wir uns dafür, unseren Groll loszulassen, unser Herz zu öffnen und das Risiko einzugehen, wieder verletzlich zu sein. Am Ende ist es ein Geschenk an uns selber, denn je mehr wir vergeben, desto weniger werden wir darauf fixiert sein, recht zu haben, das brave Kind zu sein, liebenswert und was derlei Selbstbild-Themen sind; und umso mehr werden wir mit anderen verbunden sein.

Vom Lebensgefühl eines separaten »Ich«, besorgt, wie »ich« abschneide, sich hinzuwenden zu einem Lebensgefühl, das sich nicht nur der menschlichen Familie zugehörig fühlt, sondern auch dem magischen, unaufhörlich fließenden Gewebe des Lebens: das ist vielleicht das ultimative Gegengift für alle Selbstwert-Probleme. Dabei hilft es, Dankbarkeit, Großzügigkeit und Vergebung zu kultivieren. Außerdem bieten diverse spirituelle und weltliche Traditionen zahllose, sich teilweise kreuzende Wege an, darunter Gebet, Yoga, spirituelle Kunst und spiritueller Tanz, ja sogar psychedelische Drogen. Ich lade Sie ein, zu experimentieren und zu erforschen, was Ihnen am meisten das Gefühl gibt, in dieser unglaublichen Welt heimisch zu sein, die so viel größer ist als wir.

•••

Nun muss ich mich doch noch für einen Fehler entschuldigen. Die meisten von uns sind natürlich ganz gewöhnlich, aber *Sie* sind tatsächlich ein außergewöhnlicher Mensch – Sie haben es bis zum Ende eines Sachbuches geschafft (was, statistisch gesehen, der Mehrheit nicht gelingt)![182]

Ich hoffe, es hat Ihnen etwas gebracht. Aber wir alle haben hartnäckige Tendenzen, uns mit anderen zu vergleichen, uns geliebt oder akzeptiert fühlen zu wollen und nach Kicks für das Selbstwertgefühl süchtig zu werden. Und wir leben in einer Welt, die allerorten behauptet: Wenn wir uns optimieren und »es besser machen« würden, wären wir glücklich.

Deshalb ist es möglich, dass die bloße Lektüre dieses Buches und das Ausprobieren der Übungen Sie noch nicht in ein voll erwachtes Wesen verwandelt hat, das die Absurdität von Stolz, Ego, Popularität, Selbstgerechtigkeit und Statusdenken zu erkennen fähig ist, während es gleichzeitig voller grenzenloser Liebe für sich selbst und alle anderen Lebewesen auf diesem Planeten ist. Ich selber bin sicherlich weit davon entfernt, und allzu große Anstrengungen, so ein Mensch zu sein, können sehr schnell zu einer weiteren Selbstwert-Falle werden.

Ich hoffe stattdessen, dass dieses Buch seine anfängliche These mit Leben erfüllt hat: Wir können jede neue Enttäuschung, jeden Fehlschlag, jeden Moment des Selbstzweifels als Gelegenheit nutzen, zu lernen und zu wachsen. Das heißt: Jedes Mal, wo Sie sich furchtbar finden; wo Sie nachgrübeln, was andere über Sie denken; oder Sie sich anderen unterlegen fühlen, können Sie das als Chance nutzen, die Absurdität solcher Urteile zu erkennen; sich selbst und andere tiefer zu lieben; und Ihre Aufmerksamkeit dem zuzuwenden, was für Sie am Allerwichtigsten ist.

Jedes Mal, wenn wir eine schmerzhafte Selbst-Beurteilung auf diese Weise nutzen, füttern wir den gesunden inneren Wolf. Angesichts der Kraft unserer Biologie und Konditionierung ist das ein lebenslanges Projekt. Wir müssen immer wieder mit dem Kopf arbeiten – wahrnehmen, wenn wir in die Jagd nach einem Kick fürs Selbstbild hineingezogen werden; mit dem Herzen arbeiten – uns unseren Verletzungen öffnen, dem Leid von anderen, der Liebe; mit unseren Gewohnheiten arbeiten – Aktivitäten wählen, die unsere Werte widerspiegeln und unsere Beziehungen bereichern. Achtsamkeit zu üben, liebevolle Güte und Mitgefühl für uns selber und für andere: Das kann uns wichtige Unterstützung geben, genauso wie das Üben von Dankbarkeit, Großzügigkeit und Vergebung.

Vielleicht stellen Sie auch fest, dass es Ihnen hilft, zu anderen Übungen in diesem Buch zurückzukehren, wenn Sie sich im Sumpf irgendeiner Selbstverurteilungs-Falle wiederfinden.

Wenn Sie auf diese Weise arbeiten, hoffe ich, werden Sie weiterhin einige der Früchte ernten, die mir beim Schreiben dieses Buches in den Schoß gefallen sind – ein klarerer Blick auf die verführerische Macht (und die Grenzen), die das Aufputschen des Selbstwertgefühls hat; die Fürsorge für Ihre liebevolle, mitfühlende Natur; die Freude daran, gewöhnlich zu sein und ein Mensch unter Mitmenschen; die Entscheidung für Aktivitäten, die sinnvoll und befriedigend sind. Ebenfalls hoffe ich, dass Sie sich ein bisschen leichter gehen lassen können, in die angstfreie Verbundenheit mit anderen, während wir alle versuchen, einander zu helfen, ein bisschen vernünftiger zu werden – so unerreichbar das manchmal zu sein scheint.

Es ist nicht leicht, ein Mensch zu sein. Mögen Ihre Bemühungen Ihnen Friede, Freude und Erfüllung schenken und mögen Sie dadurch alle bereichern, die Sie im Leben berühren, während Sie es immer mehr genießen – das außergewöhnliche Geschenk eines gewöhnlichen Daseins.

Danksagung

Eines der Themen dieses Buches ist, dass wir alle gegenseitig voneinander abhängig sind und dass das, was wir sind und tun, nur ein kleiner Teil einer viel größeren, gegenseitig verbundenen Welt ist. Wie es der Astronom Carl Sagan einmal ausdrückte: »Wenn Sie einen Apfelkuchen backen wollen, müssen Sie bei null anfangen und erst einmal das Universum erfinden.«[183] Aus Dankbarkeit für diese Tatsache möchte ich einigen der vielen Menschen danken, die dieses Buch ermöglicht haben.

Um mit dem Naheliegendsten anzufangen, möchte ich meiner liebevollen, großzügigen Frau Gina Arons danken. Sie ist selber Psychologin und hat unzählige Stunden damit zugebracht, mir mit dem Manuskript zu helfen, ganz zu schweigen von den Jahrzehnten, in denen sie mir schrittweise geholfen hat, einige meiner Selbstwert-Probleme loszulassen und stattdessen die Früchte liebevoller Verbundenheit zu genießen. Ohne ihren Einsatz an diesen beiden Fronten wäre ich nicht ich selbst, und Sie würden dieses Buch nicht in Händen halten.

Ich möchte auch meinen Töchtern Alexandra und Julia Siegel danken, die die Perspektive einer jüngeren Generation auf die Themen dieses Buches offerierten und mir auch halfen (als sie noch Kinder waren, aber auch später), die Freuden und die Geborgenheit des Familienlebens wertzuschätzen – nicht zu reden von ihrem exzellenten Feedback, wenn ich mich auf eine Art und Weise benahm, die als arrogant, überkritisch oder distanziert interpretiert werden konnte.

Ich möchte meinen Eltern Sol und Claire Siegel, obwohl sie nicht mehr unter uns weilen, für ihre lebenslange liebevolle Unterstützung danken und für die Vermittlung von Werten, die zu viel größerer Zufriedenheit führen, als es reine Selbstbezogenheit je vermöchte; und meinem Bruder Dan Siegel für seine Liebe und Freundschaft seit Kindertagen. Meine Dankbarkeit geht auch an die Menschen im größeren Familienkreis, die mich unterstützt und mein Leben auf vielfältige Weise bereichert haben.

Danken möchte ich auch Menschen außerhalb der Familie, als Erstes den Patienten und Studenten, die mir ihre Ausbildung und die Fürsorge für sie über Jahre hinweg anvertraut haben und mit mir aufrichtig ihre Erfahrungen geteilt haben, was es heißt, ein Mensch zu sein. Sie haben mir viel mehr über die Freuden und Leiden des Lebens (und über die Kräfte, die unser Leid verlängern oder lindern) beigebracht, als es Bücher und Artikel je gekonnt hätten.

Auch viele Freunde und Kollegen haben auf vielfältigste Weise zu diesem Buch beigetragen. Besonders danken möchte ich Michael Miller, der einen Entwurf des Manuskripts sorgfältig las und mir wertvolles Feedback offerierte, dazu auch viele erhellende Zitate und Beispiele. Er hat mir auch demonstriert, wie ungeheuer befreiend es sein kann, mit einer anderen ehrlichen Haut offen über Probleme mangelnden Selbstwertgefühls zu sprechen.

Ich möchte auch anderen Freunden und Kollegen danken, von denen ich viel gelernt habe und deren Arbeit und deren Ansätze in diesem Buch auftauchen, darunter Richard Schwartz, Chris Germer, Kristin Neff, Judson Brewer, Tara Brach, Rick Hanson, Dan Siegel, Charles Styron, Susan Pollak, Paul Fulton, Norm Pierce, Robert Waldinger, Trudy Goodman und Terry Real. Auch andere Freunde und Kollegen haben mir geholfen, die Themen des Buches klärend zu durchdringen, darunter Bill O'Hanlon,

Joan Borysenko, Chris Willard, Bill Morgan, Susan Morgan, Michele Bograd, Tom Denton, Larry Peltz, Nancy Reimer, Don Chase, Nikki Fedele, Laurie Brandt, Susan Phillips, Alisa Levine, Jan Snyder, Susie Fairchild, David Fairchild, Joan Klagsbrun, Linda Graham und der verstorbene Michael Urdang. Dankbar bin ich auch meinen Freunden Mary Ann Dalton, Cody Romano, Ilana Newell und Ellen Matathia für das Durchsehen der ersten Manuskript-Entwürfe und ihr wertvolles Feedback.

Viele der zentralen Ideen dieses Buches basieren auf wissenschaftlicher Forschung. Natürlich entsteht wissenschaftliche Erkenntnis über lange Zeit hinweg aus zahllosen Einzelbeiträgen, dennoch möchte ich ein paar Forschern und Fachwissenschaftlern, deren Arbeit direkt in das Buch eingeflossen ist, besonders danken: Steven Pinker, David Buss, Jean Twenge, Keith Campbell, Mathieu Ricard, Albert Ellis, Roy Baumeister, Mark Leary, Seth Stephens-Davidowitz, Frans de Waal, John Hewitt, Mitch Prinstein, Richard Wilkinson und Kate Pickett.

Kontemplative Praktiken haben nicht nur mein Leben geprägt, sondern auch meine Auffassung von Psychologie, Wohlbefinden und unserer törichten Selbstbesessenheit. Ich möchte deshalb all den Lehrern danken, die mir geholfen haben, meine Meditationspraxis zu entwickeln und zu bereichern, darunter Jack Kornfield, Joseph Goldstein, Sharon Salzberg, SH der Dalai Lama, Chögyam Trungpa, Larry Rosenberg, Shunryu Suzuki, Ram Dass und der verstorbene Thich Nhat Hanh. Ich möchte auch allen Freunden und Kollegen am Institut für Meditation und Psychotherapie danken, die über Jahrzehnte hinweg meine Praxis unterstützt und zu meiner Einsicht in die Kraft kontemplativer Traditionen beigetragen haben, darunter (und ergänzend zu denen, die ich an anderer Stelle bereits erwähnt habe) Sara Lazar, Jan Surrey, Tom Pedulla, Stephanie Morgan, Andy Olendzki, Inna Khazan, Laura Warren, Doug Baker, Dave Shannon und der verstorbene Phil Aranow.

Viele der Gelegenheiten, die Ansätze und Übungen in diesem Buch zu verbessern, ergaben sich bei meinen Workshops und Vorträgen für Fachkollegen. Ich möchte deshalb den Freunden und Organisatoren danken, die mir geholfen haben, diese Programme zu entwickeln, darunter Ruth Buczynski, Michael Kerman, Richard Fields, Gerry Piaget, Linda und Larry Cammarata, Spencer Smith, Rob Guerette, Jack Hirose, Agustín Monivas Lázaro, Gustavo Diex, Miriam Nur, Larry Lifson, Rafa Senén, Yolanda Garfia, Paul Ortman, Fabrizio Didonna, Shea Lewis, Sanford Landa, Hailan Guo, Rich Simon und Jeff Zeig.

Und schließlich ist es mir sehr wichtig, dem ganzen Team von The Guilford Press zu danken, das dieses Projekt von der ersten vagen Idee bis zur Veröffentlichung begleitet hat. Tiefe Wertschätzung geht besonders an meine unermüdlichen Freunde und Lektoren Kitty Moore und Chris Benton, die an das Projekt geglaubt haben, bei den vielen Überarbeitungen am Ball geblieben sind und unzählige Stunden kreativ darüber nachgedacht haben, wie sich das Buch so ansprechend und nutzbringend wie möglich gestalten ließe.

Über den Autor

Ronald Siegel ist klinischer Psychologe. Er lehrt seit Anfang der 80er-Jahre als Assistenzprofessor an der Harvard Medical School, arbeitet am Institut für Meditation und Psychotherapie und betreibt eine freie Praxis in Lincoln, Massachusetts, USA.

Er ist Autor und Mitautor zahlreicher Bücher. Auf deutsch erschienen im Arbor Verlag: »Achtsamkeit als Weg«, »Gemeinsam sein« und »Weisheit und Mitgefühl in der Psychotherapie«. Zusammen mit Christopher Germer und Paul Fulton hat er das Grundlagenwerk »Achtsamkeit in der Psychotherapie« herausgegeben.

Sein Schwerpunkt liegt auf dem Gebiet der Positiven Psychologie und er studiert seit Jahrzehnten Achtsamkeitsmeditation. Er verwendet die Übungen in diesem Buch selbst regelmäßig, um an seinem eigenen immerzu schwankenden Selbstmitgefühl zu arbeiten.

Verzeichnis der Audio-Aufnahmen

1 Was ist mir wichtig
2 Auf der Selbstbewertungs-Achterbahn
3 Achtsamkeit auf den Atem
4 Emotionen im Körper lokalisieren
5 Die Freuden der Selbst-Transzendenz
6 Auf dem Impuls surfen
7 Die Wunde annehmen
8 Liebevolle Güte üben
9 Vier E für das vErlEtztE SElbstwertgefühl
10 Alles verändert sich
11 Die Zukunft Ihres sozialen Selbst

Der Herausgeber überträgt auf Einzelpersonen, die das Buch »Das Glück, so sein zu dürfen, wie ich bin« käuflich erworben haben, das nicht übertragbare Recht, die Audiodateien auf *www.arbor-online-center.de/begleitmaterial/* herunterzuladen und zu streamen. Verwenden Sie den Code nd5o7k. Dieses Recht ist beschränkt auf Sie, die persönliche Käufer*in, für privaten Gebrauch oder Verwendung mit Ihren Patient*-innen. Dieses Recht umfasst nicht das Recht, diese Materialien für Weiterverkauf, Weiterverteilung, das Senden oder alle anderen Verbreitungswege zu reproduzieren (einschließlich aber nicht ausschließlich als Buch, Flugblatt, Artikel, Video- oder Audiodatei, Blog, Datentauschplattform, Internet- oder Intranetseite, Kursblätter oder Präsentationsmedien für Vorträge, Kurse oder online-Seminare, gleich, ob kostenpflichtig oder nicht), als Audio-Daten oder in Abschrift. Die Erlaubnis, diese Materialien zu reproduzieren, muss in schriftlicher Form vom Eigentümer vorliegen.

Quellenangaben

1 Cubillas, Sean: Peanuts: Charlie Brown's 10 Saddest Quotes. 14. Oktober 2019. Auf: https://www.cbr.com/peanuts-charlie-brown-saddest-quotes/.

2 Masters, William und Johnson, Virginia: Impotenz und Anorgasmie. Zur Therapie funktioneller Sexualstörungen. Frankfurt a.M.: Goverts Krüger Stahlberg, 1973 1970 (orig. dies.: Human sexual inadequacy. New York, NY: Bantam Books, 1970).

3 Blatchford, Peter und Sharp, Sonja. (Hg.): Breaktime and the school: Understanding and changing playground behaviour. London: Routledge, 1994. Blatchford, Peter: Social life in school: Pupils' experience of breaktime and recess from 7 to 16 years. London: Routledge, 1998. (S. 156)

4 Russell, Bertrand: Eroberung des Glücks: neue Wege zu einer besseren Lebensgestaltung. Darmstadt: Holle, 1951 (orig. ders.: The conquest of happiness. The Conquest of Happiness. London: George Allen & Unwin, 1930).

5 Baumeister, Roy et al.: Does high self-esteem cause better performance, interpersonal success, happiness, or healthier lifestyles? In: Psychological science in the public interest, 4 (1), 2003, S. 1–44.

6 Baumeister, Roy; Smart, Laura und Boden, Joseph: Relation of threatened egotism to violence and aggression: The dark side of high self-esteem.

In: Psychological Review, 103(1), 1996, S. 5–33 (doi: 10.1037/0033-295x.103.1.5).

7 Trungpa, Tschögyam: Das Märchen von der Freiheit und der Weg der Meditation. Hg. v. Baker, John und Casper, Marvin. Freiburg i. Br.: Aurum Verlag, 1978. Neu aufg. (orig. ders.: The myth of freedom and the way of meditation. Boulder, CO: Shambhala Publ., 1976). Neu aufg. als: Der Mythos Freiheit und der Weg der Meditation. Küsnacht: Theseus Verlag, 2002).

8 Orwell, George: Farm der Tiere: eine Fabel. Zürich: Amstutz, Herdeg & Co., 1946 (orig. ders.: Animal Farm. New York, NY: Harcourt, Brace RACE AND CO., 1946).

9 Buss, David: Evolutionäre Psychologie. München, Boston u.a.: Pearson Studium, 2004 (orig. ders.: Evolutionary psychology: The new science of the mind (5. Aufl.). New York, NY: Routledge, 2017).

10 Interview mit Terry Gross. Fresh Air, NPR, 17. August 1998. Auf: www.npr.org/

11 Buss, David: Evolutionäre Psychologie. München, Boston u.a.: Pearson Studium, 2004 (orig. ders.: Evolutionary psychology: The new science of the mind (5. Aufl.). New York, NY: Routledge, 2017). Pinker, Steven: Wie das Denken im Kopf entsteht. München: Kindler Verlag, 1998 (orig. ders.: How the Mind Works. New York, NY: W.W. Norton & Comp. Inc., 1997).

12 Ricard, Matthieu: Allumfassende Nächstenliebe. Altruismus – die Antwort auf die Herausforderungen unserer Zeit. Hamburg: Edition Blumenau, 2017 (orig. ders.: Plaidoyer pour l'altruisme: la force de la bienveillance. Paris: NiL Édition, 2013).

13 Buss, David: Evolutionäre Psychologie. A.a.O.

14 Diese Geschichte gibt es in vielen Varianten. Einen Überblick bietet https://en.wikipedia.org/wiki/Two_Wolves.

15 Pinker, Steven: Wie das Denken im Kopf entsteht. München: Kindler Verlag, 1998 (orig. ders.: How the Mind Works. New York, NY: W.W. Norton & Comp. Inc., 1997).

16 Berra, Yogi und Kaplan, Dave: You can observe a lot by watching: What I've learned about teamwork from the Yankees and life. Hoboken, NJ: Wiley, 2007.

17 Gunaratana, Banthe Henepola, Die Praxis der Achtsamkeit: Eine Einführung in die Vipassana-Meditation. Heidelberg: Werner Kristkeitz Verlag, 1996 (orig. ders.: Mindfulness in Plain English. Somerville, MA: Wisdom Press, 1991, 2017).

18 Farb, Norman et al.: Attending to the present: Mindfulness meditation reveals distinct neural modes of self-reference. In: Social Cognitive and Affective Neuroscience, 2 (4), 2007, S. 313–322. Auf: www.ncbi.nlm.nih.gov/pubmed/18985137 (Stand: 22. 11. 2019) (doi: 10.1093/scan/nsm030).

19 Siegel, Ronald: Achtsamkeit als Weg: wie wir den Unwägbarkeiten des Lebens achtsam begegnen können. Freiburg i.Br.: Arbor Verlag 2011 (orig. ders.: The mindfulness solution: Everyday practices for everyday problems. New York, NY: Guilford Press, 2009).

20 Jung, Carl G.: Zwei Schriften über Analytische Psychologie. Solothurn und Düsseldorf: Walter Verlag, 1995.

21 Schwartz, Richard: Kein Teil von mir ist schlecht. Mit dem Modell des inneren Familiensystems (IFS) Trauma heilen und zur Ganzheit zurückfinden. Freiburg i. Br.: Arbor Verlag, 2022 (orig. ders.: No bad parts: Healing trauma and restoring wholeness with the internal family systems model. Boulder, CO: Sounds True, 2021). Schwartz, Richard: Systemische Therapie mit der inneren Familie. Stuttgart: Klett-Cotta, 2011 (orig. ders.: Internal family systems therapy. New York, NY: Guilford Press, 1994).

22 Franz, Marie-Louise von: Psychologische Märcheninterpretation: Eine Einführung. München: Kösel Verlag, 1986 (orig. dies.: An introduction to the psychology of fairy tales. Irving, TX: Spring Publications, 1978)

23 Leary, Mark und Buttermore, Nicole: The evolution of the human self: Tracing the natural history of self-awareness. In: Journal for the Theory of Social Behaviour, 33(4), 2003, S. 365–404 (doi: 10.1046/j.1468–5914.2003.00223.x).

24 Leary, Mark: The curse of the self: Self-awareness, egotism, and the quality of human life. Oxford: Oxford University Press, 2004. S. 27.

25 Leary, Mark und Buttermore, Nicole: A.a.O.

26 Nin, Anaïs: Labyrinth des Minotaurus. München: Nymphenburger, 1985 (orig. dies: La Séduction du minotaure. Paris: Stock, 1958).

27 Singer, Wolf: Das Gehirn – ein Orchester ohne Dirigent. In: Max Planck Forschung, 2005 (2), S.15–18.

28 Sullivan, W.: The Einstein papers: A man of many parts. In: The New York Times, 29. 3. 1972. Deutsch z.B. dokumentiert auf: https://gedankenwelt.de/menschliches-mitgefuehl-einstein-und-seine-gedanken/

29 Brickman, Philip und Campbell, Donald: Hedonic relativism and planning the good society. In: Apley, Mortimer (Hg.): Adaptation level theory: A symposium. New York, NY: Academic Press, 1971, S. 287–302.

30 Frederick, S., und Loewenstein, G.: Hedonic adaptation. In: Kahneman, D.; Diener, E. und Schwarz, N. (Hg.): Wellbeing: The foundations of hedonic psychology. New York, NY: Sage, 1999, S. 302–329.

31 Oliver, Mary: The summer day. In: New and selected poems. Boston: Beacon Press, 1992, S. 22–23. Mary Olivers Werk liegt bis dato nicht auf deutsch vor.

32 Cannell, John: The Lake Wobegon effect revisited. In: Educational Measurement: Issues and Practice, 7 (4), 1988, S. 12–15.

33 College Board. Student descriptive questionnaire. Princeton, NJ: Educational Testing Service, 1976–1977.

34 Alicke, Mark et al.: Personal contact, individuation, and the better-than-average effect. In: Journal of Personality and Social Psychology, 68 (5), 1995, S. 804–825.

35 “It’s academic” In: The Stanford GSB Reporter, 2000. S. 14–15.

36 Cross, Patricia: Not can but will college teachers be improved? In: New Directions for Higher Education, 17, 1977, S. 1–15.

37 Svenson, Ola: Are we all less risky and more skillful than our fellow drivers? In: Acta Psychologica, 47 (2), 1981, S. 143–148.

38 New science suggests a "grand design" and ways to imagine eternity. In: US News and World Report, 31. 3. 1997, S. 65–66.

39 Pronin, Emily; Lin, Daniel und Ross, Lee: The bias blind spot: Perceptions of bias in self versus others. In: Personality and Social Psychology Bulletin, 28 (3), 2002, S. 369–381.

40 Kruger, Justin und Dunning, David: Unskilled and unaware of it: How difficulties in recognizing one's own incompetence lead to inflated self-assessments. In: Journal of Personality and Social Psychology, 77(6), 2000, S. 1121–1134.

41 Alicke, Mark et al.: The person who outperforms me is a genius: Maintaining perceived competence in upward social comparison. In: Journal of Personality and Social Psychology, 73 (4), 1997, S. 781–789 (doi: 10.1037//0022–3514.73. 4. 781).

42 Blaine, Bruce und Crocker, Jennifer: Self-esteem and self-serving biases in reactions to positive and negative events: An integrative review. In: Baumeister, Roy (Hg.): Self-esteem: The puzzle of low self-regard. New York, NY: Plenum Press, 1993, S. 55–85 (doi: 10.1007/978–1-4684–8956–9_4).

43 Forsyth, Donelson; Pope, William und McMillan, James: Students' reactions after cheating: An attributional analysis. Contemporary Educational Psychology, 10 (1), 1985, S. 72–82 (doi: 10.1016/0361–476X(85)90007–4).

44 Schlenker, Barry und Miller, Rowland: Egocentrism in groups: Self-serving biases or logical information processing? In: Journal of Personality and Social Psychology, 35 (10), 1977, S. 755–764 (doi: 10.1037/0022–3514. 35. 10.755).

45 Stephens-Davidowitz, Seth: Everybody lies: Big data, new data, and what the Internet can tell us about who we really are. New York, NY: HarperCollins, 2017, S. 106.

46 Baumeister, Roy et al.: Exploding the self-esteem myth. In: Scientific American, 292 (1), 2005, S. 84–91.

47 Smelser, Neil: Self-esteem and social problems: An introduction. In: Mecca, Andrew; Smelser, Neil und Vasconcellos, John (Hg.): The social

importance of self-esteem (pp. 1–23). Berkeley: University of California Press, 1989.

48 Folkins, M. J.: Can do: Tips for helping your child. In: Parents, 1988 (5), S. 63, 70.

49 Stone, Karen und Dillehunt, Harold: Self science: The subject is me. Santa Monica, CA: Goodyear Pub., 1978.

50 Tracey, B.: I can't, I can't: How self-concept shapes performance. In: Management World, 15, 1986, S. 1, 8.

51 Brown, J.: How to rekindle confidence and esteem. In: Successful Farming, 84 (3), 1986, S. 11.

52 Ricard, M., Mandell, C., & Gordon, S.: Altruism: The power of compassion to change yourself and the world. New York, NY: Little Brown, & Co., 2015.

53 Baumeister, R. F., Campbell, J. D., Krueger, J. I., & Vohs, K. D.: Does high self-esteem cause better performance, interpersonal success, happiness, or healthier lifestyles? In: Psychological Science in the Public Interest, 4 (1), 2003, S. 1–44.

54 Baumeister, R. F., Campbell, J. D., Krueger, J. I., & Vohs, K. D.: Exploding the self-esteem myth. In: Scientific American, 292 (1), 2005, S. 84–91.

55 Johnson, Dominic et al.: Overconfidence in wargames: Experimental evidence on expectations, aggression, gender and testosterone. In: Proceedings of the Royal Society. B: Biological Sciences, 273 (1600), 2006, S. 2513–2520 (doi: 10.1098/rspb.2006.3606).

56 Twenge, Jean und Campbell, Keith: The narcissism epidemic: Living in the age of entitlement. New York, NY: Simon & Schuster, 2009, S. 162–163.

57 Twenge und Campbell: a.a.O., S. 94.

58 Brumberg, Joan: The body project: An intimate history of American girls. New York, NY: Random House, 1997.

59 Newsom, Cassandra et al.: Changes in adolescent response patterns on the MMPI/MMPI-A across four decades. In: Journal of Personality Assessment, 81 (1), 2003, S. 74–84.

60 Twenge, Jean: Generation me: Why today's young Americans are more confident, assertive, entitled—and more miserable than ever before (Neuausgabe). New York, NY: Simon & Schuster, 2014, S. 109.

61 Twenge, Jean und Campbell, Keith: The narcissism epidemic: Living in the age of entitlement. New York, NY: Simon & Schuster, 2009, S. 36.

62 Stephens-Davidowitz, Seth: a.a.O., 2017, S. 160.

63 Stephens-Davidowitz, Seth: a.a.O., 2017, S. 151.

64 Stephens-Davidowitz, Seth: a.a.O., 2017, S. 153.

65 Brumfield, B. (2013, November 20): Selfie named word of the year for 2013. Gefunden 16. März 2021, auf www.cnn.com/2013/11/19/living/selfie-word-of-the-year/index.html.

66 Rice, S. M., Siegel, J. A., Libby, T., Graber, E., & Kourosh, A. S.: Zooming into cosmetic procedures during the COVID-19 pandemic: The provider's perspective. In: International Journal of Women's Dermatology, 7 (2), 2021, S. 213–216.

67 Baumeister, R.: The lowdown on high self-esteem. Gefunden 17. März 2021, auf www.latimes.com/archives/la-xpm-2005-jan-25-oe-baumeister25-story.html.

68 Thorstein Veblen: Theorie der feinen Leute. Eine ökonomische Untersuchung der Institutionen. München: Deutscher Taschenbuch-Verlag, 1971. Neu: Frankfurt a.M.: Fischer Taschenbuch-Verlag, 2007.

69 Zahavi, Amotz und Zahavi, Avishag: Signale der Verständigung. Das Handicap-Prinzip. Frankfurt a. M.: Insel Verlag, 1998 (orig. dies.: The handicap principle: A missing piece of Darwin's puzzle. New York, NY und Oxford: Oxford University Press, 1999)..

70 Yosef, R.: Females seek males with ready cache. In: Natural History, 6, 1991, S. 37.

71 Hill, K., & Hurtado, A. M.: Ache life history: The ecology and demography of a foraging people. London: Routledge, 2017. Holmberg, A. R.:

Nomads of the long bow: The Siriono of Eastern Bolivia. Washington, DC: Smithsonian Institution, 1950.

72 Zhang, L., Lee, A. J., DeBruine, L. M., & Jones, B. C.: Are sex differences in preferences for physical attractiveness and good earning capacity in potential mates smaller in countries with greater gender equality? In: Evolutionary Psychology, 17 (2), 2019, S. 1–6.

73 Kraus, M. W., Park, J. W., & Tan, J. J.: Signs of social class: The experience of economic inequality in everyday life. In: Perspectives on Psychological Science, 12 (3), 2017, S. 422–435.

Kraus, M. W., Torrez, B., Park, J. W., & Ghayebi, F.: Evidence for the reproduction of social class in brief speech. Proceedings of the National Academy of Sciences, 116 (46), 2019, S. 22998–23003.

74 Bell, Q.: On human finery. London: Hogarth Press, 1948.

75 Pinker, Steven: Wie das Denken im Kopf entsteht. München: Kindler Verlag, 1998 (orig. ders.: How the Mind Works. New York, NY: W.W. Norton & Comp. Inc., 1997).

76 Piketty, Thomas und Saez, Emmanuel: Income inequality in the United States, 1913–1998 (erweitert bis 2000). Cambridge, MA: National Bureau of Economic Research, 2001.

77 Twenge und Campbell: a.a.O., 2009, S. 52.

78 Kilgore, Tomie. (2021, April 8). JPMorgan CEO Jamie Dimon's total pay in the year of COVID-19 was the most since the 2008 financial crisis. Auf: www.marketwatch.com/story/jpmorgan-ceo-jamie-dimons-total-pay-in-the-year-of-covid-19-was-the-most-since-the-2008-financial-crisis-11617887608, 8.4.2021 (Stand: 5.12.2022).

79 Wilkinson, R., & Pickett, K. (2011). The spirit level: Why greater equality makes societies stronger. New York: Bloomsbury. (pp. 27, 43). Deutsche Ausgabe: Gleichheit ist Glück: Warum gerechte Gesellschaften für alle besser sind, Haffmans & Tolkemitt, 2010.

80 Smith, C., Christoffersen, K., Davidson, H. und Herzog, P. S.: Lost in transition: The dark side of emerging adulthood. New York, NY und Oxford: Oxford University Press, 2011.

81 Twenge und Campbell: a.a.O., 2009,

82 Kasser, T.: The high price of materialism. 2002.

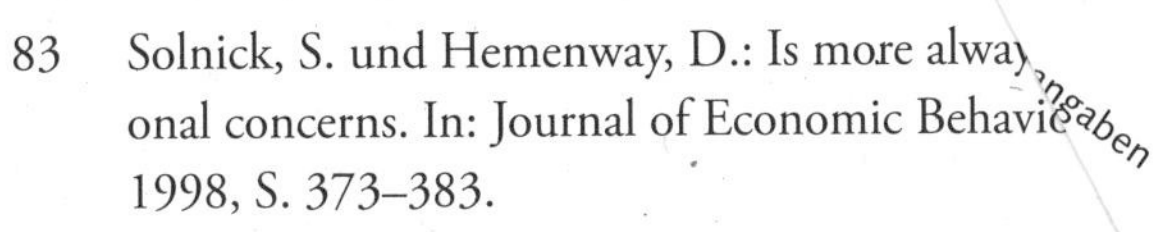

83 Solnick, S. und Hemenway, D.: Is more alwa onal concerns. In: Journal of Economic Behavi 1998, S. 373–383.

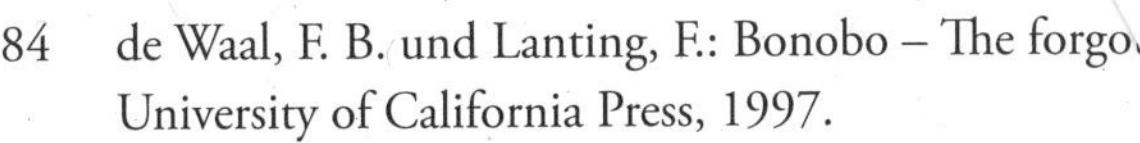

84 de Waal, F. B. und Lanting, F.: Bonobo – The forgo University of California Press, 1997.

85 de Waal und Lanting: a.a.O., 1997, S. 30.

86 de Waal und Lanting: a.a.O., 1997, S. 99.

87 Hammock, E. und Young, L.: Microsatellite instability generates diversity in brain and sociobehavioral traits. Science, 308 (5728), 2005, S. 1630–1634.

88 Dass, Ram: Ram Dass on Self Judgement. Auf: www.ramdass.org/ram-dass-on-self-judgement, 4. 8. 2020.

89 Dobbs, D.: Eric Kandel. In: Scientific American Mind, 18 (5), 2007, S. 32–37.

90 Thorndike, E.: The psychology of learning (Bd. 2). New York, NY: Teachers College, Columbia University, 1913.

91 Olds, J., und Milner, P.: Positive reinforcement produced by electrical stimulation of septal area and other regions of rat brain. In: Journal of Comparative and Physiological Psychology, 47 (6), 1954, S. 419.

92 Brewer, J.: The craving mind: From cigarettes to smartphones to love: Why we get hooked and how we can break bad habits. New Haven, CT: Yale University Press, 2017.

93 Prinstein, Mitchell: Popular: The power of likability in a status-obsessed world. New York, NY: Penguin, 2017, S. 33.

94 Prinstein: a.a.O., 2017, S. 61.

95 Ebd.

96 Ebd.

Ryan, R. M., Deci, E. L. und Kasser, T.: The independent contents and motives on wellbeing: It's both what you pur- ny you pursue it. In: Personality and Social Psychology Bulletin, , 2004, S. 475–486.

aplan, Katherine: Facemash creator survives Ad Board. Harvard Crimson, 19. 11. 2003. Auf: www. thecrimson.com/article/2003/11/19/facemash-creator-survives-ad-board-the

99 Sherman, L. et al.: The power of the like in adolescence: Effects of peer inf luence on neural and behavioral responses to social media. In: Psychological Science, 27 (7), 2016, S. 1027–1035.

100 Prinstein: a.a.O., 2017, S. 61.

101 Asurion Research (2019, November 21). Americans check their phones 96 times a day. Retrieved March 17, 2021, from www.asurion.com/about/press-releases/americans-check-their-phones-96-times-a-day/. Die FAZ vom 15. 1. 2020 berichtet von 3,7 Stunden täglicher Nutzung beim durchschnittlichen Deutschen (Anm. d. Übers.)

102 Bowen, Sarah, Chawla, Neha und Marlatt, Alan: Achtsamkeitsbasierte Rückfallprävention bei Substanzabhängigkeit: das MBRP-Programm. Hg. von Johannes Lindenmeyer und Goetz Mundle. Weinheim und Basel: Beltz-Verlag, 2012 (orig. dies.: Mindfulness-based relapse prevention for addictive behaviors: A clinician's guide. New York: Guilford Press, 2011).

103 Carnegie, Dale: Wie man Freunde gewinnt. Frankfurt a.M.: Fischer-Taschenbuch, 2011 (orig. ders.: How to win friends & influence people. New York, NY: Pocket Books, 1998).

104 Miller, S. et al.: The outcome of psychotherapy: Yesterday, today, and tomorrow. In: Psychotherapy, 50 (1), 2013, S. 88–97.

105 Porges, Stephen und Dana, Deborah: Clinical applications of the polyvagal theory: The emergence of polyvagal-informed therapies. New York, NY: Norton, 2018.

106 Aron, Arthur et al.: Reward, motivation, and emotion systems associated with early-stage intense romantic love. In: Journal of Neurophysiology, 94 (1), 2005, S. 327–337.

107 Aron, Arthur: a. a. O., 2005.

108 Brewer, Judson: Das gierige Gehirn: der achtsame Weg, Alltagssüchte loszuwerden. München: Kösel Verlag, 2018 (orig. ders.: The craving mind: From cigarettes to smartphones to love: Why we get hooked and how we can break bad habits. New Haven, CT: Yale University Press, 2017).

109 Gefunden 3. April 2021 auf https://quoteinvestigator.com/2014/04/06/they-feel/#note-8611–16. (Meist Maya Angelou zugeschrieben, es gibt aber auch andere Quellen dafür.)

110 Leary, Mark: The curse of the self: Self-awareness, egotism, and the quality of human life. Oxford: Oxford University Press, 2004, S. 88.

111 Ghatva sutta: Having killed, nach Thanissaro Bhikkhu. Auf: www.accesstoinsight.org/tipitaka/sn/sn01/sn01.071.than.html, 2. 6. 2010.

112 Leary: a.a.O., 2004, S. 88.

113 Baumeister, Roy; Smart, Laura und Boden, Joseph: Relation of threatened egotism to violence and aggression: The dark side of high self-esteem. In: Psychological Review, 103 (1), 1996, S. 5–33 (doi: 10.1037/0033–295x.103.1.5).

114 Dovidio, John; Gaertner, Samuel und Saguy, Tamar: Another view of "we": Majority and minority group perspectives on a common ingroup identity. In: European Review of Social Psychology, 18 (1), 2010, 296–330 (doi: 10.1080/10463280701726132).

115 Dalai Lama. Auf: https://twitter.com/dalailama/status/19335233497210880, 27. 12. 2010.

116 Iacoboni, Marco: Imitation, empathy, and mirror neurons. In: Annual Review of Psychology, 60, 2009, S. 653–670.

117 Dalai Lama: On compassion. Presentation. Boston, MA: Harvard Medical School Conference, Meditation and Psychotherapy, 1. 5. 2009.

118 Neff, Kristin und Germer, Christopher: Selbstmitgefühl – Das Übungsbuch: Ein bewährter Weg zu Selbstakzeptanz, innerer Stärke und Freundschaft mit sich selbst. Freiburg: Arbor Verlag, 2019 (orig. dies.: The Mindful Self-Compassion Workbook: A Proven Way to Accept Yourself, Build Inner Strength, and Thrive. New York, NY: Guilford Publications, 2018).

119 Harlow, Harry und Zimmermann, R.: The development of affective responsiveness in infant monkeys. In: Proceedings of the American Philosophical Society, 102, 1958, S. 501–509.

120 Ackerley, Rochelle et al.: Human C-tactile afferents are tuned to the temperature of a skin-stroking caress. In: Journal of Neuroscience, 34 (8), 2014, S. 2879–2883 (doi: 10.1523/JNEUROSCI.2847–13.2014).

121 Germer, C., & Neff, K. (2019). Teaching the mindful self-compassion program: A guide for professionals. New York, NY: Guilford Press, 2019).

122 Germer, Christopher und Neff, Kristin: Achtsames Selbstmitgefühl unterrichten – Das Handbuch für die professionelle Arbeit. Freiburg: Arbor Verlag, 2021 (orig. dies.: Teaching the mindful self-compassion program: A guide for professionals. New York, NY: Guilford Press, 2019).

123 Neff, Kristin: Mindful self-compassion. Workshop bei der FACES-Konferenz, 15.5.2015. Eine weitere Version dieser Übung findet sich in Neffs Buch: Selbstmitgefühl, Kailash-Verlag, 2012.

124 Germer und Neff: a.a.O., 2021.

125 Demak, Richard: "And then she just disappeared." In: Sports Illustrated, 16.6.1986. Auf: https://vault.si.com/vault/1986/06/16/and-then-she-just-disappeared.

126 Proust, Marcel: Auf der Suche nach der verlorenen Zeit. Frankfurt a. M.: Suhrkamp Verlag, 2017.

127 Ladinsky, Daniel (Hg.): Love poems from God: Twelve sacred voices from the East and West. New York, NY: Penguin, 2002 (Ladinsky-Poesie auf deutsch z.B. in: Ladinsky, Daniel: Ich hörte Gott lachen: Gedichte inspiriert von Hafiz. Freiburg: Arbor Verlag, 2011).

128 Schwartz, Richard: Kein Teil von mir ist schlecht. Mit dem Modell des inneren Familiensystems (IFS) Trauma heilen und zur Ganzheit zurückfinden. Freiburg i. Br.: Arbor Verlag, 2022 (orig. ders.: No bad parts: Healing trauma and restoring wholeness with the internal family systems model. Boulder, CO: Sounds True, 2021). Schwartz, Richard: Systemische Therapie mit der inneren Familie. Stuttgart: Klett-Cotta, 2011 (orig. ders.: Internal family systems therapy. New York, NY: Guilford Press, 1994).

129 Wei, W.: Ask the awakened: The negative way. Boulder, CO: Sentient Publications, 2002.

130 Ellis, Albert: The myth of self-esteem: How rational emotive behavior therapy can change your life forever. Amherst, NY: Prometheus Books, 2005.

131 Ellis: a.a.O., 2010, S. 278.

132 Rogers, Carl: Entwicklung der Persönlichkeit: Psychotherapie aus der Sicht eines Therapeuten. Stuttgart: Verlag Klett-Cotta, 2000 (orig. ders.: On becoming a person: A therapist's view of psychotherapy. Boston, MA: Houghton Mifflin Harcourt).

133 Landry, A. (2009, March 16). Navajo weaver shares story with authentic rugs, 16.3.2009. Gefunden 18. März 2021 auf www.nativetimes.com/

134 Barbeito, R. und Ono, H.: Four methods of locating the egocenter: A comparison of their predictive validities and reliabilities. In: Behavior Research Methods & Instrumentation, 11 (1), 1979, S. 31–36.

135 Pinker, Steven: Wie das Denken im Kopf entsteht. München: Kindler Verlag, 1998 (orig. ders.: How the Mind Works. New York, NY: W.W. Norton & Comp. Inc., 1997).

136 Epstein, Mark: Gedanken ohne den Denker. Das Wechselspiel von Buddhismus und Psychotherapie. Frankfurt a.M.: Krüger Verlag, 1996. Neu aufgel. Frankfurt a.M.: Fischer Taschenbuch-Verlag, 2000 (orig. ders.: Thoughts Without a Thinker – Psychotherapy from a Buddhist perspective. New York: Basic Books, 1995).

137 Nhat Hanh, Thich: Ich pflanze ein Lächeln. München: Goldmann Verlag, 2007 (orig. ders.: Peace is every step: The path of mindfulness in everyday life. New York, NY: Bantam Dell Books, 1992).

138 Richard II. Auf den Umstand, dass die meisten Leute das nicht wissen, obwohl Richard II. einmal sehr wichtig war, machte mich Robert Waldinger aufmerksam (4. April 2021).

139 Future of earth. Wikipedia. Auf: https://en.wikipedia.org/wiki/Future_of_Earth. Stand: 18. März 2021

140 Twenge, Jean; Abebe, Emodish und Campbell, Keith: Fitting in or standing out: Trends in American parents' choices for children's names, 1880–

2007. In: Social Psychological and Personality Science, 1 (1), 2010, S. 19–25.

141 Seligman, Martin: Boomer blues. In: Psychology Today, 22, 1988, S. 50–55.

142 Pilzer, Paul: God wants you to be rich – The Theology of Economics. New York, NY: Simon & Schuster, 1995.

143 Mitchell, S.: Bhagavad Gita: A new translation. New York, NY: Three Rivers Press, 2000, Kap. 13. Es existieren viele deutsche Ausgaben.

144 Robbins, M.: Express yourself. Auf: https://mike-robbins.com/express-yourself. Stand: 18. 3. 2021.

145 André, Christopher: Feelings and moods. Cambridge: Polity Press, 2012, S. 88.

146 Persönliche Mitteilung am 22. August 2019.

147 Bushman, Brad und Baumeister, Roy: Threatened egotism, narcissism, self-esteem, and direct and displaced aggression: Does self-love or self-hate lead to violence? In: Journal of Personality and Social Psychology, 75(1), 1998, S. 219–229 (doi: 10.1037/0022–3514.75. 1.219).

148 Galinsky, Adam et al.: Power and perspectives not taken. In: Psychological Science, 17 (12), 2006, S. 1068–1074 (doi: 10.1111/j.1467–9280.2006.01824.x).

149 Stephens-Davidowitz: a.a.O., 2017, S. 161.

150 Magid, Barry: Ordinary mind: Exploring the common ground of Zen and psychoanalysis. New York, NY: Simon & Schuster, 1996, S. 177.

151 Seit fast 80 Jahren untersucht eine Harvard-Studie, wie man ein gesundes und glückliches Leben führt. Vgl. Mineo, Liz: Good genes are nice, but joy is better. The Harvard Gazette, 11. 4. 2017. Auf: https://news.harvard.edu/gazette/story/2017/04/over-nearly-80-years-harvard-study-has-been-showinghow-to-live-a-healthy-and-happy-life.

152 Wat Tham Suea („Tigerhöhlen-Tempel“). Zu finden auf: www.watthumsua-krabi.com.

153 Faust, Drew: This republic of suffering – Death and the American Civil War. New York: Vintage, 2009. Gross, Terry: In a "Republic of Suffering," death's unifying effect. npr, 24. 10. 2008. Auf: www.npr.org/transcripts/96076929.

154 Das berühmte Zitat ist etwa hier zu finden: https://www.mpi-mainz.de/service/freud-zitate

155 Peterson, C.: Other people matter – Two examples, 17. 6. 2008, Auf: www.psychologytoday.com/us/blog/the-good-life/200806/other-people-matter-two-examples.

156 Eisenberger, N. und Cole, S.: Social neuroscience and health: Neurophysiological mechanisms linking social ties with physical health. In: Nature Neuroscience, 15 (5), 2021, S. 669.

Cacioppo, J. und Patrick, W.: Loneliness: Human nature and the need for social connection. New York, NY: W.W. Norton & Comp., 2008.

157 Pinker: a.a.O., 1998.

158 Holt-Lunstad, J., Smith, T. und Layton, J.: Social relationships and mortality risk: A meta-analytic review. In: PLoS medicine, 7 (7), 2010.

159 Fowler, J. und Christakis, N.: Dynamic spread of happiness in a large social network: Longitudinal analysis over 20 years in the Framingham Heart Study. In: BMJ, 2008, 337.

160 Putnam, R.: Bowling alone – The collapse and revival of American community. New York, NY: Simon & Schuster, 2000. In Deutschland dürften die Befunde ähnlich sein.

161 McPherson, M.; Smith-Lovin, L. und Brashears, M.: Social isolation in America – Changes in core discussion networks over two decades. In: American Sociological Review, 71 (3), 2006, S. 353–375. In Deutschland dürften die Befunde ähnlich sein.

162 Wilson, E.: The current state of biological diversity. In: Biodiversity, 521 (1), 1988, S. 3–18.

163 Aesop: Fabeln. Deutsch z.B. hier: https://www.deutschland-lese.de/streifzuege/fabeln/aesop/der-loewe-und-die-kleine-maus/

164 Dunn, E.; Aknin, L. und Norton, M.: Spending money on others promotes happiness. Science, 319(5870), 2008, S. 1687–1688.

165 Rini, C. et al.: Harnessing benefits of helping others: A randomized controlled trial testing expressive helping to address survivorship problems after hematopoietic stem cell transplant. In: Health Psychology, 33 (12), 2014, S. 1541.

166 Smith, C. und Davidson, H.: The paradox of generosity – Giving we receive, grasping we lose. New York, NY und Oxford: Oxford University Press, 2014.

167 Ricard, M.; Mandell, C. und Gordon, S.: Altruism – The power of compassion to change yourself and the world. New York, NY: Little, Brown & Company, 2015 (zitiert nach André Comte-Sponville, S. 240).

168 Tonin, Mirco und Vlassopoulos, Michael: Experimental evidence of self-image concerns as motivation for giving. In: Journal of Economic Behavior & Organization, 90, 2013, S. 19–27.

169 Styron, Charles: Positive psychology and the bodhisattva path. In: Germer, Christopher; Siegel, Ronald und Fulton, Paul (Hg.): Mindfulness and psychotherapy (2. Aufl.), S.. 295–308. New York, NY: Guilford Press, 2013.

170 Pirkei Avot 4:1. Auf: www.chabad.org/library/article_cdo/aid/2032/jewish/Chapter-Four.htm, Stand: 5. 4. 2021.

171 Davis, D. et al.: Thankful for the little things: A meta-analysis of gratitude interventions. In: Journal of Counseling Psychology, 63 (1), 2016, S. 20. Emmons, R. und Stern, R.: Gratitude as a psychotherapeutic intervention. In: Journal of Clinical Psychology, 69 (8), 2013; S. 846–855.

172 Suzuki, Shunryū: Zen-Geist, Anfänger-Geist: Unterweisungen in Zen-Meditation. Freiburg: Herder Verlag, 2009 (Orig. ders.: Zen Mind, Beginner's Mind. New York, NY: Weatherhill, 1970, Neuauflage Boston, MA: Shambhala Publ., 2011).

173 Frias, A., Watkins, P. C., Webber, A. und Froh, J.: Death and gratitude – Death reflection enhances gratitude. Journal of Positive Psychology, 6 (2), 2011, S. 154–162.

174 World Bank: Poverty and shared prosperity 2020 – Monitoring global poverty. Washington, DC: World Bank, 2020, S. 28.

175 Davis, D.: a.a.O.

176 Emmons, R. und Stern, R.: Gratitude as a psychotherapeutic intervention. In: Journal of Clinical Psychology, 69 (8), 2013; S. 846–855.

177 Marsh, J.: Tips for keeping a gratitude journal. Auf: https://gre, 17.10.2011.

178 Seligman, M. et al.: Positive psychology progress: Empirical validation of interventions. In: American Psychologist, 60 (5), 2005, S. 410–421.

179 Toussaint, L.; Worthington, E. und Williams, D.: Forgiveness and health. Dordrecht: Springer Netherlands, 2015.

180 Toussaint: a.a.O.

181 Lazare, A.: On apology. New York, NY und Oxford: Oxford University Press, 2005.

182 Heyman, S.: Keeping tabs on bestseller books and reading habits. In: The New York Times, 4.2.2015. Gefunden am 19. März 2021 auf www.nytimes.com/2015/02/05/arts/international/keeping-tabs-on-best-seller-books-and-reading-habits.html. Die Verhältnisse in Deutschland scheinen weniger eindeutig zu sein.

183 Sagan, Carl; Druyan, Ann und Soter, Steven: Cosmos: A personal voyage. The Lives of the Stars (Episode 9), PBS, 1980.

Weitere Literatur aus dem Arbor Verlag

ISBN 978-3-86781-279-5

SUSAN POLLAK

Selbstmitgefühl für Eltern

Sorge für dein Kind, indem du für dich selbst sorgst

Die erfahrene Psychotherapeutin Susan Pollak zeigt anhand einer Fülle von Fallstudien und Übungen, wie achtsames Selbstmitgefühl in jeder Phase der Elternschaft zur entscheidenden Ressource werden kann. Aufbauend auf dem bewährten MSC-Programm, stellt sie ein maßgeschneidertes Sortiment an hilfreichen Übungen für Eltern zusammen, um allen Herausforderungen der Elternschaft von der Geburt bis zum Flüggewerden der Kinder mit Achtsamkeit und Liebe zu begegnen. Die Jahre der Elternschaft können so zu einem leichteren, lustigeren, weiseren und von mehr Liebe erfüllten Lebensweg werden – gerade in den unvermeidlichen Krisen des Lebens.

ISBN 978-3-86781-366-2

CHRIS IRONS & ELAINE BEAUMONT

Mitgefühlstraining

Wie Sie Schritt für Schritt eine mitfühlende innere Haltung entwickeln

Herausgegeben von Olivia Bolt
Es führt nicht nur dazu, dass wir glücklicher und resilienter werden, sondern hilft auch bei zahlreichen psychischen Problemen wie Minderwertigkeitskomplexen, Scham und Selbstkritik, ebenso bei Angst- und Essstörungen. Dieses Buch bietet ein praktisches Mitgefühlstraining. Basierend auf der Compassionate Focused Therapy, CFT, die Neurowissenschaft, Erkenntnisse über Emotionsregulation und Achtsamkeit verbindet, eignet es sich als Begleitung und Unterstützung einer Psychotherapie sowie für die eigene Selbsterfahrung.

ISBN 978-3-86781-239-9

KRISTIN NEFF &
CHRISTOPHER GERMER

Selbstmitgefühl – Das Übungsbuch

Ein bewährter Weg zu Selbstakzeptanz, innerer Stärke und Freundschaft mit sich selbst

Achtsames Selbstmitgefühl meint eine innere Haltung, die von Freundlichkeit, Verständnis und Fürsorge uns selbst gegenüber geprägt ist – besonders in schwierigen Momenten des Lebens.

Dieses Übungsbuch vermittelt den bewährten Weg, um Selbstmitgefühl im eigenen Leben zu kultivieren. Mithilfe von Übungen, Reflexionen, Anregungen und angeleiteten Meditationen kannst du Schritt für Schritt üben.

Arbor Verlagsprogramm

Umfangreiche Informationen zu unseren Themen, ausführliche Leseproben aller unserer Bücher, einen versandkostenfreien Bestellservice und unseren kostenlosen Newsletter. All das und mehr finden Sie auf unserer Website.

www.arbor-verlag.de

Mehr von Ronald Siegel

www.arbor-verlag.de/ronald-siegel

Arbor Seminare

Die gemeinnützige *Arbor-Seminare gGmbH* organisiert regelmäßig Seminare und Weiterbildungen mit führenden VertreterInnen achtsamkeitsbasierter Verfahren. Zudem informiert sie über aktuelle Entwicklungen in diesem Bereich und trägt Achtsamkeit auf diese Weise nachhaltig in die Gesellschaft. Nähere Informationen finden Sie unter:

www.arbor-seminare.de

Arbor Online-Center

Mit dieser Plattform hat Arbor einen virtuellen Ort der Inspiration und des Lernens rund um das Thema Achtsamkeit geschaffen. Lernen Sie die Autor*innen unserer Bücher und die Referent*innen unserer Veranstaltungen kennen: in Interviews, Vorträgen, Meditationsübungen, Webinaren, Podcasts sowie Online-Kursen und zahlreichen weiteren Ressourcen.

www.arbor-online-center.de